Botanische Wanderungen
Thüringen

Herausgeber:
Prof. Dr. Joachim Pötsch
Doz. Dr. habil. Erich Weinert

Urania Verlag

W. Westhus / H.- J. Zündorf

Botanische Wanderungen in deutschen Ländern 4

Thüringen

Seite 2/3: Blick über das Eichsfeld

Die Deutsche Bibliothek - CIP-Einheitsaufnahme
Botanische Wanderungen in deutschen Ländern/
[Hrsg.: Joachim Pötsch; Erich Weinert. Zeichn.: Gerhard Raschpichler, Kt.: Kartographie Jochen Fischer]. –
Leipzig; Jena; Berlin: Urania-Verl.
Nebent.: Die schönsten Exkursionen, botanische Wanderungen
NE: Pötsch, Joachim [Hrsg.]: Die schönsten Exkursionen, botanische Wanderungen
4. Thüringen / W. Westhus / H.-J. Zündorf. – 1. Aufl. – 1995
ISBN 3-332-00556-1
NE: Westhus, Werner

ISBN 3-332-00556-1

1. Auflage 1995

Urania-Verlag Leipzig · Jena · Berlin 1995
Lektorin: Annette Bromma
Reihengestaltung: NET·ART Werbeagentur
Zeichnungen: Gerhard Raschpichler, Leipzig
Karten: Kartographie Jochen Fischer
Satz: Dietmar Senf, Leipzig
Reproduktion: Reprocolor Leipzig
Belichtung: a bis z - Publishing, Leipzig
Druck und Binden: New Interlitho Italia
Printed in Italy

Inhaltsverzeichnis

Vorwort

Ausgesprochen vielfältige geologische und klimatische Voraussetzungen und die gestaltende Hand des Menschen haben in Thüringen Landschaften entstehen lassen, die Dichter und Musiker inspirierte, Künstler zur Schaffung beeindruckender Landschafts- und Naturgemälde und Naturwissenschaftler zu bedeutenden Entdeckungen und Erkundungen anregte. Es ist nicht leicht, diese Reichhaltigkeit und Einmaligkeit in nur wenigen Wanderungen lebendig werden zu lassen. Wir haben zwar versucht, geographisch alle Landschaftsräume zu streifen und dabei möglichst umfangreich die geologischen, klimatischen und kulturhistorischen Besonderheiten in Beziehung zur Vielfalt der Naturausstattung vorzustellen – dennoch können die ausgewählten Touren nur Anregungen liefern und helfen, sich durch längere Aufenthalte in dieser oder jener Landschaft den ganzen Reichtum zu erschließen. Zusammensetzung von Flora und Vegetation, landschaftstypische Lebensräume, pflanzengeographische Besonderheiten und Aspekte des Arten- und Biotopschutzes sind nur einige der gesetzten Schwerpunkte.

Sicher werden manche die Veröffentlichung dieses Buches weniger begrüßen, weil sie darin eine Preisgabe der letzten, vielleicht noch unbekannten Refugien der heimischen Flora erblicken. Wir sind jedoch der Auffassung, daß die moderne Naturschutzarbeit den Menschen die Möglichkeit bieten muß, seltene Arten und Naturschutzgebiete kennenzulernen. Mögliche Störungen durch interessierte Besucher sind in ihrer Wirkung verschwindend gering gegenüber den wirklichen Bedrohungen der Arten und Schutzgebiete. Eines unserer wichtigsten Anliegen ist es daher, Wissen zu vermitteln, um weitere »Verbündete« für den Naturschutz zu gewinnen und der Erkenntnis voranzuhelfen, daß die Erhaltung der Artenvielfalt eine Aufgabe aller sein sollte.

Die Touren wurden überwiegend als Rundwanderungen konzipiert. Ihre Ausgangspunkte liegen in der Nähe von Haltestellen öffentlicher Verkehrsmittel und Parkmöglichkeiten. Vielfach wurden touristisch erschlossene und mar-

kierte Wege genutzt, so daß mit käuflich erwerbbaren Wanderkarten die Routen detailliert vorbereitet werden können. Alle vorgeschlagenen Wege wurden in den vergangenen zwei Jahren mindestens einmal abgegangen.
Zahlreiche Ideen und Anregungen lieferten für die einzelnen Touren und Kapitel J. Auerswald, Schleiz, Dr. E. Biedermann, Schweina, Oberstudienrat H. Falkenberg, Gera, U. Henze, Sondershausen, L. Krautwurst, Jena, Dr. H. Lange, Ilmenau, Dr. H. Manitz, Jena, J. Nonnen, Rathsfeld, und P. Rode, Stadtroda, wofür wir uns herzlichst bedanken möchten. Dr. E. Biedermann, A. Nöllert, Jena, und H. Wenzel, Jena, konnten darüber hinaus mit zahlreichen Fotos das Buch bereichern. Die Herausgeber halfen mit kritischen Hinweisen bei den Texten, und der Urania-Verlag bemühte sich um eine ansprechende Gestaltung. Auch ihnen gilt unser herzlicher Dank.

Werner Westhus　　　　Hans-Joachim Zündorf

Einführung

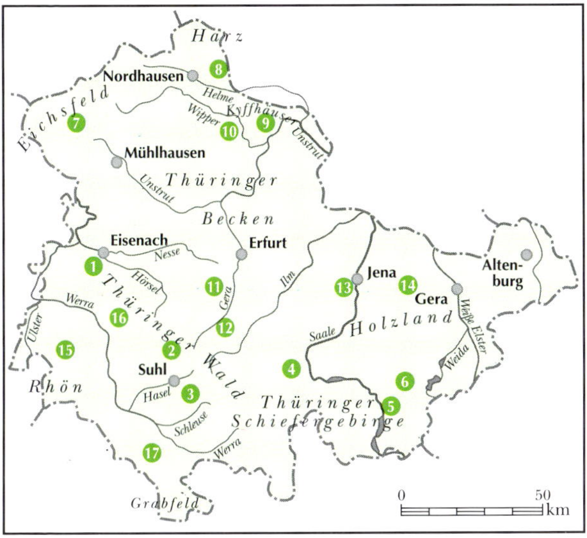

Thüringen ist mit einer Fläche von 16175 km eines der kleineren Bundesländer und grenzt im Norden an Sachsen-Anhalt, im Osten an Sachsen, im Süden an Bayern und im Westen an Hessen und Niedersachsen. Zwei markante, von Südost nach Nordwest streichende Mittelgebirge, der Thüringer Wald und das Thüringer Schiefergebirge, prägen die Naturräume im Süden des Landes. Im Grenzdreieck zu Hessen und Bayern erreichen Teile der Hohen Rhön und im Norden die Südausläufer des Harzes Thüringen. An der nördlichen Landesgrenze zu Sachsen-Anhalt trägt der Kyffhäuser, ein sehr kleines, aber bemerkenswertes Mittelgebirge, zur Belebung des Landschaftsbildes bei. Mit 982 m ü.NN ist der Große Beerberg bei Suhl die höchste Erhebung des Landes, gefolgt vom Schneekopf (978 m ü.NN) und Großen Inselsberg (916 m ü.NN).

Klima, Geologie und Böden

Mit weniger als 500 mm Jahresniederschlag und einem langjährigen Mittel der Durchschnittstemperatur von nahezu 9 °C ist das zentrale Thüringer Becken der wärmste und trockenste Teil Thüringens. Zu den das Becken umgrenzenden Randhöhen fällt die Jahresdurchschnittstemperatur auf 7-8 °C ab, und die Niederschläge erreichen Werte um 600 mm. Dabei sind die westlich gelegenen Hügelländer niederschlagsreicher und kühler als die östlichen. Südlich des Thüringer Waldes wiederholt sich diese Situation im Kleinen. Im Regenschatten von Rhön und Thüringer Wald ist das nördliche Grabfeld trocken und warm, zu den Randhöhen im Werratalbereich steigen die Niederschläge an, die Durchschnittstemperaturen werden geringer. In den Gebirgslagen fallen die Jahresmitteltemperaturen schließlich auf 4-5°C ab, und die Niederschläge übersteigen 1000 mm pro Jahr. Diese ganz allgemeine großklimatische Situation wird durch zahlreiche geländeund bestandesklimatische Besonderheiten differenziert, die von entscheidender Bedeutung für die Zusammensetzung der Vegetation sein können.

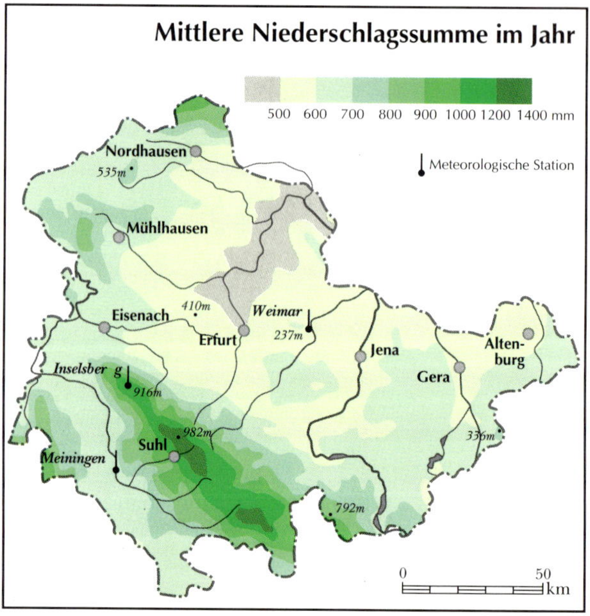

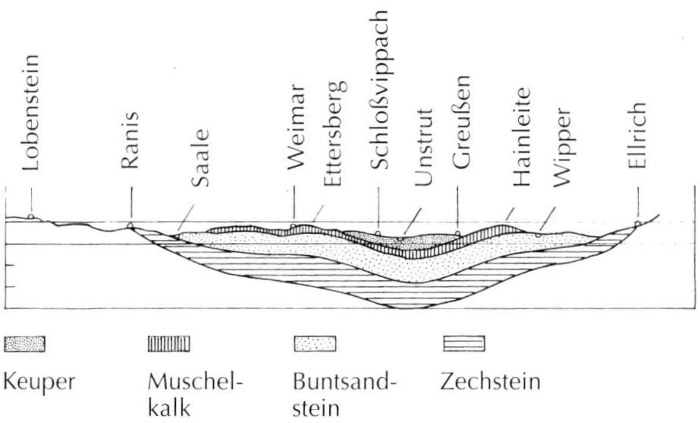

Geologisches Profil durch Thüringen auf der Linie Lobenstein – Pößneck – Weimar – Greußen – Ellrich (nach O. Schwarz)

Bei der Betrachtung der geologischen Situation in Thüringen fällt zunächst die große zentrale Triasmulde im Zentrum des Landes auf. Im Innnersten des Beckens steht der Keuper mit seinen zahlreichen bunt gefärbten Schichten an, oft von dicken Lößdecken überlagert. Randlich schließen sich Muschelkalk und Buntsandstein an. Der Zechstein, meist nur ein schmaler Gürtel, umrandet die Mittelgebirge, die aus älteren Gesteinsschichten aufgebaut sind. Während im nordwestlichen Thüringer Wald mit den Porhyren und Porphyriten des Rotliegenden noch relativ junge Ablagerungen den Untergrund bestimmen, stehen im zum Erzgebirge vermittelnden Schiefergebirge die ältesten, aus dem Silur und Devon stammenden Gesteine an. Südlich des Thüringer Waldes wiederholt sich die Abfolge der Ablagerungen. Allerdings kommen vereinzelt Basalte eines tertiären Vulkanismus hinzu. Flußschotter, Tone und Lehme als Ergebnisse der jüngeren Abtragungen und Ablagerungen findet man vor allem in den größeren Auelandschaften; Kalktuffe und Torfe spielen in Thüringen flächenmäßig nur eine untergeordnete Rolle, haben aber floristisch für zahlreiche gefährdete Arten eine enorme Bedeutung (Touren 2 und 15).
Die gegenwärtigen Oberflächenformen wurden bereits im Tertiär vorgebildet und während der Glazialzeiten in den Grundzügen ausmodelliert. In die entstandenen Becken- und Mittelgebirgslandschaften haben sich Flüsse und Bäche eingeschnitten und schließlich das rezente Relief entstehen lassen. Mit Höhenlagen bis zu 200 m ü.NN ist das Thüringer Becken insgesamt relativ flachwellig, nur ver-

einzelt ragen Härtlinge aus Gipskeuper heraus (z.B. an den Drei Gleichen, Tour 11). Der Untere Muschelkalk (Wellenkalk) bildet oft schroffe und steile Geländestufen (siehe Touren 7 und 12), während Mittlerer und Oberer Muschelkalk auf verebneten Hochflächen auftreten. In den Buntsandstein-Hügelländern bestimmen sanft gerundete Formen das Gesamtbild, allerdings haben zahlreiche Fließgewässer oft tiefe und schmale, steilwandige Schluchten eingeschnitten (Tour 14). Während im Muschelkalk und Buntsandstein im Schnitt Höhenlagen bis um 500 m ü.NN erreicht werden, ragen Thüringer Wald und Schiefergebirge mit Höhen von durchschnittlich 800 bis 900 m ü.NN deutlich aus der Umgebung heraus. Felsbildungen und Steilstufen in den Durchbruchstälern tragen wesentlich zur Vielgestaltigkeit der Mittelgebirgslandschaften bei (vgl. Touren 1, 4 und 5).
Der größte Fluß des Landes, die Saale, durchfließt Thüringen vom Schiefergebirge im Süden bis Bad Kösen im Norden. Auch die Weiße Elster im Osten Thüringens und die Unstrut im Norden des Landes gehören zum Flußsystem der Saale. Südlich des Thüringer Waldes nimmt bis auf wenige Ausnahmen im wesentlichen die Werra alle anderen kleineren Nebenflüsse und -bäche auf. Sie umrundet im Westen den Thüringer Wald in einem großen Bogen, um schließlich nach Norden abzufließen. Größere natürliche Standgewässer sind in Thüringen sehr selten. Bemerkenswert viele Teiche finden sich z.B. im Schiefergebirge im Schleizer Raum (Tour 6) und am Südrand des Holzlandes. In diesem Jahrhundert entstanden große Talsperren an der Saale (Tour 5), der Weida oder im mittleren Thüringer Wald sowie zahlreiche landwirtschaftliche Wasserspeicher von z.T. beträchtlichen Ausmaßen.
Böden sind das klimabedingte Ergebnis biologischer und physikalischer Prozesse. Verwitterung des Ausgangsgesteins, Wasserversorgung und Humusbildung sind für ihre Entstehung und Typisierung ausschlaggebend. Das Bodentypen- und Bodenartenmosaik Thüringens ist ausgesprochen vielgestaltig. Von großer landwirtschaftlicher Bedeutung sind die Schwarzerden des Thüringer Beckens. Humussilikatböden (Ranker), Humuskarbonatböden (Rendzinen), Braunerden und Fahlerden sind weit verbreitet. Entsprechend dem Wasserangebot und der Ausbildung von Vernässungs- und Stauhorizonten kommt es zur Bildung hydromorpher Böden (Gleye, Pseudogleye, Aueböden). Zahlreiche Böden sind durch einen hohen Anteil an Grobgestein ausgezeichnet. Nährstoffarme Sandbö-

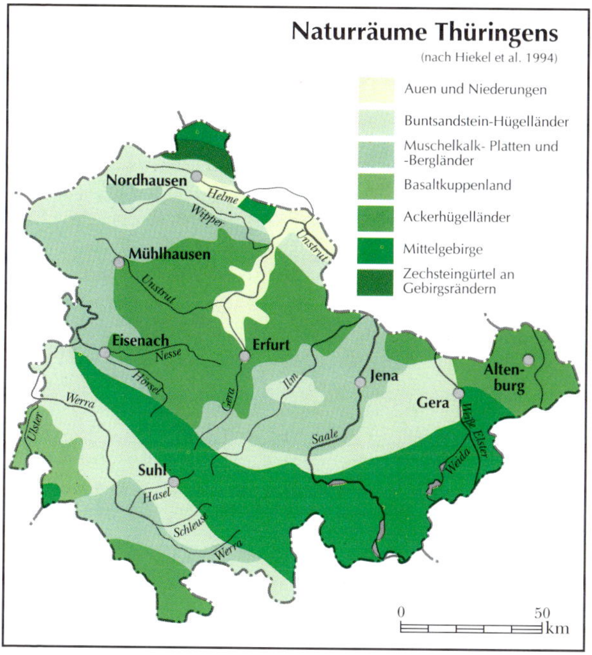

den, die früher wesentlich weiter verbreitet waren, verschwinden zunehmend durch die allgemeine Eutrophierung der Landschaft.

Die Naturräume

Durch klimatische, geologische, geomorphologische, bodenkundliche aber auch kulturhistorische und wirtschaftliche Unterschiede ergibt sich eine auffällige landschaftliche Differenzierung. In Thüringen können sieben Naturraumtypen unterschieden werden, die sich, teils isoliert, teils aneinandergrenzend, wieder in 46 Untereinheiten gliedern (s. Abb. oben).

Überblick über die Pflanzenwelt

Abwechslungsreiche edaphische und klimatische Voraussetzungen sowie eine frühzeitig einsetzende Besiedlung führten zu der gegenwärtigen Vielgestaltigkeit von Flora und Vegetation in Thüringen. Diese wiederum gab Anlaß zu regelrecht schwärmerischen Beschreibungen mit »imposanten Waldgebirgen«, »lieblichen Thälern und Auen«, »uralten Wäldern«, »klaren, schäumenden Waldströmen« usw., die bis heute fortwirken und die die Pflanzenwelt Thüringens zu einem Anziehungspunkt für Botaniker und Naturfreunde werden ließen.

Wir kennen gegenwärtig in Thüringen rund 1750 wildwachsende Farn- und Blütenpflanzen, 700 Moose, 750 Flechten und 500 verschiedene Pflanzengesellschaften (siehe Tabelle S. 16). Am reichsten sind die Trias-Hügelländer am Nordrand des Thüringer Waldes ausgestattet. Floristische Erfassungen ergaben beispielsweise im Erfurter Raum rund 1200 Farn- und Blütenpflanzen, für die unmittelbare Umgebung von Arnstadt und Jena ermittelte man über 1100 verschiedene Arten. Dahingegen werden auf vergleichbaren Flächen in den Hochlagen der Mittelgebirge nur 500 bis 600 Gefäßpflanzenarten angetroffen. Ausgesprochen artenarm und ausgeräumt sind die überwiegend landwirtschaftlich genutzten Gebiete des zentralen Thüringer Beckens.

Der überwiegende Teil aller Farn- und Blütenpflanzen, ca. drei Viertel der nachgewiesenen Arten, gehört zur ursprünglichen (einheimischen oder spontanen) Florenausstattung. Allerdings dürften zahlreiche dieser Arten – und zwar die offener, waldfreier Standorte – in der natürlichen Vegetation kaum eine Rolle gespielt haben. Wie die folgenden verdanken sie ihre weite Verbreitung der menschlichen Tätigkeit. Etwa 8% der Gefäßpflanzen sind Archeophyten. Sie wanderten mit der Ausweitung des Ackerbaues in vor- oder frühgeschichtlicher Zeit ein und begleiten häufig als Segetalpflanzen die Feldfluren. Die Neophyten, nach 1500 eingeschleppte und mittlerweile deutlich eingebürgerte Pflanzen, machen etwa 12% der nachgewiesenen Farn- und Blütenpflanzen Thüringens aus. Sie besitzen ihre Hauptentfaltung in dörflichen und städtischen Ruderalfluren, sind häufig Begleiter der Verkehrswege und nährstoffreichen Ufersäume. Ihre Herkunft ist ganz unterschiedlich. Es können sowohl aus der Kultur als Zier- oder Futterpflanze entwichene Arten sein als auch solche, die zufällig mit Transporten unterschiedlichster Waren zu uns gelangten und geeignete Standorte zur Ansiedlung und Ausbreitung fanden. Unbeständige, adventive Arten, die nur kurzzeitig auf Sonderstandorten, wie Mülldeponien, auftreten, machen nur rund 1,5% der Gesamtflora aus. Ebenso spielen verwildernde Kulturpflanzen und bewußt in die natürliche Vegetation eingebrachte (angesalbte) Arten nur eine untergeordnete Rolle. Die Vielfalt der Pflanzenwelt Thüringens kommt auch in einem breiten biogeographischen Spektrum seiner Flora zum Ausdruck. Arten ozeanischer Gesamtverbreitung konzentrieren sich vor allem auf die westlichen Landschaftsräume Thüringens, auf die Rhön und das Eichsfeld (Tour 7 und 15). Arten mit ausgesprochen kontinentalen Arealen finden sich bevorzugt in den Beckenlandschaften Zentralthüringens und in den Karstgebieten Nordthüringens (Tour 9, 10 und 11). Wärmeliebende Sippen, die ihre Hauptentfaltung im Mittelmeerraum besitzen, erreichen in den Kalkgebieten des mittleren Saaletales eine bemerkenswert hohe Konzentration (Tour 13). Montane Arten, die vor allem die Mittelgebirge oberhalb 500 m ü.NN besiedeln (Tour 2), steigen in den Durchbruchstälern weit in die Gebirgsvorländer ab (Tour 4 und 5) oder können an klimatisch geeigneten Sonderstandorten Arealerweiterungen in den Hügelländern erfahren (Tour 14). Für die Entfaltung dealpiner Sippen sind die Gebiete um Arnstadt (Tour 12), Rudolstadt-Saalfeld (Tour 4) und Meiningen bekannt.

Gefährdung und Schutz von Flora und Vegetation

Bereits um die Jahrhundertwende wiesen namhafte thüringische Botaniker, wie beispielsweise Max Schulze und Carl Leonhardt, auf einzelne Verluste in der heimischen Flora hin. Ab Mitte unseres Jahrhunderts wurde die Verarmung der Pflanzenwelt immer deutlicher. In dieser Zeit begann man, Listen aller besonders gefährdeten Pflanzenarten, sogenannte Rote Listen, für einzelne Gebiete oder Länder zu erarbeiten. Für Thüringen erstellte 1977 Stephan Rauschert die erste Rote Liste. Durch diese Publikation wurde die Aufmerksamkeit einer breiten Öffentlichkeit auf das Ausmaß des Artenrückganges gelenkt. Insgesamt mußten 497 erloschene oder gefährdete Pflanzenarten in die Rote Liste aufgenommen werden.
Dieser ersten Fassung folgte 1989 eine aktualisierte zweite und 1993 eine dritte Fassung der Roten Liste, wobei der Anteil gefährdeter Arten an der thüringischen Flora von 32% über 34% auf 36% kontinuierlich angestiegen ist. Bei den Pilzen und anderen Pflanzengruppen ist das Ausmaß der Gefährdung zum Teil noch beträchtlich höher.

	Groß-pilze	Arm-leuchter-algen	Flechten	Moose	Gefäß-pflan-zen	Pflanzen-gesell-schaften
Gesamtzahl	2085	11	753	710	1526	526
Ausgestorben	44	2	215	56	112	11
Vom Aussterben bedroht	99	–	46	64	126	42
Stark gefährdet	87	7	41	54	98	69
Gefährdet	87	2	165	137	182	118
Wegen Seltenheit potentiell gefährdet	129	–	116	72	32	36
Gesamt	446 (21%)	11 (100%)	583 (77%)	383 (54%)	550 (36%)	276 (52%)

Die Ursachen des Florenwandels sind sehr vielfältig. Veränderungen der Pflanzenstandorte, insbesondere nach Nährstoffanreicherung, Schadstoffimmissionen und Entwässerung, Nutzungsänderungen in Land-, Forst- und Fischereiwirtschaft, direkte Eingriffe im Zuge wirtschaftlicher Maßnahmen und zunehmend auch der Massentourismus lassen sich vorrangig für den gegenwärtigen Floren- und Vegetationswandel nennen. Untersuchungen zum Florenwandel haben deutliche Gefährdungsschwerpunkte ergeben. Besonders Pflanzenfamilien mit einem hohen Anteil Mykorrhiza-abhängiger Sippen weisen einen hohen Prozentsatz gefährdeter Arten auf, wie z.B. Orchideen und Bärlappe. Weiterhin sind besonders lichtbedürftige Arten trockener und nasser, saurer und basischer sowie nährstoffarmer Standorte gefährdet. Auch bei den ozeanisch und subkontinental bis kontinental verbreiteten Arten, die bei uns häufig ihre Arealgrenze erreichen, ist der Anteil gefährdeter Arten höher.
Thüringen als pflanzengeographischer »Kreuzweg« verfügt über eine sehr reichhaltige Flora mit Sippen, die weltweit nur in Thüringen vorkommen und Arten, die ihren bundesweiten Verbreitungsschwerpunkt in Thüringen besitzen. Aber hieraus ergibt sich auch eine besondere Verpflichtung für den Schutz dieser Kostbarkeiten. Zu ersterer Gruppe, den endemischen Sippen, gehören die Bottendorfer Grasnelke *(Armeria maritima* ssp. *bottendorfensis)*, das Schmalblättrige Brillenschötchen *(Biscutella laevigata*

ssp. *tenuifolia),* der Drüsige Klappertopf *(Rhinanthus rumelicus)* sowie die Kleinarten der Breitblättrigen Mehlbeere *(Sorbus latifolia*-Verwandtschaft). Deutschlandweit nur (noch) in Thüringen kommen Steppen-Stiefmütterchen *(Viola kitaibeliana),* Felsen-Beifuß *(Artemisia rupestris)* und Panzer-Sommerwurz *(Orobanche artemisiae-campestris)* vor. Einen deutlichen Verbreitungsschwerpunkt innerhalb der Bundesrepublik besitzen in Thüringen u.a. Dreizähniges Knabenkraut *(Orchis tridentata),* Rauhhaariger Alant *(Inula hirta),* Deutscher Alant *(I. germanica),* Garten- und Violette Schwarzwurzel *(Scorzonera hispanica, S. purpurea),* Zierliches Hartheu *(Hypericum elegans),* Ebensträußiges Gipskraut *(Gypsophila fastigiata)* und Steppen-Spitzkiel *(Oxytropis pilosa).* Besondere Verantwortung trägt Thüringen auch für die im europäischen Maßstab gefährdeten Arten, die zum Teil noch reiche Vorkommen besitzen. Als Beispiele seien der Frauenschuh *(Cypripedium calceolus,* Touren 12 und 13) und die Pfingst-Nelke *(Dianthus gratianopolitanus,* Touren 1, 4 und 5) genannt.
Ab den dreißiger Jahren unseres Jahrhunderts wurden auch erste umfangreichere Bemühungen um den Schutz der thüringischen Flora unternommen. Durch die ersten Naturschutzgebiete sind botanische Besonderheiten, wie die reichen Orchideenvorkommen im »Leutratal« (Tour 13) oder der reiche Bestand sehr alter Eiben im »Ibengarten« (Tour 15), unter gesetzlichen Schutz gestellt worden. Seit den ersten Naturschutzgebieten konnte der Flächenschutz für gefährdete Pflanzenarten wesentlich verbessert werden. Thüringen verfügt heute (Stand 1994) über zwei Biosphärenreservate von 65.573 ha, 5 Naturparke von 375.000 ha, 78 Landschaftsschutzgebiete von 567.247 ha und 364 Naturschutzgebiete von 67.441 ha. Etwa 11% der Naturschutzgebiete sind spezielle botanische Schutzgebiete. Heute besitzen über 80% aller Farn- und Blütenpflanzen Thüringens mindestens ein Vorkommen innerhalb eines Schutzgebietes. Von den gefährdeten Arten sind über 70% in mindestens einem Schutzgebiet vertreten.
Trotz des relativ guten Flächenschutzes geht jedoch auch in Schutzgebieten auf Grund der oft unzureichenden Pflege der Lebensräume der Artenschwund weiter. Auch Naturschutzgebiete bleiben nicht von den großräumig wirksamen Nähr- und Schadstoffeinträgen aus der Luft verschont. Erst entscheidende Verbesserungen beim Umweltschutz sind Voraussetzung, um den weiteren Rückgang

empfindlicher Arten aufzuhalten. Durch die Veränderungen in unserer Kulturlandschaft wird der Engpaß besiedlungsfähiger Lebensräume für zahlreiche Arten immer gravierender. Nur ein konsequenter Schutz und eine gezielte Pflege vorhandener sowie die Entwicklung geeigneter neuer Lebensräume im Rahmen des Biotopverbundes können die Verluste an unserer heimischen Flora aufhalten.
Zum Schutz der heimischen Pflanzenwelt trägt auch eine Beachtung der naturschutzgesetzlichen Bestimmungen bei. Besonders geschützte Pflanzen dürfen nicht gepflückt, beschädigt und in Besitz genommen werden. In Naturschutzgebieten besteht weiterhin Wegegebot. Daher wurden von uns die Wanderrouten so gelegt, daß Sie auch vom Wege aus alle Naturschönheiten beobachten können.

TOUR 1

Von der Wartburg durch die Drachenschlucht zur Hohen Sonne

Die seit über 900 Jahren auf einem steilen Bergrücken oberhalb Eisenachs thronende Wartburg zählt zu den bekanntesten Burgen Deutschlands. Neben der schönen mittelalterlichen Burganlage, die für die Weltkulturerbe-Liste der UNESCO vorgeschlagen wurde, sind es vor allem historische Ereignisse und so klangvolle Namen wie die von Luther, Bach, Goethe, Wagner, Reuter oder der Minnesänger, die mit dem Landgrafensitz und dem Gebiet zwischen Eisenach und Rennsteig verknüpft sind und jährlich eine halbe Million Besucher anziehen. Doch nur wenigen ist bekannt, daß die sagenumwobene Wartburg inmitten eines fast 600 ha großen Naturschutzgebietes »Wartburg – Hohe Sonne« liegt. Unter Fachleuten besitzt dieses Gebiet jedoch auf Grund seiner Naturreichtümer

Weithin sichtbar überragt die Wartburg die ausgedehnten, artenreichen Laubwälder des nordwestlichen Thüringer Waldes.

weit über Thüringen hinaus einen Namen. Eingebettet in einem Naturpark, zählt es zu den beliebtesten Wandergebieten des Landes. Ein Blick von den ehrwürdigen Mauern der Wartburg läßt die ganze Schönheit der sie umliegenden Natur bereits erahnen. Im Norden und Nordosten die

Stadt Eisenach, aus deren Hintergrund die schroffen Muschelkalkwände der Hörselberge herüberleuchten, im Osten einer der markantesten Berge des Thüringer Waldes, der Inselsberg, im Süden und Südwesten scheinbar endlose Wälder, auf deren Höhen einer der bekanntesten deutschen Wanderwege, der Rennsteig, entlangführt. Gegen Westen wird die Landschaft sanfter, die Hügel hinterlassen kaum noch einen gebirgigen Eindruck und sind ebenfalls mit Wäldern bedeckt.
Unser Wandergebiet wird durch die Rotliegendsedimente der Eisenacher Mulde geprägt, die an vielen Wegstellen in Schluchten, an den Felsen und an Wegeinschnitten sichtbar hervortreten. Dabei fallen vor allem die rötlichen, bräunlichen oder auch violett gefärbten Konglomerate auf, während Sandsteine und Schiefertone seltener aufgeschlossen sind. Die Konglomerate und Sandsteine besitzen hohe, Schiefertone dagegen geringe Festigkeit. Durch Verwitterung und Abtragung entwickelte sich im Gebiet eine beispielhafte Schichtstufenlandschaft im Kleinen heraus, in der Konglomerate Terrassen- und Felsbildner sind, die Schiefertone den Terrassen auflagern und flacher geneigte Hänge und die Talsohlen bilden. Nicht nur die imposanten Felsen, sondern auch die berühmten Schluchten und Klammen werden von festen Bänken aus Konglomeraten aufgebaut.
Die mittlere jährliche Niederschlagssumme liegt zwischen 640 mm (Eisenach) und 700 mm (Rennsteig), die Jahresmitteltemperaturen liegen bei 7 bis 8 °C. Auf Grund der unterschiedlichen Geländeformen ist es jedoch lokalklimatisch sehr stark differenziert, was sich auch in der Flora des Gebietes widerspiegelt. Die subozeanisch-montanen Arten, wie Gegenblättriges Milzkraut *(Chrysosplenium oppositifolium)* und Bitteres Schaumkraut *(Cardamine amara)*, sind besonders an Quellstellen und sehr engen, tief eingeschnittenen Bachschluchten mit kühlfeuchtem Lokalklima konzentriert. Wärmeliebende Arten, die innerhalb des eigentlichen Thüringer Waldes weitgehend fehlen, treten im Gebiet noch gehäuft auf. Hierzu gehören z.B. der Großblütige Fingerhut *(Digitalis grandiflora)*, die Weiße Schwalbenwurz *(Vincetoxicum hirundinaria)*, die Astlose Graslilie *(Anthericum liliago)*, das Berg-Hartheu *(Hypericum montanum)* und der Heilziest *(Betonica officinalis)*.
Als Ausgangspunkt für unsere Rundwanderung empfiehlt sich das Mariental südlich von Eisenach. Wir erreichen das Gebiet von der A 4 über die Abfahrten Eisenach-West

oder Eisenach-Ost und folgen in Eisenach der nach Bad Salzungen ausgeschilderten B 19. Vom Hauptbahnhof Eisenach aus gelangen wir in das Mariental (Haltestelle Sophienaue) mit der Stadtbus-Linie 3 oder Linienbussen, die in Richtung Hohe Sonne fahren. Nach etwa 400 m entlang der B 19 talaufwärts erreichen wir den Ausgangspunkt unserer Wanderung, den Eingang zur Landgrafenschlucht bzw. den unterhalb des Sängersteins abzweigenden Fahrweg zur Sängerwiese. Hier befinden sich auch Parkmöglichkeiten.

Die bekannteste Schlucht des Gebietes ist die Drachenschlucht, eine 138 m lange und bis zu 10 m tiefe, sehr schmale Klamm. Durch ihren Grund und das Annatal verläuft der beliebteste Wanderweg zur Hohen Sonne. Doch bereits zu Beginn unserer Wanderung besteht die Möglichkeit, einen kleinen Abstecher in eine weitere bekannte Schlucht des Gebietes, die romantische Landgrafenschlucht, zu unternehmen.

Bei der Abzweigung des Fahrweges zur Sängerwiese beginnt zwischen Bach und einem Teich der hier mit Geländern eingefaßte Wanderweg durch die Drachenschlucht. Das Tal engt sich immer mehr ein, die Felsbildungen sind zunehmend mit Moosen und Farnen bewachsen. Die charakteristische Waldgesellschaft derartiger Schluchtstandorte ist der Eschen-Ahorn-Schlucht- und -Schatthangwald (Fraxino-Aceretum). Neben den namengebenden Baumarten stocken hier Berg-Ulme *(Ulmus glabra)*, Sommer-Linde *(Tilia platyphyllos)* und Rot-Buche *(Fagus sylvatica)*. Häufig ist auch eine Strauchschicht mit Hasel *(Corylus avellana)*, Rotem Holunder *(Sambucus racemosa)*, Stachelbeere *(Ribes uva-crispa)* und Roter Heckenkirsche *(Lonicera xylosteum)* ausgebildet. Für seine üppig entwickelte Feldschicht sind unter anderem Wald-Bingelkraut *(Mercurialis perennis)*, Echtes Springkraut *(Impatiens noli-tangere)*, Stinkender Storchschnabel *(Geranium robertianum)*, Zerbrechlicher Blasenfarn *(Cystopteris fragilis)* und Gemeiner Frauenfarn *(Athyrium filix-femina)* bezeichnend. Auf abgestorbenen oder umgefallenen Bäumen, die hier an den steilen Hängen oft belassen werden, entwickeln sich prächtige Kryptogamengesellschaften mit Moosen, Pilzen und Flechten.

Den unmittelbaren Eingang zur Drachenschlucht markiert

In das feste Konglomerat des Rotliegenden haben Bäche beeindruckende, klammartige Schluchten eingeschnitten. Die bis 10 m tiefe Drachenschlucht ist eine der bekanntesten.

ein großes, in den Fels gehauenes A, das an den Besuch der niederländischen Königin Anna, einer Weimarer Fürstentochter, erinnert. Diese Klamm ist in Jahrtausenden durch Wasser und die mitgeführten Kiese und Sande aus dem besonders widerstandsfähigen Wartburgkonglomerat herausgearbeitet worden. Risse und Sprünge im Gestein, die bei der Gebirgsbildung entstanden sind, prägten ihren zickzackförmigen Verlauf vor. Zahlreiche Strudelkessel und Strudelnischen zeugen davon, wie der Bach von einer Wand zur anderen geworfen wurde und wie er sich langsam immer mehr eingetieft hat.
Auf Grund der mikroklimatischen Besonderheiten können in der Drachenschlucht u.a. Arten siedeln, die sonst in den Hochgebirgen und in arktisch beeinflußten Gebieten vorkommen. Hierzu zählen neben seltenen Ruderfußkrebsen und Moosen auch das Zweiblütige Veilchen *(Viola biflora)*, das im Mai seine gelben Blüten öffnet. Ob die arktisch-alpine Art im Gebiet natürlich vorkommt und ein echtes Eiszeitrelikt darstellt, oder ob es durch botanisierende Apotheker und Ärzte im vorigen Jahrhundert eingebracht wurde, ist noch umstritten. Jedenfalls werden in alten Florenwerken weitere Fundorte für Thüringen erwähnt, die jedoch alle erloschen sind. Besonders angenehm ist ein Durchwandern der kühl-feuchten Drachenschlucht an warmen Sommertagen. Den Naturliebhaber wird sie jedoch zu jeder Jahreszeit begeistern. Selbst im Winter kann man an den markanten Geländeformen noch dunkelgrün glänzende Moosüberzüge beobachten, während an überrieselten Felsüberhängen bizarre Eisgebilde wachsen.
Am Ende der Drachenschlucht öffnet sich das Tal wieder etwas, um sich im weiteren Verlauf des Annatales noch zweimal klammartig zu verengen. Nach einem mäßigen Anstieg erreichen wir am ehemaligen Hotel Hohe Sonne den wohl bekanntesten Wanderweg Deutschlands, den Rennsteig, der bereits 1330 erstmals genannt wurde. Hier bieten sich herrliche Blicke zur Wartburg und die Möglichkeit zur Rast auf einer der zahlreichen Bänke.
Die Hohe Sonne ist ein Knotenpunkt vieler Wanderwege. Wir folgen dem mit dem bekannten großen »R« markierten Höhenweg des Thüringer Waldes in nordwestlicher Richtung und durchwandern herrliche Hallenbuchenwälder. Über relativ nährstoffarmen Ausgangsgesteinen ist es montaner Hainsimsen-Buchenwald (Luzulo-Fagetum) mit zahlreichen Säurezeigern in der Krautschicht. Er ist die in den höheren Lagen des Gebietes vorherrschende

Waldgesellschaft. Am Aufbau ihrer Baumschicht ist fast nur die Rot-Buche beteiligt. Auch in der meist spärlich ausgebildeten Strauchschicht findet man oft nur Naturverjüngung der Rot-Buche. Zu den kennzeichnenden Pflanzenarten der Krautschicht zählen Schmalblättrige Hainsimse *(Luzula luzuloides)*, Drahtschmiele *(Avenella flexuosa)*, Harz-Labkraut *(Galium harcynicum)*, Heidelbeere *(Vaccinium myrtillus)*, Wald-Reitgras *(Calamagrostis arundinacea)* und Rot-Straußgras *(Agrostis capillaris)*. Da der Kamm des Gebirges hier nur wenig über 400 m hoch liegt, fehlen im Gebiet hochmontane Rotbuchenwälder, die erst weiter östlich, wie am Inselsberg, großflächig anzutreffen sind. Am Wegrand begleitet uns immer wieder der giftige Rote Fingerhut *(Digitalis purpurea)* mit seinen prächtigen, purpurrot leuchtenden Blütenständen. In kleinen Mulden über nährstoffreicheren Böden deuten Einblütiges Perlgras *(Melica uniflora)*, Waldmeister *(Galium odoratum)*, Goldnessel *(Galeobdolon luteum)* und Echte Sternmiere *(Stellaria holostea)* Übergänge zum Waldmeister-Buchenwald an. Wo der Perlgrasteppich nicht zu dicht ist, tritt im Frühjahr das Busch-Windröschen *(Anemone nemorosa)* mit seinen weiß-rosa Blüten

Die Berg-Goldnessel (*Galeobdolon montanum*) unterscheidet sich durch ihre schmaleren Hochblätter von der Gemeinen Goldnessel (*G. luteum*). Ihre Vorkommen in Thüringen konzentrieren sich auf die niederschlagsreicheren, atlantisch geprägten Laubwaldgebiete im westlichen Landesteil.

auf. Allerdings gibt es auch einige Fichten- und Lärchenmonokulturen im Gebiet, das als Lehrforst der ehemaligen Forstakademie Eisenach diente. Doch der waldbaulichen Kunst der hier im 19. Jahrhundert wirkenden Forstleute ist der gegenwärtig relativ hohe Anteil an Buchen-Altholzbeständen zu verdanken.
Vom Rennsteig aus zweigen mehrere Wanderwege in nördlicher Richtung ab und führen durch das reizvolle Knöpfelstal zu den schöngelegenen vier Knöpfelsteichen mit abwechslungsreicher Wasser- und Ufervegetation. Wer nicht diese Abkürzung zum Ausgangspunkt wählen will, bleibt auf der Höhe und folgt dem Rennsteig bis zum Steinkreuz Wilde Sau. Von diesem geschützten Bodendenkmal aus bietet sich ein schöner Blick über die weiten Wälder des Gebietes zur Wartburg.
Hier verlassen wir den Rennsteig und folgen dem mit grünem Viereck markierten Wanderweg in Richtung Sängerwiese und Wartburg. Mehrfach fallen uns alte Trauben-Eichen *(Quercus petraea)* auf, die hier sogar bis zum Rennsteig hinauf reichen und wohl Relikte historischer Waldnutzungsformen darstellen. Nach etwa 200 m gabelt sich der Weg. Wählen wir den rechten, leicht bergab führenden Wanderweg, ist nach etwa 500 m ein kurzer Abstecher zu einer der zahlreichen Grotten des Gebietes, der Elfengrotte, möglich. Ihre Herausformung erfolgte durch von Terrassen und ihnen auflagernden Tonsteinen tropfendes Schichtwasser, das Rieselfälle bildete und die unterlagernden Tonsteine abwittern ließ. Über zwei von Konglomeratbänken gebildete Stufen von 8 bis 10 m und 6 bis 7 m Höhe stürzt hier das Wasser eines kleinen Rinnsals in die Tiefe.
Wer aufmerksam die Vegetation beobachtet, wird feststellen, daß die Trauben-Eiche besonders auf trockenen Hangrippen häufiger wird. In der naturnahen Waldvegetation vollzieht sich allmählich der Übergang vom montanen Hainsimsen-Buchenwald zum kollin-submontanen Wachtelweizen-Traubeneichen-Buchenwald (Melampyro-Fagetum). Am Waldhaus Sängerwiese bietet sich die Möglichkeit zur Einkehr oder auch auf kurzem Wege zum Ausgangspunkt der Wanderung zu gelangen. Wir folgen unserem Wanderweg geradeaus und werden nach etwa 250 m durch ein Schild darauf hingewiesen, daß wir uns in einem Totalreservat befinden.
Totalreservate sind besondere Flächen in Naturschutzgebieten, auf denen jegliche Art von Eingriffen, also auch die forstliche Nutzung, untersagt ist. Hier soll sich die

Natur ohne steuernde Hand des Menschen entwickeln können. Totalreservate stellen dementsprechend in unserer ansonsten intensiv genutzten Landschaft wichtige Forschungs- und Untersuchungsobjekte dar. Sie sollen auch dem Besucher einen Eindruck vermitteln, wie Urwälder, die es in Mitteleuropa schon lange nicht mehr gibt, aussehen könnten. Alte Baumriesen, tote, zusammenbrechende Bäume, liegendes Totholz, das von vielen Pilzarten zersetzt wird, und Waldauflichtungen, in denen bereits eine junge Generation von Bäumen heranwächst, gehören zu derartigen Naturwäldern. Das Totalreservat »Viehburg« repräsentiert den Wachtelweizen-Traubeneichen-Buchenwald, in dem Trauben-Eiche und Rot-Buche unterschiedliche Deckungsanteile erreichen. Auch in dieser Waldgesellschaft ist die Strauchschicht meist nur spärlich entwickelt. Auf Grund der größeren Lichtdurchlässigkeit der Eichen treten in der Bodenvegetation lichtliebende Säurezeiger hinzu. Wiesen-Wachtelweizen *(Melampyrum pratense),* Echter Ehrenpreis *(Veronica officinalis)* und Habichtskraut-Arten wie zum Beispiel Wald-Habichtskraut *(Hieracium murorum)* siedeln zwischen den bereits genannten Kräutern und Gräsern des Hainsimsen-Buchenwaldes. Als Arten mit montanem Verbreitungsschwerpunkt kann man vereinzelt Roten Holunder *(Sambucus racemosa)* und Berg-Rispengras *(Poa chaixii)* beobachten.

Auf unserem Weg zur Wartburg streifen wir jedoch das Totalreservat nur und wählen den links abbiegenden Wanderweg über die Eliashöhle (grünes Viereck). Er führt uns über einige Stufen durch schöne Felsbildungen bergab, um dann im wesentlichen hangparallel zu verlaufen. Interessant sind die schroffen Felsbildungen, die weitgehend besonnt und nur von wenigen krüppelwüchsigen Eichen und Kiefern bewachsen sind. Die Waldgrenze wird hier von einem lichten Heidekraut-Eichenwald gebildet. Als floristische Kostbarkeit siedelt an den Felswänden die europaweit gefährdete Pfingst-Nelke *(Dianthus gratianopolitanus).*

Wir folgen dem Weg, bis wir zur sogenannten Wartburgschleife unterhalb der Wartburg gelangen. Von hier aus steigen wir zur Wartburg auf, der wir je nach vorhandener Zeit einen Besuch abstatten können. Das Landgrafenhaus mit reizvollen Arkadengängen und kunstvoll verzierten Kapitellen gilt heute als eines der bedeutendsten spätromanischen Profanbauten in Deutschland. Neben Palas und Lutherstube sollte man nicht versäumen, dem Turm

der Feste mit seinem anfangs geschilderten umfassenden Rundblick einen Besuch abzustatten.
Wir wollen uns jedoch wieder der Natur zuwenden, die hier durch den Bau der Wartburg und der weiter südlich gelegenen Eisenacher Burg wesentlich geprägt wurde. Für Bau und Heizung der Burgen wurden große Mengen Holz aus den umliegenden Wäldern benötigt, die Burgberge wurden lange Zeit kahl gehalten und die Standorte unterhalb der Burganlagen durch jahrhundertelange Nährstoffeinträge verändert. Diese Veränderungen können wir vor allem bei unserem weiteren Weg am östlichen Burgberg entlang beobachten. Von der Wartburg aus, in deren Mauerritzen reichlich Mauer-Zimbelkraut *(Cymbalaria muralis)* siedelt, wählen wir nicht den Zufahrtsweg, sondern folgen dem Internationalen Bergwanderweg, der hinter dem Burgtor gleich links ein paar Treppenstufen hinab und dann unter der Zugbrücke hindurch ein Stück den ehemaligen Burggraben entlang führt. Verwilderte Kulturpflanzen, wie Mutterkraut *(Tanacetum parthenium)*, Kaukasus- und Weiße Fetthenne *(Sedum spurium, S. album)*, belegen die menschliche Beeinflussung. An den Felsen kann man jedoch auch Silber-Fingerkraut *(Potentilla argentea)*, Gemeinen Tüpfelfarn *(Polypodium vulgare)* und Wirbeldost *(Clinopodium vulgare)* beobachten. Der auch »Lutherpfad« genannte Zickzackweg führt uns in Serpentinen den Osthang hinab. Noch unmittelbar unterhalb der Burg stocken ahornreiche Pionierwälder, in deren Krautschicht Stickstoffzeiger dominieren. An lückigen, frischen Stellen am Wegesrand kann man als floristische Rarität den Glänzenden Storchschnabel *(Geranium lucidum)* entdecken. Mit zunehmender Entfernung zur Wartburg gehen die Stickstoffzeiger zurück. Der mit blauem Kreuz markierte Weg führt nun durch lichten Hainsimsen-Traubeneichen-Mischwald (Luzulo-Quercetum petraeae), der hier in seiner Ausdehnung eine Folge der historischen Waldnutzungsformen ist. Als charakteristische Arten seiner Feldschicht können wir Wiesen-Wachtelweizen *(Melampyrum pratense)*, Drahtschmiele *(Avenella flexuosa)*, Heidekraut *(Calluna vulgaris)*, Hain-Rispengras *(Poa nemoralis)*, Kleinen Sauerampfer *(Rumex acetosella)* und verschiedene Habichtskraut-Arten *(Hieracium laevigatum, H. lachenalii* u.a.) beobachten. Vom Weg aus bietet sich dann, kurz vor dem Felsklotz der Eisenacher Burg, einer der schönsten Ausblicke auf die Wartburg.
Von der Eisenacher Burg, einer weiteren mittelalterlichen Burganlage, sind nur noch Wallanlagen vorhanden. Dage-

gen lohnt sich für den Botaniker ein kurzer Abstecher auf den links vom Wanderweg abzweigenden Pfad. Auch hier ist bodensaurer Eichenwald ausgebildet, der über nährstoffreicheren Böden in Eichen-Hainbuchenwald und über flachgründigen, südexponierten Standorten in Eichen-Trockenwald übergeht. Neben der Dominanz der Trauben-Eiche sind eine meist gut entwickelte Strauchschicht und viele licht- und wärmeliebende, trockenheitsertragende Arten in der Krautschicht für letzteren bezeichnend. Hierzu zählen in unseren Beständen unter anderem Besenginster *(Sarothamnus scoparius)*, Astlose Graslilie *(Anthericum liliago)*, Pfirsichblättrige Glockenblume *(Campanula persicifolia)*, Zypressen-Wolfsmilch *(Euphorbia cyparissias)* und Weiße Schwalbenwurz *(Vincetoxicum hirundinaria)*, die zwischen Arten bodensaurer Laubwälder gedeihen.

Besonders interessant sind die Felsstandorte. Sie sind durch ihr dunkles Gestein mit geringer Wasseraufnahmefähigkeit, durch ihre Windoffenheit und Sonnenbegünstigung bei zeitweise hohen Temperaturgegensätzen sehr trocken und weisen damit ein besonderes Standortsklima auf. Auf nacktem Fels siedelt nur die markante Nabelflechte *Umbilicaria pustulata*. Wo sich etwas Feinerde gesammelt hat, wie in Fugen und Spalten, können dann oft schon angepaßte Gefäßpflanzenarten wurzeln. Wiederum begegnen wir Felsfluren der ansonsten seltenen Pfingst-Nelke, die hier zusammen mit Blau-Schwingel *(Festuca pallens)*, Berg-Lauch *(Allium senescens)*, Felsen-Fetthenne *(Sedum reflexum)*, Ausdauerndem Knäuel *(Scleranthus perennis)*, Frühlings- und Silber-Fingerkraut *(Potentilla neumanniana, P. argentea)* wächst. Dazwischen treten auch einige einjährige Pflanzen auf, wie Acker-Schmalwand *(Arabidopsis thaliana)* oder Quendel-Sandkraut *(Arenaria serpyllifolia)*. Bemerkenswert sind auch Gemeine Zwergmispel *(Cotoneaster integerrimus)*, Heide-Günsel *(Ajuga genevensis)* und Körnchen-Steinbrech *(Saxifraga granulata)*. Daneben treten verschiedene Arten trokkenwarmer Staudensäume auf, zu denen beispielsweise Blut-Storchschnabel *(Geranium sanguineum)*, Salomonssiegel *(Polygonatum odoratum)* und Wald-Klee *(Trifolium alpestre)* gehören.

Nachdem wir den Burghügel der Eisenacher Burg in südlicher Richtung verlassen haben, führt uns unser weiterer Weg quer durch das schon beschriebene Totalreservat »Viehburg« zur Sängerwiese. Wer noch etwas Zeit hat, kann auch am Wegkreuz an der Grenze des Totalreservates links abbiegen und bis zur Oberkante des Felsabfalls der Viehburg gehen. Hier befindet sich die Steinbank »Weidmannsruhe« mit Blick über das Mariental. Entlang der Oberhangkante führt der Weg in südlicher Richtung zur Sängerwiese, wenn man nicht vorher bereits einen steil hinabführenden Wanderweg direkt zum Gasthaus »Sophienaue« wählt. Von hier aus folgen wir dem linkerhand talwärts führenden Wanderweg, der uns durch ein kleines schluchtartiges Seitental zu unserem Ausgangspunkt im Mariental bringt.

Länge der Wanderung: etwa 11 km
(Rundwanderung)
Einkehrmöglichkeiten: Sophienaue, Hohe Sonne, Sängerwiese, Wartburg, Eisenach
Verkehrsverbindungen: Bahnhof Eisenach, Stadtbuslinie ins Mariental oder zur Wartburg oder Linienbus Richtung Hohe Sonne; Autobahn A 9 Abfahrten Eisenach West oder Eisenach Ost, ab Eisenach B 19 Richtung Meiningen

TOUR 2

2

Auf dem Kamm des Thüringer Waldes – der Rennsteig bei Oberhof

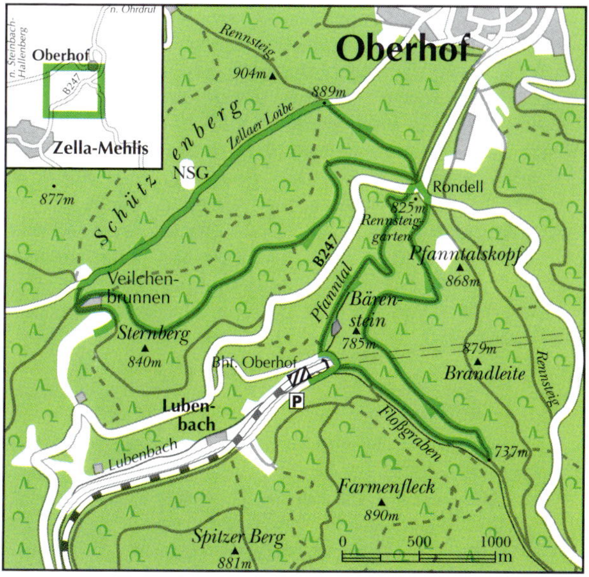

Alljährlich ist der Rennsteig ein Anziehungspunkt für tausende Touristen, die, ausgerüstet mit Wanderstock und Kniebundhose, den in zahlreichen Reiseführern gepriesenen landschaftlichen Schönheiten des Thüringer Waldes nachspüren. Der rund 180 km lange Höhenweg ist heute durchweg touristisch erschlossen und vermarktet. Trotz aller Begleiterscheinungen eines Massentourismus bietet sich aber dadurch auch die Chance, Probleme und Erkenntnisse des Natur- und Landschaftsschutzes zu vermitteln, auf Baumerkrankungen und Waldsterben, auf unnötige Überbauung und Wasserverschmutzung auf breiter Basis aufmerksam zu machen. Nach wie vor ist eine Wanderung über den Rennsteig, den Kammweg des Thüringer Waldes, mit zahlreichen bleibenden und angenehmen Erlebnissen verbunden. Mit etwas Erfahrung findet man selbst in der Umgebung touristischer Zentren Inseln der

Stille und Einsamkeit, kann seinen Blick über ausgedehnte, bewaldete Bergrücken schweifen lassen und sich an einer Fülle botanischer Kostbarkeiten erfreuen.
Der geologische Untergrund im Oberhofer Gebiet besteht vor allem aus Porphyr-Konglomeraten des Rotliegenden (Perm). Als Verwitterungsprodukte entstanden in der Regel saure, steinschuttreiche Braunerden. In den erreichten Höhenlagen von ca. 800 bis 900 m NN fallen in der Jahressumme weit über 1000 mm Niederschlag, die Jahresdurchschnittstemperaturen liegen zwischen 4 °C und 5 °C. Lange Schneebedeckung, Eis- und Nebelfrostablagerungen sowie erhöhte Wind- und Sturmbedrohungen führen zur einer weiteren Verschärfung der klimatischen Bedingungen. Unmittelbar südöstlich des Exkursionsgebietes liegt der Große Beerberg, mit 982,9 m ü.NN die höchste Erhebung des Thüringer Waldes.
Durch ihre Höhe und die kurz geschilderten Klimabedingungen lassen sich die Gebirgslagen pflanzengeographisch als montane Gebiete deutlich ausgliedern. Die Fichte *(Picea abies)* dominiert von Natur aus in den Kammlagen und prägt den hier vorherrschenden Wollreitgras-Fichten-Bergwald (Calamagrostio villosae-Piceetum). Typische montane Begleiter sind Wolliges Reitgras *(Calamagrostis villosa)*, Harz-Labkraut *(Galium harcynicum)*, Europäischer Siebenstern *(Trientalis europaea)*, Roter Fingerhut *(Digitalis purpurea)* und Rippenfarn *(Blechnum spicant)*. Die Hochlagen des Thüringer Waldes liegen noch unterhalb der natürlichen Höhengrenze des Waldes. Allerdings tritt der Wald an den wenigen kleinflächigen Hochmoorbildungen im niederschlagsreichen Mittleren Thüringer Wald zurück, so daß einige arktische oder alpine Elemente auftreten können. Diese besitzen in den Mittelgebirgslagen oft kleine, isolierte Teilareale und sind wahrscheinlich Relikte einer während der Eiszeit ausgedehnteren Verbreitung (vgl. auch Tour 1). Für den Oberhofer Raum ist vor allem das Vorkommen der Rasigen Haarsimse *(Baeothryon caespitosum)* pflanzengeographisch bedeutsam. Auch auf den Mahdwiesen und Weiden siedeln eine ganze Reihe montaner Arten, wie Borstgras *(Nardus stricta)*, Bärwurz *(Meum athamanticum)*, Arnika *(Arnica montana)* oder Wald-Storchschnabel *(Geranium sylvaticum)*.
Wir beginnen die Tour am Bahnhof Oberhof. Steil ragt die 879 m ü.NN hohe, vom Eisenbahntunnel durchbrochene Brandleite vor uns auf. Sie demonstriert sehr anschaulich die zunächst zu überwindende Höhendifferenz von gut

200 m. Unser Weg ist mit einem gelben Kreuz markiert und mit »Bärenstein« ausgeschildert. Er führt zunächst durch den Flößgraben sacht bergan und ist von ausgedehnten Fichtenforsten gesäumt. Im Unterwuchs dominieren dichte Rasen des Wolligen Reitgrases *(Calamagrostis villosa)*, an lichteren Stellen wachsen auch Horste des Wald-Reitgrases *(C. arundinacea)*. Weitere typische Begleiter der Fichtenbestände sind überall zu finden: Harz-Labkraut *(Galium harcynicum)*, Blutwurz *(Potentilla erecta)*, Heidel- und Preiselbeere *(Vaccinium myrtillus, V. vitis-idaea)*, Europäischer Siebenstern *(Trientalis europaea)*, Roter Fingerhut *(Digitalis purpurea)* oder Pillen-Segge *(Carex pilulifera)*. Letztere hat ihren Namen von dem intensiven, baldrianähnlichen und an eine Apotheke erinnernden Geruch, den die Wurzeln kurzzeitig nach dem Zerreiben aufweisen. Abgesehen von einigen häufigen Farnen finden sich an den Wegkanten und in den Gräben am Wegrand mit dem Bergfarn *(Lastraea limbosperma)* und dem Rippenfarn *(Blechnum spiçant)* zwei weitere typische Vertreter der montanen Fichtenwaldstufe.

Beachtenswert ist der Moosreichtum über der Nadelstreu.

In den Kammlagen des Thüringer Waldes bei Oberhof herrschen von Natur aus Fichten (*Picea abies*) vor.

Das Scheidige Wollgras (*Eriophorum vaginatum*) ist eine Charakterpflanze torfmoosreicher, nährstoffarmer Moore.

Zwei leicht kenntliche Laubmoose, das in halbrunden Polstern wachsende Weißmoos *(Leucobryum glaucum)* und das in lockeren Decken feuchtere Stellen überziehende Torfmoos *(Sphagnum* spec.*)* spielen für den Feuchtehaushalt des Waldbodens eine besondere Rolle. Bei beiden sind die assimilierenden Zellschichten von großen, abgestorbenen Zellen umgeben. Diese toten Zellen haben auf kleinstem Raum ein enormes Wasserspeichervermögen. Bei längeren Trockenperioden umgeben sie die Moospflanzen mit einem weißen, licht- und wärmereflektierenden Schirm. Sie schützen damit einerseits die Pflanzen vor zu starker Austrocknung und sorgen andererseits für einen hohen Rückhalt von Niederschlagswasser.

Nach ca. 1,5 km biegt der gelb markierte Wanderweg aus dem Flößgraben nach links ab. Nicht allzu steil, aber stetig ansteigend führt er zunächst zum Bärenstein, einer markanten Felsgruppe oberhalb des Bahnhofes Oberhof. Von hier hat man bei günstiger Witterung einen weiten Blick über die Südausläufer des Zentralen Thüringer Waldes und die sich anschließenden Trias-Hügellandschaften. Besonders eindrucksvoll ist das Panorama zur herbstlichen Laubfärbung. Die ausgedehnten, dunkelgrünen Fichtenforste, die den überwiegenden Teil des Mittelgebirges bedecken, werden dann in den Tallagen wie geadert oder an exponierten Stellen punktförmig von den wenigen Laubwaldresten auffallend farbig durchbrochen.

Vom Bärenstein ist es nun nicht mehr weit bis zum Rondell, einem alten und bekannten Paß über den Thüringer Wald. Hier erreichen wir den Rennsteig und haben die Möglichkeit zu einer Rast. Unmittelbar in der Nachbarschaft liegt der Rennsteiggarten Oberhof, dem man unbedingt etwas Zeit widmen sollte. In einem nicht mehr genutzten Steinbruch am Nordwesthang des Pfanntals-Kopfes begann man 1970 mit dem Aufbau der Anlage. Heute bietet der Garten auf ca. 7 Hektar Fläche einen guten Überblick über die Hochgebirgsfloren der Welt. Da er zudem ohne große Veränderungen in die hochmontane Fichtenwaldstufe am Kamm des Thüringer Waldes eingepaßt wurde, kann man bei plötzlichen Wetterwechseln, Sturmböen oder unangekündigten, heftigen Schnee- und Hagelschauern eine Hochgebirgswanderung nachempfinden. Der Gipfel des 868 m ü.NN hohen Pfanntalskopfes bietet, ähnlich wie am Bärenstein, einen guten Überblick über die Höhen des zentralen Thüringer Waldes und seine südlichen Ausläufer.

Am Rondell überquert man im weiteren Verlauf der Tour die Fernverkehrsstraße und wandert auf dem Rennsteig (markiert mit einem blauen Kreuz) in nordwestliche Richtung. Begleitet von lichten Altbeständen hochmontanen Fichtenwaldes erreicht man nach ca. 1 km eine größere Wegkreuzung, an der man nach links in die Zellaer Leube Richtung Veilchenbrunnen vom Rennsteig abbiegt. Man muß nach ca. 1 km dann schon etwas aufpassen, um rechterhand, verborgen hinter einem schmalen Streifen mit Fichten, ein besonderes Naturerlebnis nicht zu verpassen.

Am flachen Südwesthang des Schützen-Berges konnte sich in etwa 890 m Höhe aufgrund entsprechender topographischer und klimatischer Verhältnisse ein kleines, etwa 2 Hektar umfassendes Hochmoor entwickeln, das 1967 als Naturschutzgebiet gesichert wurde. Es ist mit einem Knüppeldamm für Interessenten erschlossen; Schilder und Orientierungstafeln informieren über Bedeutung und Naturausstattung. Moore entstehen bei einem Überschuß von Wasser. In unserem Fall liegt ein lediglich durch Niederschlagswasser versorgtes (ombrogenes) Moor vor. Das Nährstoffangebot auf dem bis 2,5 m mächtigen, schwach uhrglasförmig aufgewölbten Torfkörper ist aufgrund der Wasserversorgung und des Ausgangsgesteines ausgesprochen gering (oligotrophe Verhältnisse). In Mooren liegt eine positive Stoffbilanz vor. Das heißt, die im Ergebnis der Photosynthese entstehende

Der Rundblättrige Sonnentau (*Drosera rotundifolia*) gehört zu den floristischen Besonderheiten des Schützenberg-Moores. Mit seinen drüsenbesetzten Tentakeln auf der Oberseite der rund 5 mm breiten Blätter ist er in der Lage, die Körpersubstanzen kleiner Tiere für seine Stickstoffversorgung zu erschließen (tierfangende Pflanze – Carnivore).

Biomasse ist größer als ihre Zersetzung, also ihr Aufbrauch. Das nicht zersetzte organische Material wird unter der lebenden Vegetationsdecke abgelagert und als Torf bezeichnet. Je nach vorherrschendem Ausgangsmaterial (Moose, Schilf u.a.) gibt es verschiedene Torftypen. Die Produktivität an Biomasse ist in zahlreichen Mooren erstaunlich hoch. Damit stellen Moore einmalige Ökosysteme dar, deren weltweite Nutzung und Vernichtung gegenwärtig ein erschreckendes Ausmaß angenommen hat. Im Thüringer Wald gibt es nur wenige, kleinflächige Moore, die sämtlich unter Schutz stehen. Das Schützenbergmoor wird als nährstoffarmes Regenmoor in seinem zentralen Teil von einer Torfmoos-Vegetation (Sphagnetum magellanici) beherrscht. Wichtige Begleiter sind das Scheidige Wollgras *(Eriophorum vaginatum)*, das mit seinen wolligen Blütenköpfen dem Moor im Sommer einen auffallenden Schmuck verleiht, die Gemeine Krähenbeere *(Empetrum nigrum)* und die Gemeine Moosbeere *(Oxycoccus palustris)*. Letztere bildet oft spinnwebenartige Teppiche um schon etwas trocknere Torfmoospolster und erfreut besonders im Mai mit ihren rosafarbenen, grazilen Blüten. Die Wenigblütige Segge *(Carex pauciflora)* und der

Rundblättrige Sonnentau *(Drosera rotundifolia)* gehören zu den floristischen Besonderheiten des Moores. Die Randbereiche des zentralen Torfkörpers unterliegen durch abfließendes Wasser anderen ökologischen Verhältnissen. Hier herrschen Bestände des Pfeifengrases *(Molinia caerulea)* im Verein mit Grau-Segge *(Carex canescens)* und Faden-Binse *(Juncus filiformis)* vor. Der offene Moorkomplex wird schließlich von einem Gürtel feuchten Rauschbeeren-Fichten-Moorwaldes (Vaccinio uliginosi-Piceetum) umschlossen, in dem u.a. alle drei einheimischen Vaccinium-Arten, Heidelbeere *(V. myrtillus)*, Preiselbeere *(V. vitis-idaea)* und Rauschbeere *(V. uliginosum)*, vergleichend beobachtet werden können.

2

Vom Schützenberg-Moor ist der Weg bis zum Veilchenbrunnen nicht mehr weit. Einige wenige alte und knorrige Rotbuchen lassen hier einen Eindruck der ursprünglichen Tannen-Buchenwälder erahnen. In den Feuchtwiesen und quelligen Rasenfluren in der Umgebung des Veilchenbrunnens gedeiht das Schmalblättrige Wollgras *(Eriophorum angustifolium)*. Daneben gibt es Sumpf-Veilchen *(Viola palustris)*, Spitzblütige Binse *(Juncus acutiflorus)*, Schnabel-Segge *(Carex rostrata)* und zahlreiche andere Arten zu beobachten. Nicht weit entfernt lädt eine Bergbaude zur Rast ein.

Bevor man den Rückweg zum Rennsteig antritt, empfiehlt sich noch ein kurzer Abstecher in den südlich der Gaststätte liegenden Großen Sterngrund. Von der Bergbaude »Veilchenbrunnen« kann man den mit einem grünen Punkt markierten Wanderweg nutzen, der uns direkt zum Rennsteig und zum Rondell bringt. Von hier wählt man am günstigsten den ebenfalls markierten und gut ausgeschilderten Weg, der durch das Pfanntal zum Ausgangspunkt der Exkursion am Bahnhof Oberhof zurückführt.

Länge der Wanderung: etwa 12 km
Einkehrmöglichkeiten: Imbißstand am Rondell,
Cafe im Rennsteiggarten,
Bergbaude »Veilchenbrunnen«
Verkehrsverbindungen: mit der Bahn bis Oberhof (Strecke Erfurt-Meiningen); mit dem PKW über die B 247 im Norden von Gotha und im Süden von Suhl oder Meiningen, Anbindung an die A 4 in Gotha

TOUR 3

Bergwälder, Bergwiesen und Bäche im Biosphärenreservat Vessertal

Vom Kamm des mittleren Thüringer Waldes ziehen zahlreiche Täler auf kürzestem Wege dem Gebirgsrand zu. Eines dieser Täler auf der Südabdachung des Gebirges ist das Vessertal. Durch seine ökologische Vielfalt, reichhaltige Naturausstattung und seine landschaftlichen Reize, hervorgerufen durch ein abwechslungsreiches Mosaik von Bergwäldern, Wiesen, Hochstaudenfluren und Bächen, erregte es schon in der ersten Hälfte unseres Jahrhunderts die Aufmerksamkeit naturverbundener Menschen. So hat man das etwa 5 km südöstlich von Suhl liegende Tal der unteren Vesser bereits 1939 als Naturschutzgebiet gesichert. International bekannt wurde es 1979 mit der Bestätigung als »Biosphärenreservat« durch die UNESCO. Als Teil eines weltweiten Netzes von Schutzgebieten verfolgt es das Ziel, repräsentative Beispiele charakteristischer Ökosysteme und Landschaften einschließlich ihrer biologischen Mannigfaltigkeit langfristig zu erhalten. Diese Biosphärenreservate dienen vorrangig der Forschung und Lehre, der Umwelterziehung und der Umweltüberwachung. Der botanisch interessierte Wanderer wird jedoch auch vom Artenreichtum des Gebietes begeistert sein, beherbergt es doch etwa 500 Farn- und Blütenpflanzen, 120 Flechten und mehr als 360 Moose, worunter sich zahlreiche seltene und gefährdete Arten befinden. Es besitzt damit eine besondere Bedeutung bei der Erhaltung gefährdeter Pflanzenarten der Mittelgebirge.
Durch unsere Rundwanderung berühren wir die schönsten Ausschnitte des 1648,7 ha großen Naturschutzgebietes »Vessertal«. Es ist das Kernstück des gleichnamigen Biosphärenreservates und umfaßt das Tal der Vesser als zentrale Achse, einige Seitenbäche und deren steile Talflanken. Das stark reliefierte Gelände erstreckt sich von ca. 420 m ü. NN in der Vesseraue bei Breitenbach bis fast 750 m ü. NN am Stutenhaus. Der geologische Untergrund besteht überwiegend aus den Sedimenten und Ergußgesteinen des Rotliegenden. Dazu gehören vor allem Porphyre und Porphyrite, die gelegentlich an Weganschnitten aufgeschlossen sind. Durch seine Lage im Luv des Mittel-

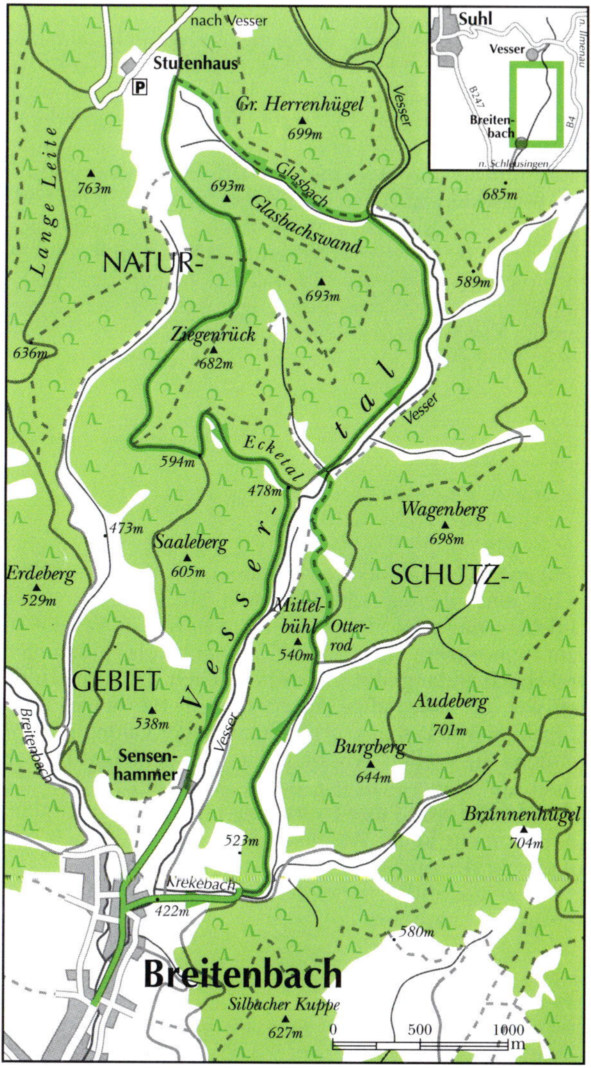

gebirges empfängt das Gebiet im Durchschnitt jährliche Niederschlagssummen von 780 mm am Gebirgsrand bis 1100 mm in den oberen Lagen. Die Jahresmitteltemperaturen liegen zwischen 6,5 und 4,9 °C. Es herrscht ein atlantisch getöntes, gemäßigt-kühl-feuchtes, schneereiches Mittelgebirgsklima. Pflanzengeographisch spiegelt sich dies durch das Auftreten subozeanisch-montaner Florenelemente wider, wie Schwarzer Heckenkirsche *(Lonicera nigra)*, Purpur-Hasenlattich *(Prenanthes purpurea)* und Gegenblättrigem Milzkraut *(Chrysosplenium oppositifolium)*. Die Weiß-Tanne *(Abies alba)* besitzt im Gebiet eines ihrer letzten Vorkommen im Thüringer Wald. Östliche Bergwaldpflanzen fehlen dagegen bereits. Die enge Zertalung, Expositionsunterschiede und die starke vertikale Gliederung bewirken weiterhin eine lokalklimatische und damit ökologische Vielfalt. Elemente des hochmontanen Wollreitgras-Fichten-Bergwaldes treten – begünstigt durch die forstliche Förderung der Fichte *(Picea abies)* – zerstreut in höhergelegenen Fichtenforsten und Bachwäldern der Quelläufe auf, wie z.B. Wolliges Reitgras *(Calamagrostis villosa)*, Rippenfarn *(Blechnum spicant)* und Hain-Kreuzkraut *(Senecio hercynicus)*. Andererseits dringen an wärmebegünstigten Talflanken und Unterhängen eine Reihe wärmeliebender Hügellandarten vom südlichen Gebirgsrand her bis in das Gebirge vor.

Wir beginnen die Rundwanderung im Oberdorf des ehemaligen Waldhufendorfes Breitenbach. Dort zweigt rechts ein Fahrweg zum Kohlsteig ab, die sogenannte Audebergstraße. Wir folgen der kleinen Fahrstraße, die an dem von einem schönen Erlen-Ufergehölz gesäumten Krekebach entlangführt. Zu beiden Seiten des Weges blikken wir auf ehemalige Ackerterrassen, die heute, nach Aufgabe der Ackerbaus, als Grünland oder Gärten genutzt werden. Sie stellen ein bedrohtes Element der historischen Kulturlandschaft dar, da die Ackernutzung, der die schmalen Terrassen ihre Entstehung verdanken, schon lange nicht mehr lohnt. Wir überqueren den Krekebach und folgen auf der Audebergstraße dem Wegweiser in das untere Homigtal in Richtung Otterrod und Vessertal. Interessant ist die Vegetation links vom Weg am süd- bis südöstlich exponierten Unterhang. An diesem wärmebegünstigten Standort wachsen neben Rot-Buche *(Fagus sylvatica)* auch reichlich Hainbuche und Vogel-Kirsche. Sie deuten zusammen mit den Arten der Bodenflora wie Echte Sternmiere *(Stellaria holostea)* und randlich auch Maiglöckchen *(Convallaria majalis)* Reste des Eichen-Hainbuchenwaldes an, die hier auf historische Waldnutzungsformen zurückgehen. Bereits vor Jahrhunderten wurde der Wald für die Gewinnung von Bauholz, Brennholz sowie zur Holzkohleproduktion stark genutzt. Der große Bedarf des Eisenbergbaus im Raume Schmiedefeld, Vesser und

Suhl seit über 600 Jahren bis in die Mitte des 19. Jahrhunderts spielte dabei eine besondere Rolle. In den Tälern wurden mehrere Eisenhämmer und Mühlen errichtet. Im Zuge der Besiedlung entstanden ausgehend von den Talauen Rodungsinseln mit Äckern und Grünland. Das Bild der heutigen Kulturlandschaft wurde vorgeprägt und das Standortsangebot für zahlreiche Pflanzenarten wesentlich bereichert. So verdankt mindestens die Hälfte aller Farn- und Blütenpflanzen des Gebietes ihr Vorkommen erst der Tätigkeit des Menschen. Dementsprechend sind zur Erhaltung der Mehrzahl der Pflanzengemeinschaften eine pflegliche Nutzung oder Pflegemaßnahmen erforderlich.

Am Otterrod befindet sich eine kleine Wetterschutzhütte. Hier folgen wir dem geradeaus ins Vessertal führenden Weg. Die Otterrod genannte Wiese ist floristisch und vegetationskundlich sehr interessant. An den oberen, sehr armen Hangpartien ist ein Kreuzblümchen-Borstgras-Rasen (Polygalo-Nardetum) entwickelt mit den charakteristischen Arten Gemeines Borstgras *(Nardus stricta)*, das meist dominiert, dem Harz-Labkraut *(Galium harcynicum)*, der Berg-Platterbse *(Lathyrus linifolius)*, der Bärwurz *(Meum athamanticum)*, die stellenweise auffällig hervortritt, und als Besonderheit hier auch reichlich Berg-Wohlverleih *(Arnica montana)*. Zur Blütezeit im Juni bieten die kräftig gelben Blüten dieser bekannten Arzneipflanze einen prächtigen Anblick. Dazwischen siedeln Drahtschmiele *(Avenella flexuosa)*, Heidelbeere *(Vaccinium myrtillus)*, Rundblättrige Glockenblume *(Campanula rotundifolia)*, Gemeine Hainsimse *(Luzula campestris)* und Blutwurz *(Potentilla erecta)*.

Oberhalb des Otterrod biegen wir links vom Wagenbergweg ab und folgen dem leicht abwärts führenden Weg ins Vessertal, das wir an der zentral gelegenen Schneidmühlsbrücke erreichen. Von dieser aus bieten sich herrliche Blicke über die Wiesen der Talsohle und den mäandrierenden Lauf der schnell fließenden Vesser. Die Wiesen stellen einen besonderen Höhepunkt des Gebietes dar und enthalten die meisten seltenen und gefährdeten Pflanzenarten. Sie sind in Abhängigkeit vom Standortsmosaik reich gegliedert und boten schon mehrfach ein interessantes Studienobjekt für ökologische Untersuchungen. Es lassen sich zunächst zwei Gruppen unterscheiden: Die Wiesen der langgestreckten schmalen Talsohlen und Bachauen sowie die meist abseits gelegenen, grundwasserfernen Bergwiesen. Zu letzterem Typ gehören die Borstgrasrasen, die wir bereits am Otterrod beobachten

Bunte, artenreiche Wiesen und Staudenfluren schmücken den Talgrund der Vesser.

konnten. Sie wurden in der Regel nicht gedüngt und lieferten nur sehr wenig Futter, so daß ihre Nutzung oft schon vor mehreren Jahrzehnten aufgegeben wurde und sie heute sehr selten geworden sind. Flächenmäßig herrschen im Gebiet die nährstoffreicheren Talwiesen vor, die ein nach dem Wasserfaktor sehr fein gegliedertes Mosaik von Waldstorchschnabel-Goldhafer-Wiesen und der Trollblumen-Schlangenknöterich-Feuchtwiese bilden. Charakteristische Pflanzen der Waldstorchschnabel-Goldhafer-Wiese (Geranio-Trisetetum) sind neben den namengebenden Arten auch Weicher Pippau *(Crepis mollis)*, Perücken-Flockenblume *(Centaurea pseudophrygia)*, Kopfige Teufelskralle *(Phyteuma orbiculare)*, Wiesen-Knöterich *(Polygonum bistorta)*, Berg-Rispengras *(Poa chaixii)* und Rauhhaariger Kälberkropf *(Chaerophyllum hirsutum)*. An der südlich gerichteten Böschung des Weges wachsen auch einige licht- und wärmeliebende Pflanzen wie Kleine Pimpinelle *(Pimpinella saxifraga)*, Rauher Löwenzahn *(Leontodon hispidus)* und die geschützte Heide-Nelke *(Dianthus deltoides)*. Eine besondere Form der historischen Wiesennutzung war die Rieselbewässerung, die in den sechziger Jahren unseres Jahrhunderts aufgegeben wurde. Dabei ließ man Wasser aus den Bächen mit Hilfe eines Systems kleiner Gräben großflächig über die Wiesenhänge rieseln. Durch die Bewässerung trockener Standorte, leichte Düngungseffekte und einen früheren Beginn des Vegetationswachstums konnte man so die kargen Erträge verbessern und eine zweischürige Mahd ermöglichen. Reste dieser Rieselgräben können noch heute beobachtet werden.

Nach Überqueren der Vesseraue erreichen wir die Einmündung des Löffeltales, wo eine Holzhütte Schutz bei schlechtem Wetter bietet. Nun wählen wir den Fahrweg talaufwärts, der mehr oder weniger hangparallel dem Kerbsohlental folgt. Bald weist uns ein Schild darauf hin, daß wir die Kernzone des Biosphärenreservates, die als Totalreservat geschützt ist, erreicht haben. Hier ist jegliche Nutzung untersagt. Nur die Hauptwege werden durch Entfernung umgestürzter Bäume zugänglich gehalten. Die natürliche Entwicklung des Waldes wird seit Jahren genau untersucht und dokumentiert. Auch die Wiesen unterhalb unseres Weges werden seit etwa 25 Jahren nicht mehr gemäht. Hier haben konkurrenzstarke Stauden und Gräser die Oberhand gewonnen, wie die Gemeine Pestwurz *(Petasites hybridus)* mit ihren weit ausladenden großen Blättern, das Echte Mädesüß *(Filipendula ulmaria)*, das Rohr-Glanzgras *(Phalaris arundinacea)* und die Zittergras-Segge *(Carex brizoides)*. Stellenweise kommen auch bereits Gehölze auf der Wiese auf. An einer Stelle können am Ufer der Vesser die dekorativen hellgrünen Blatt-Trichter des Straußenfarns *(Matteuccia struthiopteris)* beobachtet werden. In ihrer Mitte stehen die anders gestalteten, braunen Sporenblätter. Ein weiterer seltener Repräsentant montaner Bachuferwälder und -staudensäume ist der Bunte Eisenhut *(Aconitum variegatum)* – eine der giftigsten Pflanzen unserer Flora. Die Vesser gliedert ihre Aue durch herrliche Mäander, und hier im Totalreservat kann man auch deutlich die Bachdynamik beobachten. Ohne lenkende Maßnahmen des Menschen sucht sich der Bach bei hoher Wasserführung neue Fließstrecken, alte Bachabschnitte werden abgetrennt und kleine Altwasser entstehen.

Etwa bis zur Glasbachmündung führt unser Wanderweg durch den Bereich des Rotliegenden, wo abgerundete Reliefformen, denen Felsen fast ganz fehlen, vorherrschen. Ab hier treten festere Amphibolite und Hornschiefer auf, die dazu geführt haben, daß das oberhalb liegende Tal der Vesser als besonders gefällereiches Kerb-

Im Totalreservat kann sich der Wald ohne Einflüsse des Menschen entwickeln.

tal herausmodelliert wurde. Bei den meisten Oberläufen der Bäche handelt es sich um Kerbtäler ohne nennenswerte Sohle. Hier fehlt eine ausgeprägte Talaue, und der Wald tritt meist unmittelbar bis an das Bachufer heran. Das Bachbett ist sehr blockreich und bildet eine Kette von Kaskaden inmitten großer Blöcke, zwischen denen das Wasser rauschend zu Tale strömt. Für diesen Bereich ist auch eine Anhäufung von Felsklippen an den Hängen charakteristisch. In diesem Bereich des Totalreservates lassen alte, teils bereits abgestorbene und umgebrochene Bäume, die stellenweise von stattlichen Baumpilzen zersetzt und von Moosen und Farnen überwachsen werden, die Schönheit und den Strukturreichtum von Naturwäldern erahnen. Die Verengung des Tales bewirkt auch ein kühl-feuchteres Mikroklima und damit ein stärkeres Hervortreten von montanen Arten. In den Buchenwäldern sind es vor allem Purpur-Hasenlattich *(Prenanthes purpurea)* und Quirl-Weißwurz *(Polygonatum verticillatum)*. An der Vesser kommt hier die Weiße Pestwurz *(Petasites albus)* und am Weg auch der Hain-Gilbweiderich *(Lysimachia nemorum)* mit seinen eiförmig spitzen Blättern vor.

Wir biegen links in das Glasbachtal ein und folgen dem Wanderweg zum Stutenhaus. Schließlich öffnet sich das Wiesental, und der Blick auf die noch genutzten Stutenhauswiesen wird frei. Es sind Goldhaferwiesen, die auf Grund ehemals intensiverer Nutzung etwas artenärmer sind. An hängigen Partien gehen sie jedoch in artenreichere Magerrasen über. Eingelagert sind mehrere Quellmulden. An den von ihnen ausgehenden kleinen Rinnsalen wächst reichlich die Gefleckte Gauklerblume *(Mimulus guttatus)* – ein aus Nordamerika eingewanderter Neubürger unserer Flora. Sie belebt mit ihren attraktiven gelben Blüten gemähte oder beweidete Uferpartien von kleinen Wiesenbächen oder Entwässerungsgräben im subozeanisch getönten Bergland. Zusammen mit dem Bach-Ehrenpreis *(Veronica beccabunga)* charakterisiert sie das Gauklerblumen-Bachröhricht, das nach Nutzungsaufgabe von konkurrenzstärkeren Arten überwachsen wird. Die Weidewirtschaft ist nachweislich schon für das 15. Jahrhundert im Gebiet belegt. Lange Zeit befanden sich im Bereich des heutigen Berghotels Stutenhaus neben einem Wohnhaus auch Stallungen und Scheunen für den Gestütsbetrieb. Vom Berghotel aus bietet sich ein herrlicher Ausblick über die Stutenhauswiese, das Vessertal, die umgebenden Berge bis nach Frauenwald und bei guter Sicht bis ins fränkische Stufenland. Besonders im Frühjahr hebt sich das zarte Grün der jungen Buchenblätter wohltuend vom Dunkelgrün der Fichten ab. Am Stutenhaus kreuzen sich auch verschiedene Wanderwege. Nur 1,5 km weiter nordöstlich befindet sich der 850 m ü. NN hohe Adlersberg mit seinem schlanken Aussichtsturm.

Bei unserer Rundwanderung biegen wir jedoch bereits unterhalb des Stutenhauses links in die unbefestigte Ziegenrückstraße ein. Sie ist hier Teilstück des Rennsteig –

Arnika oder Berg-Wohlverleih (*Arnica montana*) ist ein typischer Vertreter nährstoffärmerer Bergwiesen der Mittelgebirge. Die ehemals aspektbildende Heilpflanze hat durch Aufgabe der Mahd starke Verluste hinnehmen müssen und gehört heute zu den gefährdeten Arten Thüringens.

Dolmar – Wanderweges. Etwa 400 m nach einer auffälligen Linkskurve biegen wir links auf den sogenannten Funksweg ab, dem wir etwa 200 m in nördlicher Richtung folgen. Zwischen den Bäumen wird unterhalb des Weges der Beginn eines schmalen Wiesengrundes, des Ecketales, sichtbar. An der nordöstlichen Seite des Ecketales führt ein relativ wenig begangener Weg hinab ins Vessertal. Die Wiese im oberen Ecketal wird nur noch teilweise genutzt. Nach einem bewaldeten Wegstück erreichen wir die gut gepflegte Wiese im unteren Ecketal. In Abhängigkeit von Boden und Wasserhaushalt können wir ein kleinräumiges Mosaik verschiedener Grünlandgesellschaften beobachten. Flächenmäßig herrscht eine nährstoffärmere, zum Borstgrasrasen vermittelnde Ausbildung der Goldhaferwiese vor. Der Rot-Schwingel *(Festuca rubra)* dominiert, ihm sind Bärwurz *(Meum athamanticum)*, Kanten-Hartheu *(Hypericum maculatum)*, Große Händelwurz *(Gymnadenia conopsea)*, Gemeines Kreuzblümchen *(Polygala vulgaris)*, Gemeines Katzenpfötchen *(Antennaria dioica)* und wiederum die stattliche Arnika *(Arnica montana)* beigesellt. Auf nassen Standorten sind Braunseggen-Ried, Waldsimsen-Wiese und am Bach auch Rohrglanzgras-

Röhricht ausgebildet. Charakteristisch für das sehr stark zurückgegangene Braunseggen-Ried ist das Durchdringen der niedrigen graugrünen Kleinseggenrasen mit dichten Torfmoos- *(Sphagnum-)* Polstern. Neben der östlich verbreiteten Verschiedenblättrigen Kratzdistel *(Cirsium helenioides)* ist vor allem die attraktive Trollblume *(Trollius europaeus)* hervorzuheben, die in vielen Gebieten selten geworden ist.

3

Bald haben wir wieder den Vessergrund erreicht, dem wir talwärts folgen. Der Weg verläuft mit leichtem Gefälle mehr oder weniger hangparallel im Wald oberhalb der Vesseraue entlang. Hier sind es vor allem die Wälder, die unsere Aufmerksamkeit beanspruchen. Beeindruckende Weiß-Tannen *(Abies alba)* am Wegrand künden noch von einst im Gebiet weit verbreiteten sogenannten »hercynischen Bergmischwäldern«. Neben Rot-Buchen und Fichten waren es vor allem Weiß-Tannen, die bis zur Mitte unseres Jahrhunderts unsere Bergmischwälder prägten. Mit zunehmender Verschmutzung der Luft setzte in großen Gebieten Mitteleuropas das sogenannte »Tannensterben« ein. Überhöhte Wilddichten taten ein übriges, so daß junge Tannen heute fast nur noch in gegatterten Flächen beobachtet werden können. Solche speziellen Einzäunungen stellen eine wichtige Maßnahme zum Schutz der Tanne dar und können auch direkt von unserem Weg aus beobachtet werden. Vegetationskundlich stellen die Bestände tannenreiche Ausbildungen des Waldmeister-Buchenwaldes dar, die in Thüringen stark gefährdet sind. In der Baumschicht treten auch einzeln Berg-Ahorn *(Acer pseudoplatanus)* und Berg-Ulme *(Ulmus glabra)* auf. Charakteristische Arten der Feldschicht sind zum Beispiel Einblütiges Perlgras *(Melica uniflora)*, Ährige Teufelskralle *(Phyteuma spicatum)*, Waldmeister *(Galium odoratum)* und Zwiebel-Zahnwurz *(Dentaria bulbifera)*, die ihren Namen den bräunlichvioletten Brutzwiebeln in den Blattachseln verdankt. Deutlich ärmer sind dagegen die Hainsimsen-Buchenwälder, die auf saurem Grundgestein vorkommen und der verbreitetste Waldtyp des Gebietes sind. Bei einer mittleren Artenzahl zwischen 10 und 20 sind in der Bodenvegetation bodensäureertragende, hinsichtlich des Nährstoffangebotes genügsame Arten bezeichnend, wie Schmalblättrige Hainsimse *(Luzula luzuloides)*, Wald-Reitgras *(Calamagrostis arundinacea)*, Heidelbeere *(Vaccinium myrtillus)*, das Moos Polytrichum attenuatum und Drahtschmiele *(Avenella flexuosa)*.

Vorbei am Forsthaus Sensenhammer mit den unterhalb

liegenden Fischzuchtteichen, an ehemaligen Ackerterrassen, an deren Böschung noch die Pechnelke *(Lychnis viscaria)* beobachtet werden kann, führt uns der Weg wieder in den Ort Breitenbach, dem Ausgangspunkt unserer Rundwanderung, zurück.

Länge der Wanderung: etwa 14 km
Einkehrmöglichkeiten: St. Kilian, Breitenbach, Vesser, Stutenhaus
Verkehrsverbindungen: Bahnhof St. Kilian an der Bahnlinie Suhl-Schleusingen, Bahnhof Schleusingen-Ost an der Bahnlinie Ilmenau-Themar, Buslinien Suhl-Breitenbach oder Suhl-Schmiedefeld-Vesser, A 4 Abfahrt Gotha über B 247 in Richtung Suhl/Schleusingen oder Abfahrt Erfurt-West über B 4 in Richtung Arnstadt, Ilmenau bis Schleusingen, dann B 247 bis Abzweig St. Kilian, Breitenbach

TOUR 4

Blühende Felsen – zu Pfingsten ins Schwarzatal

4

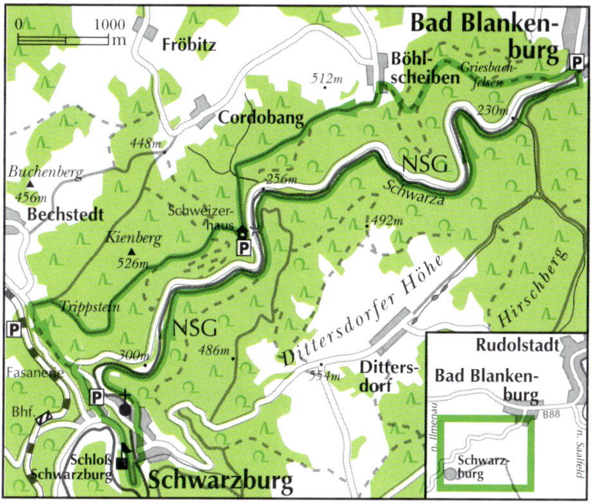

Bäche und Flüsse haben in Jahrtausenden unsere heutigen Landschaftsformen wesentlich herausmodelliert und sowohl enge tiefe Schluchten als auch große breite Auen geformt. Besonders tief haben sich die Gewässerläufe an Gebirgsrändern in die Gesteinsschichten eingeschnitten. Diese Durchbruchstäler mit ihren markanten Felsbildungen stellen nicht nur bezaubernde Landschaftsgebilde dar, sondern zeichnen sich auch durch eine hohe Vielfalt an Lebensräumen aus. Ein besonders tief und steil in die Schiefergebirgs-Rumpffläche eingeschnittenes Kerbtal ist das Schwarzatal. Der beeindruckende 11 km lange Abschnitt zwischen Bad Blankenburg und Schwarzburg wurde bereits 1941 als Naturschutzgebiet gesichert. Heute steht das Gebiet auch auf der Liste der international bedeutsamen Vogelschutzgebiete Europas (Important Bird Area). Mit einem Spektrum von wärmebegünstigten Felsfluren bis zu kühlfeuchten Schluchtwäldern bietet unser Wandergebiet eine abwechslungsreiche Flora mit vielen

botanischen Kostbarkeiten. Herrliche Ausblicke eröffnen sich von den Höhen, und im Tal begleitet das durch zahlreiche Stromschnellen und Strudeltöpfe hervorgerufene Rauschen und Tosen der Schwarza unseren Weg. Bereits Goethe, Schiller und Wilhelm von Humboldt priesen die Naturschönheiten des Schwarzatals.
Geotektonisch liegt das Schwarzatal im Bereich des Schwarzburger Sattels, dem ältesten und zugleich westlichsten Teil des Thüringer Schiefergebirges. Die vorherrschenden grauen Quarzite, Quarzit- und Tonschiefer sind auch an unserem Wanderweg, wie am Griesbachfelsen, Trippstein und Eberstein, aufgeschlossen. Die schwer verwitterbaren Gesteine haben den Verlauf der Mäander des Flusses mit vorgezeichnet. Sein alter Name »Schwarzwasser« geht sicher auf die dunklen schiefrigen Gerölle oder die starke Beschattung des engen Tales durch die Vegetation zurück.
Die Leelage, d. h. die dem Wind abgewendete Seite des Gebirges, erzeugt eine stärkere Betonung kontinentaler Witterungseffekte mit einer ausgeprägten Differenzierung des Standortsklimas. Die Jahresniederschlagssumme ist relativ gering und bewegt sich zwischen 556 mm (Bad Blankenburg) und 636 mm (Schwarzburg). Für die Flora ist eine relief- und mikroklimatisch bedingte Durchdringung kolliner und montaner Elemente charakteristisch. So steigen im Schwarzatal montan verbreitete Arten wie Weiß-Tanne *(Abies alba)*, Weiße Pestwurz *(Petasites albus)* und Wald-Geißbart *(Aruncus sylvestris)* u. a. bis ins Gebirgsvorland hinab, während wärmebedürftige Arten an bestimmten Standorten sehr weit ins Gebirge eindringen. Besonders charakteristisch für das Gebiet sind jedoch die vorrangig in Felspartien siedelnden präalpinen bzw. dealpinen Gewächse wie Gemeine Felsenbirne *(Amelanchier ovalis)*, Pfingst-Nelke *(Dianthus gratianopolitanus)* und Bleiches Habichtskraut *(Hieracium schmidtii)*.
Die hier beschriebene Rundwanderung beginnt am Ortsausgang von Bad Blankenburg in Richtung Schwarzburg. Unmittelbar hinter dem ehemaligen Krankenhausgelände führt anfangs über einige Stufen ein Wanderweg rechts den Hang hinauf. Es ist ein Teilstück des Naturlehrpfades »Heinrich Cotta«, der seinen Namen dem bedeutenden, aus Thüringen stammenden Forstmann verdankt und mit einem Fichtensymbol gekennzeichnet ist. Die Wälder zeigen hier noch deutliche Spuren früherer Niederwaldwirtschaft. Während an den unteren Hangpartien noch ei-

nige anspruchsvollere Arten wie Hainbuche *(Carpinus betulus)* und Hasel *(Corylus avellana)* wachsen, werden die Böden hangaufwärts immer flachgründiger und ärmer. Erste Felsbildungen wecken unsere Aufmerksamkeit, da an ihnen bereits die Gemeine Felsenbirne *(Amelanchier ovalis)* siedelt. Unter diesen extremen Standortbedingungen kann nur ein sehr lichter Heidekraut-Eichenwald wachsen. Die oft krüppelwüchsigen Trauben-Eichen *(Quercus petraea)* stehen sehr locker und lassen viel Licht durch ihre schmächtigen Kronen. Die Krautschicht kann sich daher gut entwickeln und wird von Heidekraut *(Calluna vulgaris)* und Drahtschmiele *(Avenella flexuosa)* beherrscht. Kleiner Sauerampfer *(Rumex acetosella)*, Echter Ehrenpreis *(Veronica officinalis)* und Wiesen-Wachtelweizen *(Melampyrum pratense)* sind typisch für bodensaure, relativ lichte Wälder.

Nach einem guten Kilometer Wegstrecke erreichen wir den Griesbachfelsen, eine markante Felsformation des unteren Schwarzatals. Von diesem beliebten Aussichtspunkt schweift unser Blick talwärts, auf die sich etwa 220 m unter uns schlängelnde Schwarza, die sich tief in

Inmitten ausgedehnter Wälder liegt im Schwarzatal, tief unter dem Trippstein, der idyllische Ort Schwarzburg mit seinem gleichnamigen Schloß.

die Gebirgshochfläche eingegraben hat. Sie durchtrennt die grüne Kulisse der bewaldeten Steilhänge. Auf einem Bergsporn des Gegenhanges ragt das Jagdschloß Eberstein aus den Baumwipfeln empor. Es liegt mitten in einem der beiden Totalreservate des Naturschutzgebietes. In seiner Umgebung fällt sofort der hohe Anteil naturnaher Laubwaldbestockung auf. Der trockenwarme Tonschieferfelsen beherbergt die prächtige Pfingst-Nelke *(Dianthus gratianopolitanus)*, auf deren Blütezeit schon ihr Name hinweist. Zusammen mit dem Bleichen Habichtskraut *(Hieracium schmidtii)* ist sie für die auf exponierten Felsköpfen und an Felsgraten siedelnde Pfingstnelken-Felsflur bezeichnend. Daneben sind Heidekraut-Felsenbirnengebüsche (Calluno-Amelanchieretum) gut ausgebildet, die für das Gebiet charakteristisch sind und hier in ihrer Mächtigkeit im herzynischen Raum wohl einmalig sein dürften.
Unser Wanderweg verläuft nun mehr oder weniger hangparallel durch dunkle Nadelholzforsten. Bald ist die sagenumwobene Teufelstreppe erreicht. Es handelt sich um einen steil aufgerichteten Schieferfelsen in Form einer riesigen siebenstufigen Treppe. Schließlich öffnet sich der Wald, und vor uns erscheint das kleine Bergdorf Böhlscheiben. Links bietet sich ein schöner Blick über das Schwarzatal. Von Böhlscheiben aus wählen wir den in östlicher Richtung wieder ins Schwarzatal führenden Weg, der uns an Grünland und Äckern vorbeiführt.
Unterhalb unseres Weges liegen die von 1860 bis 1970 betriebenen Schieferbrüche von Böhlscheiben, wo Dachschiefer in den Phycodenschichten abgebaut wurde. Auf den besonnten, feinerdereicheren Schieferhalden siedelt als floristische Besonderheit der gelbblühende Saat-Hohlzahn *(Galeopsis segetum)*. Die folgenden Beerstrauch-Kiefern- und auch Fichtenforste sind hier anstelle der natürlichen Vegetation ausgebildet. Diese würde aus bodensauren Hainsimsen-Buchenwäldern bestehen, worauf die Bodenflora und einzelne Rot-Buchen *(Fagus sylvatica)* am Wegrand hinweisen.
Wir wählen den bergab führenden Naturlehrpfad und durchwandern am steiler geneigten Südhang lichte Eichenwälder, die noch deutliche Spuren ehemaliger Niederwaldnutzung aufweisen. Der Boden ist sehr flachgründig und geröllreich und trocknet daher schnell aus. Vegetationskundlich handelt es sich überwiegend um Hainsimsen-Traubeneichen-Mischwald (Luzulo-Quercetum). An einigen Stellen kommen zu den verbreiteten

Säurezeigern der Krautschicht wie Drahtschmiele *(Avenella flexuosa)*, Heidelbeere *(Vaccinium myrtillus)*, Berg-Platterbse *(Lathyrus linifolius)* und verschiedenen Habichtskräutern *(Hieracium* div. spec.*)* licht- und wärmeliebende Arten hinzu. Weiße Schwalbenwurz *(Vincetoxicum hirundinaria)*, Wald-Platterbse *(Lathyrus sylvestris)*, Große Fetthenne *(Sedum maximum)*, Salomonssiegel *(Polygonatum odoratum)* und Maiglöckchen *(Convallaria majalis)* deuten Übergänge zum Geißklee-Eichen-Felswald an. Der Weg führt schließlich steiler bergab und überquert ein Seitental. Die Bodenflora im Talgrund ist bedeutend reicher und setzt sich aus anspruchsvollen Arten zusammen. An den folgenden Unterhängen wachsen im dichten Fichtenforst noch einzelne Weiß-Tannen *(Abies alba)*. Die Tanne war früher eine charakteristische Baumart des Schwarzatales und besaß noch vor wenigen Jahrzehnten einen Bestockungsanteil von über 10%. Sie ist nach drastischem Rückgang (»Tannensterben«) heute aber nur noch sehr selten zu finden. Als floristische Besonderheit wurde im Gebiet sogar die Tannen-Mistel *(Viscum laxum* ssp. *abietis)* nachgewiesen.

Schließlich haben wir fast das Tal der Schwarza mit der Gaststätte Schweizerhaus erreicht. Hier besteht die Möglichkeit zur Einkehr, man kann aber über die Steinbrücke ans jenseitige Ufer der Schwarza gelangen und bereits von hier aus den Wanderweg an der Schwarza entlang zurück zum Ausgangspunkt wählen. Wer sich jedoch weitere floristische Höhepunkte und einen der romantischsten Ausblicke Thüringens nicht entgehen lassen möchte, folgt rechts dem Naturlehrpfad wieder bergauf. Nach relativ steilem Anstieg verläuft der Weg mehr oder weniger eben an der oberen Hangkante entlang in südwestlicher Richtung. Vom Aussichtspunkt Rolle und dem folgenden Denkmal Suppenschüssel bieten sich schöne Ausblicke über das untere Schwarzatal und die gegenüberliegenden Höhen um Burkersdorf und Dittersdorf. Am weiteren Weg können wir den ozeanisch verbreiteten Salbei-Gamander *(Teucrium scorodonia)* mit seinen gelblichen Blüten, ungeteilter Oberlippe und vierzähniger Unterlippe sowie die Verschiedenblättrige Kratzdistel *(Cirsium helenioides)* beobachten. Diese prachtvolle großköpfige Kratzdistel-Art ist im Frankenwald, Vogtland und östlichen Thüringer Wald auf feuchten Bergwiesen relativ häufig, um nach Westen immer seltener zu werden und in der Gegend des Inselsberges ganz zu verschwinden.

Der Trippstein stellt schließlich einen weiteren Höhe-

punkt auf unserer Wanderung dar. Er ist ein markanter Quarzit-Tonschieferfelsen 224 m oberhalb der Schwarza, der einen der romantischsten Ausblicke ganz Deutschlands bieten soll. Eingebettet im weiten Grün der Wälder liegt unten im Tal das kleine Schwarzburg. 90 m über dem Ort befindet sich auf einem Bergsporn die Ruine des gleichnamigen Schlosses, Stammschloß des Schwarzburger Fürstenhauses. In der überschwenglichen Heimatliteratur des vorigen Jahrhunders wurde Schwarzburg schon zur Perle Thüringens erkoren. Das Borkenhäuschen lädt zur Rast ein und bietet Schutz bei schlechtem Wetter. Am 38° geneigten »Treppenstein« und in seiner Umgebung wachsen reichlich Nickendes Leimkraut *(Silene nutans)*, Pfingst-Nelke *(Dianthus gratianopolitanus)*, Körnchen-Steinbrech *(Saxifraga granulata)*, Kleines Habichtskraut *(Hieracium pilosella)*, Große Fetthenne *(Sedum maximum)*, Färber-Ginster *(Genista tinctoria)* und Pfirsichblättrige Glockenblume *(Campanula persicifolia)*.
Vom Trippstein aus führt ein schmaler Wanderweg in Serpentinen steil bergab nach Schwarzburg. Bequemer ist es jedoch, dem auf der Höhe bleibenden Weg zu folgen.

Die Schwarza als zentrale Achse des Schutzgebietes ist ein sehr naturnahes Fließgewässer.

Zu den floristischen Besonderheiten des Schwarzatales gehören die Bestände der Pfingst-Nelke (*Dianthus gratianopolitanus*).

Nach etwa 500 m biegt man links auf den Waldweg von Cordobang ein und erreicht nach weiteren 200 m den Fahrweg von Schwarzburg nach Bechstedt, neben dem hier die Schwarzatalbahn verläuft. Wir wählen den mit gelben Balken markierten Wanderweg nach Schwarzburg. Er führt uns an der Oberen Flaschenwiese und einer cirka 200jährigen Rotbuche vorbei, die mit einem Durchmesser von 1,5 m und einer Höhe von 32 m einen markanten Geländepunkt darstellt. An einer Schonung kann man auf der linken Wegseite die prächtigen Blütenstände des Wald-Geißbarts *(Aruncus sylvestris)* bewundern. Er gehört wie die bereits erwähnte Verschiedenblättrige Kratzdistel *(Cirsium helenioides)* und die uns noch begegnende Akelei-Wiesenraute *(Thalictrum aquilegiifolium)* zu den östlichen Bergpflanzen, die im Schiefergebirge relativ verbreitet sind, im Thüringer Wald aber weitgehend fehlen. Die Untere Flaschenwiese wird noch regelmäßig genutzt. Um zum Schloß Schwarzburg zu gelangen, folgen wir ein kurzes Stück der um 1800 angelegten Schwarzatalstraße in südlicher Richtung und bewegen uns dann auf einem langgezogenen Talsporn auf Schloß Schwarzburg zu. Sein Vorläufer ist 1071 als »Swartinburg« erstmalig erwähnt

und galt im Mittelalter als uneinnehmbar. Im 18. Jahrhundert wurde die Burg nach Bränden in ein barockes Wohnschloß umgebaut, das regelmäßiger Sommersitz der Rudolstädter Fürsten war. Der 1941 begonnene Umbau in einen »Reichs-Gästehof« wurde bald eingestellt, so daß eine Ruine zurückblieb. Sehenswert ist das im ersten Viertel des 18. Jahrhunderts erbaute barocke Kaisersaalgebäude, das besichtigt werden kann.
Auf und an den Burgmauern, an Mauerfüßen und im Bereich der Ruinen lohnt es sich auch die Flora zu beachten. In Mauerritzen finden wir Mauer-Zimbelkraut *(Cymbalaria muralis)*, Zerbrechlichen Blasenfarn (*Cystopteris fragilis)*, Mauerraute *(Asplenium ruta-muraria)* und Braunstieligen Streifenfarn *(A. trichomanes)*. Daneben siedeln Färber-Hundskamille *(Anthemis tinctoria)* und Duft-Schöterich *(Erysimum odoratum)*. Nach Verlassen des Schloßbereiches führt gleich rechts ein Wanderweg den Schloßberg hinunter nach Schwarzburg. Unterhalb der Schloßanlage durchqueren wir edellaubholzreiche Mischwälder mit Berg-Ulme *(Ulmus glabra)*, Spitz- und Berg-Ahorn *(Acer platanoides, A. pseudoplatanus)*, Winter-Linde *(Tilia cordata)*, Hainbuche *(Carpinus betulus)*, Rot-Buche *(Fagus sylvatica)* und Eiche *(Quercus* spec.). In der Krautschicht treten viele Stickstoffzeiger als Folge jahrhundertelanger Nährstoffeinträge von der Burg her auf. Hierzu zählen zum Beispiel die unverkennbar riechende Knoblauchs-Rauke *(Alliaria petiolata)*, Wald-Ziest *(Stachys sylvatica)* und Stinkender Storchschnabel *(Geranium robertianum)*, die ebenfalls an ihrem Geruch erkennbar sind, der giftige Taumel-Kälberkropf *(Chaerophyllum temulum)* und als Neubürger das Kleinblütige Springkraut *(Impatiens parviflora)*. Dazwischen siedeln als anspruchsvolle Waldarten auch Goldschopf-Hahnenfuß *(Ranunculus auricomus)*, Berg-Weidenröschen *(Epilobium montanum)*, Nesselblättrige Glockenblume *(Campanula trachelium)*, Hundsquecke *(Roegneria canina)*, Spring-Schaumkraut *(Cardamine impatiens)* und Echte Sternmiere *(Stellaria holostea)*. Am Unterhang machen sich die Nährstoffeinträge kaum noch bemerkbar, hier gedeiht entsprechend des armen geologischen Untergrundes ein Hainsimsen-Buchenwald. Am Weg in der Nähe der Schwarza ist der aus Ostasien stammende Japanische Staudenknöterich *(Reynoutria japonica)* nicht zu übersehen. Die Art hat sich in den letzten Jahren besonders entlang von Fließgewässern stark ausgebreitet und verdrängt zahlreiche heimische Uferpflanzen.

Wir überqueren die Schwarza und durchwandern Schwarzburg, das im Schutze der Burg als kleine Siedlung von Hof- und Dienstleuten entstand. Seit 150 Jahren lebt es vor allem vom Fremdenverkehr. So unterschrieb hier Friedrich Ebert während eines Kuraufenthaltes im Jahre 1919 die Weimarer Verfassung. Unser Wanderweg folgt ab hier immer flußabwärts der Schwarza. Mehrfach bietet sich Gelegenheit, die Ufervegetation der Schwarza genauer zu beobachten. Als charakteristischer Vegetationstyp ist das Rohrglanzgras-Bachröhricht (Stellario-Phalaridetum) ausgebildet. Es wird durch die Dominanz des Rohr-Glanzgrases *(Phalaris arundinacea)* geprägt, kennzeichnende Arten sind weiterhin Hain-Sternmiere *(Stellaria nemorum)* und Echtes Springkraut *(Impatiens nolitangere)*. Durch das dichte Wurzelsystem des Rohr-Glanzgrases besitzt die Gesellschaft eine wichtige Uferschutzwirkung. Aber auch zwei weitere sehr attraktive Neubürger kann man an manchen Uferpartien entdecken, die gelbblühende, aus Nordamerika stammende Gefleckte Gauklerblume *(Mimulus guttatus)* und das aus Indien bei uns eingeschleppte Drüsige Springkraut *(Impatiens glandulifera)* mit seinen auffallend roten, langgestielten Blüten. An einigen Stellen überschirmen die großen Blätter der Gemeinen Pestwurz *(Petasites hybridus)* den Ufersaum, die hier zusammen mit der kleineren weißlich blühenden Weißen Pestwurz *(P. albus)* vorkommt. Auf Schwemmsand wurde am rechten Schwarzaufer sogar der Wiesen-Schachtelhalm *(Equisetum pratense)* nachgewiesen.

Wer in der Gaststätte Schweizerhaus einkehren möchte, überquert die Schwarza über eine kleine Steinbrücke. Als noch Flößerei auf der Schwarza betrieben wurde, befand sich vor dem heutigen Schweizerhaus an der Schwarza ein Floßrechen, der zum Anlanden, Sortieren und Vermessen des Floßholzes diente. Der schattige Wanderweg nach Bad Blankenburg verläuft rechtsseitig des Schwarzaufers weiter. Fichtenforste wechseln mit Hainsimsen-Buchenwäldern und werden nur von einzelnen Felsbildungen mit Gemeinem Tüpfelfarn *(Polypodium vulgare)* unterbrochen. Stellenweise führt der Weg sehr nahe am Ufer entlang, so daß der Wald den Blick auf die Schwarza freigibt. Das Flußbett ist sehr vielgestaltig, mal plätschert die Schwarza ruhig vor sich hin, ein paar Schritte weiter schon rauscht sie wild über dem steinigen Grund. An einigen Stellen können kesselförmige Vertiefungen, sogenannte »Strudeltöpfe«, bestaunt werden, die durch die

Reibung des strömenden Wassers am Tonschiefergestein entstanden sind. Sie sind bis armtief, und stets findet sich an ihrem Grunde ein Stein, der durch die Energie des Wassers in rotierender Bewegung gehalten wird. Im Mittelalter wurde in der Schwarza sogar Gold gewaschen. Eingerahmt werden diese interessanten geomorphologischen Erscheinungen von einer abwechslungsreichen Uferflora mit Wasser-Schwertlilie (*Iris pseudacorus)* und dem montan verbreiteten Rauhhaarigen Kälberkropf *(Chaerophyllum hirsutum).*
Bald ist das Totalreservat »Eberstein« erreicht, in dem jegliche forstliche Nutzung untersagt ist. Es erhielt seinen Namen nach dem oberhalb, auf halber Höhe des Bergsporns liegenden Jagdschloß aus dem Jahre 1844. Es lag innerhalb des Fürstlich-Schwarzburgischen Wildgeheges, von dessen Umgrenzung noch Reste im Werretal sichtbar sind. Die Waldvegetation weist in ihrer Zusammensetzung deutliche Spuren historischer Nutzungsformen wie Holz- und Streuentnahme, Nieder- und Mittelwaldbetrieb auf. Sicher gingen auch vom sogenannten »Tiergarten«, der bis 1946 bestanden hat und einen sehr hohen Wildbesatz aufwies, gravierende Einflüsse auf die Vegetation aus. Trotzdem hinterlassen die Waldbilder einen naturnahen Eindruck. In Abhängigkeit von wechselnder Exposition, Hangneigung und Standortsklima tritt ein fein gegliedertes Mosaik verschiedener Waldgesellschaften auf. Es dominieren Hainsimsen-Eichenmischwälder in unterschiedlichen Ausprägungen. Vom Talweg aus, der durch das bis zur Schwarza reichende Totalreservat führt, berühren wir auch Bestände des Eschen-Ahorn-Schlucht- und -Schatthangwaldes (Fraxino-Aceretum pseudoplatani). Winter-Linde *(Tilia cordata),* Berg-Ahorn *(Acer pseudoplatanus),* Hainbuche *(Carpinus betulus),* Trauben-Eiche *(Quercus petraea)* und Rot-Buche *(Fagus sylvatica)* erreichen einen dichten Kronenschluß in der Baumschicht. In der Strauchschicht treten neben dem Jungwuchs der Bäume auch Roter Holunder *(Sambucus racemosa)* und Stachelbeere *(Ribes uva-crispa)* auf. Nährstoff- und Frischezeiger dominieren in der Krautschicht. Zur Schwarza hin schließen sich stellenweise Erlen-Eschen-Wälder an. Außer Schwarz-Erle und Esche besitzt der Berg-Ahorn höhere Anteile am Bestandsaufbau. Im unmittelbaren Uferbereich sind noch vereinzelt Fahl-Weiden *(Salix* x *rubens)* anzutreffen. Die Krautschicht ist sehr üppig entwickelt mit einem Frühjahrsaspekt aus Busch-Windröschen *(Anemone nemorosa),* Scharbockskraut *(Ra-*

nunculus ficaria), Hoher Schlüsselblume *(Primula elatior)* und vereinzelt Wald-Goldstern *(Gagea lutea)*. Im Sommeraspekt bestimmen hochwüchsige Stauden die Physiognomie. Als floristische Besonderheit ist der seltene Straußenfarn *(Matteuccia struthiopteris)* an einer Stelle in einem ansehnlichen Bestand vertreten. Das Totalreservat reicht bis zur Mündung eines kleinen Seitenbaches, der Werre, in die Schwarza. Jetzt können wir am Weg auch die dritte östliche Bergpflanze, die Akelei-Wiesenraute *(Thalictrum aquilegiifolium)*, beobachten. Auf der Höhe des Schwarza-Wehres führt uns eine überdachte Brücke über einen Graben, und kurz danach überqueren wir am Ortsrand von Bad Blankenburg die Schwarza und gelangen zum Ausgangspunkt unserer Wanderung zurück.

Länge der Wanderung: etwa 21 km
Einkehrmöglichkeiten: Bad Blankenburg, Böhlscheiben, Bechstedt, Schwarzburg, Schweizerhaus
Verkehrsverbindungen: Bahnhof Bad Blankenburg an der Bahnlinie Saalfeld-Erfurt, Bahnhof Schwarzburg an der Bahnlinie Rottenbach-Katzhütte; Buslinie Rudolstadt-Sitzendorf-Meura/Oberweißbach; A 9 Abfahrt Triptis, A 4 Abfahrten Arnstadt, Weimar oder Jena bis zur B 88 nach Bad Blankenburg, von dort in Richtung Schwarzburg

TOUR 5

Im Durchbruchstal der Oberen Saale

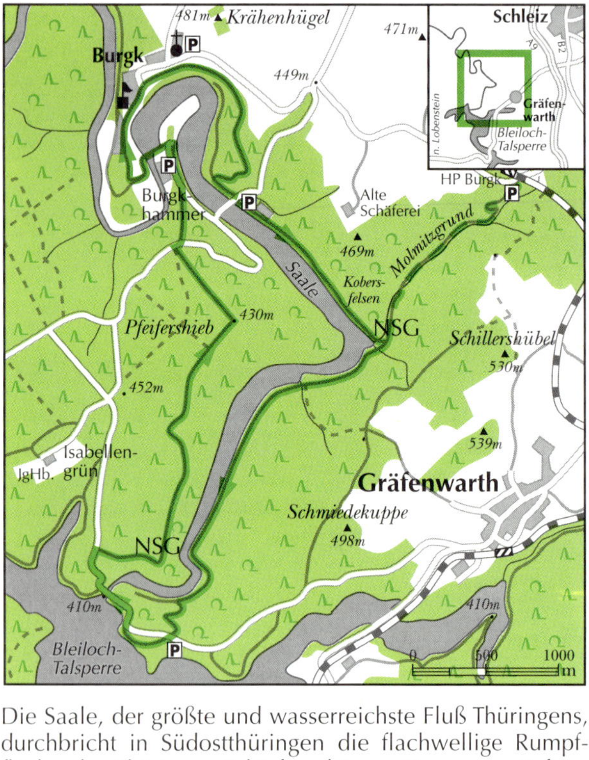

Die Saale, der größte und wasserreichste Fluß Thüringens, durchbricht in Südostthüringen die flachwellige Rumpffläche des Thüringer Schiefergebirges. Das enge, tiefeingeschnittene Saaletal mit seinen steilen Prallhängen und kurzen Nebentälern bildet zwischen dem Schiefergebirge und dem Vogtland einen eigenen pflanzengeographischen Bezirk von einzigartigem Charakter. Zwar weisen Teile der wärmeren Hügelländer einen noch größeren Artenreichtum auf, doch gibt es etliche Arten, die in Thüringen nur hier auftreten und zum Teil einige hundert Kilometer von ihren nächsten Vorkommen getrennt sind. Die steilen

Hänge mit ihren zahlreichen Felsbildungen waren schon immer ein begrenzender Faktor für das Wachstum geschlossener Wälder.Über Jahrtausende konnten sich offene Felsfluren entwickeln, die erst allmählich bei höherem Feinerdereichtum des Bodens in lichte Trockenwälder übergehen. Diese zeitliche Kontinuität, aber vor allem die Vielfalt unterschiedlich exponierter, geneigter und gründiger Standorte bilden die Voraussetzung für die Besonderheiten der Pflanzenwelt.

Als Ausgangspunkt für unsere Rundwanderung ist der Haltepunkt Burgk oder die Eisbrücke über das Ausgleichsbecken Burgkhammer an der Straße Schleiz – Remptendorf zu empfehlen. Aber auch vom Schloß Burgk, der Staumauer der Bleilochtalsperre oder dem Ortsteil Burgkhammer kann man die Wanderung beginnen. Vom Haltepunkt Burgk aus überqueren wir die Landstraße und wählen den mit grünem Balken markierten Wanderweg durch den Molmitzgrund zum Kobersfelsen. Wer mit dem Kraftfahrzeug anreist, kann unmittelbar am Rundwanderweg parken. Von den Parkgelegenheiten an der über das Ausgleichsbecken Burgkhammer führenden Eisbrücke wählt man den mit blauem Balken markierten Weg zum Kobersfelsen, der am Ufer des Ausgleichsbeckens entlangführt (Internationaler Bergwanderweg).

Botanisch zählt das Naturschutzgebiet »Kobersfelsen« zu den interessantesten Exkursionszielen an der Oberen Saale und war schon im vorigen Jahrhundert ein Anziehungspunkt für Floristen und Pflanzengeographen. Es gibt kaum einen Ort in Thüringen, wo man die Pflanzenwelt der Felsen so aus der Nähe und so bequem wie am Kobersfelsen beobachten kann. Der Wanderweg verläuft hier auf einem Bohlensteg direkt über der Wasserfläche des Ausgleichsbeckens an der steilen Felswand entlang. Der südwestlich exponierte, 60 m hohe Felsen wird aus Tonschiefer und Grauwackeschiefer des Kulms (Unterkarbon) aufgebaut und zählt zu den markantesten Felsgebilden des Gebietes. Bedingt durch die extremen Standortsverhältnisse hinsichtlich Exposition, Hangneigung, Flachgründigkeit und Trockenheit vermögen waldbildende Gehölze nicht zu gedeihen, so daß hier naturnahe Komplexe waldfreier Pflanzengemeinschaften beobachtet werden können. An etwas weniger geneigten Partien, wo der Feinerdeanteil des Bodens noch ein Aufkommen von Waldbäumen ermöglicht, siedeln wärmeliebende Eichenmischwälder, die zum Teil stark mit Kiefern durchsetzt sind. Für diesen subkontinental geprägten Geißklee-Eichen-Felswald (Cy-

tiso-Quercetum) sind die lichte, weitgehend von der Trauben-Eiche *(Quercus petraea)* aufgebaute Baumschicht und, neben den Säurezeigern, ein hoher Anteil licht- und wärmeliebender, trockenheitsertragender Arten in der Krautschicht kennzeichnend. Zu letzteren zählen zum Beispiel Maiglöckchen *(Convallaria majalis)*, Pechnelke *(Lychnis viscaria)* und Nickendes Leimkraut *(Silene nutans)*. In etwas feuchteren, feinerde- und humusreicheren Hangmulden finden sich Reste naturnaher Laubmischwälder mit Berg-Ulme *(Ulmus glabra)*, Berg-Ahorn *(Acer pseudoplatanus)*, den beiden Linden-Arten *(Tilia cordata, T. platyphyllos)* und Hasel *(Corylus avellana)*. Auch das Europäische Pfaffenhütchen *(Evonymus europaea)* mit seinen im Herbst leuchtend roten Früchten und die Rote Heckenkirsche *(Lonicera xylosteum)*, die vegetativ an ihrem hellen Mark erkannt werden kann, siedeln hier. An felsigeren Partien löst sich der Trockenwald auf und geht in Felsgebüsche mit Schwärzendem Geißklee *(Lembotropis nigricans)* und Gemeiner Zwergmispel *(Cotoneaster integerrimus)* sowie wärmeliebende Waldsäume über. An den schroffesten Felsstandorten siedelt nur noch die Pfingstnelken-Felsflur, in der eine seltenere Unterart des Feld-Beifußes *(Artemisia campestris* ssp. *lednicensis)* mit seidig-weißfilzig überzogenen Blättern und Stengeln vorkommt. Weiterhin wachsen hier Blau-Schwingel *(Festuca pallens)*, Berg-Lauch *(Allium senescens)*, der attraktive Blaue oder Dauer-Lattich *(Lactuca perennis)*, Astlose Graslilie *(Anthericum liliago)*, Weiße Schwalbenwurz *(Vincetoxicum hirundinaria)* sowie Bleiches und Blaugraues Habichtskraut *(Hieracium schmidtii, H. caesium)*. Für letztere Art gibt es jedoch keine aktuellen Nachweise mehr. Selbst die kleinsten Gesteinsritzen werden von Flechten oder sogenannten Felsspaltengesellschaften besiedelt. Fast zwischen nacktem Gestein finden noch Nördlicher und Braunstieliger Streifenfarn *(Asplenium septentrionale, A.trichomanes)* Lebensmöglichkeiten. Auf grobem Felsschutt unterhalb des Weges wecken Mauerpfeffer-reiche Pionierrasen mit Scharfem Mauerpfeffer *(Sedum acre)*, Felsen-Fetthenne *(Sedum reflexum)*, Purpur-Fetthenne *(Sedum telephium)*, Gemeinem Natterkopf *(Echium vulgare)* und Färber-Hundskamille *(Anthemis tinctoria)* unsere Aufmerksamkeit. Selten ist hier auch die Sand-Schaumkresse *(Cardaminopsis arenosa)* zu finden.

Die xerothermen Felsfluren am Kobersfels sind gut vom Weg aus zu beobachten.

Auf einer Sitzbank unterhalb des Kobersfelsens ist eine Rast möglich.
Wir umgehen die kleine Seitenbucht, in die Molmitzbach und Kalkbach einmünden. Kurz hinter der Bucht, wo der Weg unmittelbar an der Böschung des Ausgleichsbeckens entlangführt, siedelt zwischen den Blöcken der Steinschüttung reichlich der arktisch- präalpin verbreitete Rasen-Steinbrech *(Saxifraga decipiens)*. Er kommt in Thürin-

gen nur im Gebiet der Oberen Saale vor. Auf der nächsten Strecke durchwandern wir eintönige Fichtenforste, die überwiegend an den etwas flacher geneigten Hangpartien mit nur wenigen, meist kleineren Felsdurchragungen vorkommen. Mit dem Übergang von den Tonschiefern zum Diabas treten wieder regelmäßig Felsbildungen auf – Flora und Vegetation ändern sich erneut. Der Anteil des Laubholzes nimmt prägnant zu und anspruchsvolle Arten beherrschen die Bodenvegetation. Neben der Türkenbund-Lilie (*Lilium martagon*) und der Goldnessel (*Galeobdolon luteum*) kann man sogar das Leberblümchen (*Hepatica nobilis*) beobachten. An schluchtartigen und blockreichen Standorten treten Sommer-Linde, Spitz-Ahorn, Hainbuche und das präalpine Ausdauernde Silberblatt (*Lunaria rediviva*) hinzu und deuten Übergänge zum Eschen-Ahorn-Schlucht- und Schatthangwald an.

Floristisch bekannt sind wieder die markanten Felsbildungen des Großen Bleiloches. Zahlreiche der bereits am Kobersfelsen beobachteten Arten treten hier ebenfalls reichlich auf. Darüber hinaus wachsen am Wegrand Berg-Heilwurz (*Libanotis pyrenaica*), Gemeiner Dost (*Origanum vulgare*) und Schwarze Platterbse (*Lathyrus niger*). Früher hat sogar der Rostrote Wimperfarn (*Woodsia ilvensis*) am Felsen gesiedelt. Auf der gegenüberliegenden Seite des Ausgleichsbeckens erblicken wir die sehr steilen und felsigen Hänge des Naturschutzgebietes Bleiberg. Nochmals tritt eine kurze Strecke Tonschiefer als Grund-

Blau-Schwingel (*Festuca pallens*) und Scharfer Mauerpfeffer (*Sedum acre*), zwei typische Vertreter offener Felsbänder

gestein auf. Unsere Aufmerksamkeit wird von den stattlichen Stauden des Wald-Geißbartes *(Aruncus sylvestris)*, einer östlich verbreiteten Bergpflanze, in Anspruch genommen.

Bevor der Wanderweg den Saalehang hinauf führt, lohnt bei Niedrigwasser im Hochsommer und Herbst ein Blick auf die Vegetation des Ufers und der trockengefallenen Flußschotter und Schlammbänke. Streckenweise ist der Ufersaum von Rohr-Glanzgras *(Phalaris arundinacea)* besiedelt, das sehr gut Wasserstandsschwankungen ertragen kann. Auf dem trockengefallenen Beckenboden dominieren meist einjährige Pflanzen, wie Ampfer-Knöterich *(Polygonum lapathifolium)*, Wasserpfeffer *(Polygonum hydropiper)* und Echte Winterkresse *(Barbarea vulgaris)*. Mit etwas Glück kann man als Besonderheit das Norwegische Fingerkraut *(Potentilla norvegica)* entdecken.

Der weitere Weg führt hangaufwärts zunächst durch Fichtenforste und dann durch montane Buchenwälder. Als Arten mit Verbreitungsschwerpunkt in den Bergländern können wir am Weg Wolliges Reitgras *(Calamagrostis villosa)*, Quirl-Weißwurz *(Polygonatum verticillatum)*, Purpur-Hasenlattich *(Prenanthes purpurea)*, Hain-Greiskraut *(Senecio germanicus)* und Schwarze Heckenkirsche *(Lonicera nigra)* beobachten. Auch der geschützte Seidelbast *(Daphne mezereum)* wächst hier. In einem kleinflächig entwickelten Bergahorn-Blockwald siedelt neben viel Wald-Bingelkraut *(Mercurialis perennis)* wiederum reichlich das Ausdauernde Silberblatt *(Lunaria rediviva)*.

Nach dem Überqueren einer Leitungstrasse ist bald die Straße von Gräfenwarth und die kleine Siedlung an der Staumauer mit Bushaltestelle und Gaststätte erreicht. Ein Stück weiter westlich folgt die 205 m lange Staumauer der Bleilochtalsperre. Von hier aus können wir die weite Wasserfläche des 9,2 km^2 großen Stausees, der auch »Thüringer Meer« genannt wird, bewundern. In den Jahren 1929 bis 1932 wurde durch den Bau der relativ kurzen Staumauer zwischen den widerstandsfähigen Diabassteilhängen das Wasser der Saale aus einem Einzugsgebiet von 1232 km^2 gestaut. Ohne Zweifel stellen die großen, verzweigten Stauseen an der Oberen Saale einen besonderen touristischen Anziehungspunkt dar. Doch darf man nicht vergessen, daß durch den Anstau des Wassers der ursprüngliche Charakter der Landschaft und viele wertvolle Lebensräume verloren gingen und besonders für die thüringische Flora schmerzliche Verluste zu verzeichnen waren. Die Blaue Himmelsleiter *(Polemonium caeruleum)*

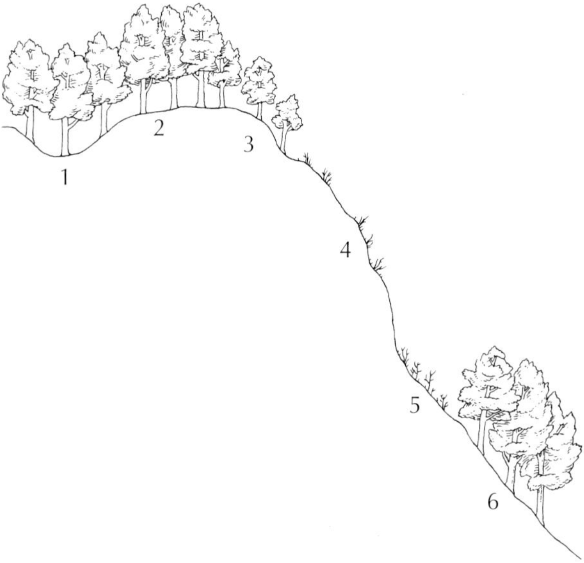

Schematisches Vegetationsprofil durch das Naturschutzgebiet »Bleiberg«
1 Bingelkraut – Buchenwald, 2 Perlgras – Buchenwald, 3 Geißklee – Eichen – Felswald, 4 Pfingstnelken – Felsflur, 5 Schwalbenwurz – Schuttflur, 6 Ahorn – Linden – Hangschuttwald

verlor ihren einzigen natürlichen Fundort in Thüringen. Auch das Aussterben des Alpen-Vermeinkrautes *(Thesium alpinum)* in Thüringen ist höchstwahrscheinlich auf den Talsperrenbau zurückzuführen. Weiterhin wurden reiche Vorkommen von Langblättrigem Ehrenpreis *(Pseudolysimachium longifolium)* und Buntem Eisenhut *(Aconitum variegatum)* vernichtet.
Nach dem Überqueren des Staudammes folgen wir etwa 400 m der Straße. Dann zweigt rechts ein jedoch nur wenig benutzter Fußweg ab, der erst durch einen älteren Fichtenforst und dann durch ein Fichten-Stangenholz führt und dabei ein kleines Tälchen quert. Er führt direkt auf die Oberhangkante des Bleiberges zu. Wer diesen Weg nicht sofort findet, wählt den etwa 250 m weiter abzweigenden Waldweg in östlicher Richtung bis zur Grenze des Naturschutzgebietes Bleiberg, wo der Weg sich in Richtung Norden wendet. Von hier aus führt ebenfalls ein Fußweg zum Bleiberg. Von der Oberhangkante aus bietet

sich ein herrlicher Ausblick auf die Staumauer und den dahinterliegenden Stausee.
Das Naturschutzgebiet »Bleiberg« wurde 1981 mit einer Fläche von 12 ha gesichert. Es umfaßt den hier sehr steil geneigten (40-60°), süd- bis südost-exponierten Saaleprallhang vom Wasserkörper des Ausgleichsbeckens Burgkhammer bis zur Hochfläche des Schiefergebirges und besteht aus Diabas. Der Hang ist durch zahlreiche Felsköpfe, -wände und -rippen sowie durch Runsen stark gegliedert, wodurch auch das Mikroklima vielfach modifiziert wird. Auf Grund der starken Neigung, der Neigungsrichtung und der Flachgründigkeit sind trocken-warme Bedingungen für das Gebiet bezeichnend. Kolline Arten sind vorherrschend, während montan verbreitete zurücktreten. Die beeindruckenden Felsbildungen und die naturnahe Waldgrenzvegetation bilden das wertvolle Kernstück des Schutzgebietes. In feinerdearmen Felsspalten der offenen Felspartien können wir wieder die beiden Streifenfarne *(Asplenium trichomanes, A. septentrionale)* beobachten. Bei etwas günstigeren Standortsbedingungen erscheinen die Arten der Pfingstnelken-Felsflur, wie wir sie schon am Kobersfelsen beobachten konnten. Floristisch ähnlich strukturiert sind die Schwalbenwurz-Fluren, die in Waldauflichtungen über beweglichem Diabasschutt schöne Bestände besitzen. Neben der Weißen Schwalbenwurz *(Vincetoxicum hirundinaria)* treten im Gebiet auch der Gemeine Dost *(Origanum vulgare)* und die Berg-Heilwurz *(Libanotis pyrenaica)* hervor. Auf letzterer Art kann die parasitisch lebende Bartlings Sommerwurz *(Orobanche bartlingii)* beobachtet werden. Als weitere bemerkenswerte Arten der Waldgrenzvegetation können das zahlreich vorkommende Mährische Labkraut *(Galium valdepilosum)*, Blaugrünes Labkraut *(G. glaucum)*, Großblütiger Fingerhut *(Digitalis grandiflora)*, Blut-Storchschnabel *(Geranium sanguineum)*, Heilziest *(Betonica officinalis)* und Gemeines Katzenpfötchen *(Antennaria dioica)* hervorgehoben werden. Die früher nachgewiesene Busch-Nelke *(Dianthus seguieri)* ist leider verschollen. Auch die Moosflora enthält eine Anzahl sehr seltener und gefährdeter Arten, die hier ihr einzigstes Vorkommen in Thüringen besitzen. Zwischen den exponierten Felsen, in Hangmulden und kleinen Runsen sowie am steilen Oberhang bildet der Geißklee-Eichen-Felswald die Waldgrenze. Am Osthang ist stellenweise auch Ahorn-Linden-Hangschuttwald ausgebildet.
Unser weiterer Weg verläuft auf dem Plateau in nördliche

Richtung. Nach etwa 1,5 km biegen wir an einer Kreuzung links ab, folgen weiter dem gut geschotterten Weg, bis wir die Landstraße von Remptendorf erreichen. Wir gehen ein kleines Stückchen in östlicher Richtung an der Straße entlang und wählen den nächsten links abbiegenden Waldweg, der parallel zu einer Oberleitung verläuft. Er führt uns auf einer Hangrippe von der Hochfläche abwärts ins Saaletal. An den Saalehängen nimmt der Laubholzanteil wieder zu. Am Weg ist Eichen-Hainbuchenwald mit reichlich Linden in der Baumschicht entwickelt. Schließlich mündet unser Wanderweg auf den Fahrweg zum Ortsteil Burgkhammer. Vom Damm des Ausgleichsbeckens Burgkhammer bietet sich ein herrlicher Ausblick auf das hoch auf einem Felssporn über der Saale befindliche Schloß Burgk, das sich bei schönem Wetter auf der Wasseroberfläche spiegelt.

Hinter dem Staudamm wenden wir uns erst nach links, um dann dem in Serpentinen den Hang hinauf führenden Wanderweg zu folgen. Auf dem Sophienberg liegt im kleinen Schloßpark das Sophienhaus, ein Rokokobau aus der Mitte des 18. Jahrhunderts mit reicher Stuckdekoration. Bergleute sprengten die Felsen und ebneten den Berg so ein, daß er für die bescheidene Parkanlage Platz bot. Der Sophienweg führt uns über einen schmalen Felsrücken zum Schloß. Krüppelwüchsige Eichen und viele licht- und wärmeliebende Kräuter kennzeichnen wiederum den hier wachsenden Wald als Geißklee-Eichen-Felswald. Neben bereits genannten Arten finden wir auch den Deutschen Ginster *(Genista germanica)*, das Dolden-Habichtskraut *(Hieracium umbellatum)*, den Zickzack-Klee *(Trifolium medium)* und reichlich Heidekraut *(Calluna vulgaris)*. Unterhalb des Schlosses wird der menschliche Einfluß immer deutlicher. Ziergehölze und Neubürger, wie die Kaukasus-Fetthenne *(Sedum spurium)*, siedeln zusammen mit Resten der naturnahen Felsvegetation und vielen Stickstoffzeigern. Die Schloßanlage und das darin befindliche Museum lohnen einen Besuch. Nicht nur aufgrund ihrer Lage handelt es sich um eine der schönsten Burgenbauten ganz Thüringens. Sehenswert sind vor allem die beachtlichen Reste der mittelalterlichen Wehranlagen, die Schloßkapelle mit Silbermann-Orgel, der Jagdsaal mit bemalter Renaissancedecke und die Schloßküche mit großem Kamin. Nicht zuletzt sind auch die Ausblicke zu erwähnen, die hier noch einen Eindruck von der wildromantischen Saalelandschaft vermitteln, wie ihn die Flößer einst wohl gewonnen haben.

In der Ortslage Burgk wählen wir den von der Hauptstraße rechts abzweigenden Wanderweg, den mit blauem Balken markierten sogenannten »Vorderen Röhrensteig«. Da die Burg über keinen Brunnen verfügte, wurde Quellwasser über Holzröhren auf dem vorderen und hinteren Röhrensteig herbeigeleitet und in der Zisterne auf dem Burghof für Belagerungszeiten aufbewahrt. Der Weg verläuft erst mehr oder weniger hangparallel, bietet einige sehr schöne Aussichtspunkte auf das Schloß, und führt schließlich steiler bergab an einer älteren Streuobstwiese mit Hochstamm-Kirschen vorbei. Am Unterhang biegt er im spitzen Winkel links ab und erreicht nach etwa 300 m den Ausgangspunkt der Rundwanderung. Wer mit der Bahn angereist ist, folgt entweder dem Wanderweg am Ausgleichsbecken entlang zum Kobersfelsen und dann durch den Molmitzgrund zum Haltepunkt Burgk. Man kann auch nach etwa 350 m links den Weg am Hang hinauf bis zum Aussichtspunkt auf dem Kobersfelsen wählen und dann den Wegen an der Oberhangkante in nordöstlicher Richtung folgen. Der kürzeste, aber nicht schönste Rückweg ist jedoch die am Gasthaus Altes Zollhaus vorbeiführende Landstraße von Burgk zum Haltepunkt Burgk.

Länge der Wanderung: etwa 12 km
Einkehrmöglichkeiten: Gräfenwarth-Staumauer, Burgk, Altes Zollhaus
Verkehrsverbindungen: Haltepunkt Burgk der Eisenbahnlinie Schleiz-Saalburg, Buslinien von Schleiz bis Haltestelle Gräfenwarth-Staumauer oder Burgk, Abfahrt Schleiz, Saalburg der A 9 in Richtung Saalburg, nach 2 km rechts abbiegen in Richtung Burgk

TOUR 6

Im Land der tausend Seen – das Plothen-Drebaer Teichgebiet

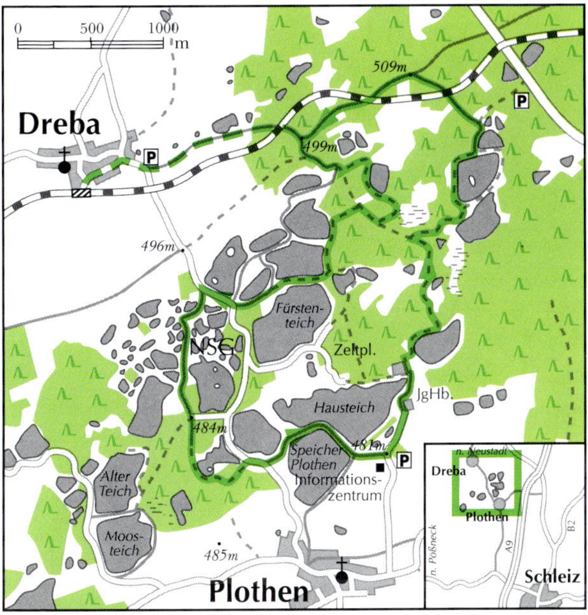

Wasser hat schon immer die Aufmerksamkeit des Menschen auf sich gezogen und biologische Vielfalt überhaupt erst ermöglicht. Da Thüringen relativ arm an stehenden Gewässern ist, sind gewässerreiche Landschaften ein besonderer Anziehungspunkt für Naturfreunde. Das Plothen-Drebaer Teichgebiet weist mit gegenwärtig 775 ha Teichfläche die größte Standgewässerkonzentration auf und umfaßt damit 40% der gesamten Teichfläche Thüringens. Doch wie der Name schon verrät, handelt es sich nicht um Seen, sondern um Teiche, also von Menschenhand angelegte Gewässer, deren Wasser man bei Bedarf ablassen kann.

Vor über tausend Jahren gab es im Gebiet wahrscheinlich noch urwüchsige Erlensumpfwälder und Moorwälder mit

Beteiligung der Fichte. Erst die gestaltende Hand der Mönche im Mittelalter schuf, die Gunst der Standortsverhältnisse ausnutzend, eine einmalige Teichlandschaft mit einem ausgeklügelten Steuersystem für die Wasserführung. Triebkraft für diese enorme Kulturleistung war der bei den Mönchen als Fastenkost sehr beliebte Karpfen. Der volkstümliche Gebietsname »Land der tausend Seen« ist aus heutiger Sicht zwar etwas übertrieben, die aufgeführte Anzahl erscheint jedoch durchaus berechtigt, da in einem Umkreis von 5 km um Plothen zur Blütezeit der Teichwirtschaft im Spätmittelalter wohl etwa 2000 Teiche existierten. Bereits bis zur ersten Hälfte unseres Jahrhunderts verringerte sich die Anzahl um etwa ein Fünftel. Die Intensivierung von Fisch- , Land- und Forstwirtschaft hatte dann eine gravierende weitere Reduzierung auf etwa 500 Teiche zur Folge. Trotzdem handelt es sich bei unserem Wandergebiet immer noch um ein landschaftliches Kleinod ohnegleichen, das für den Botaniker genauso attraktiv ist wie für den Vogelkundler. Einen Ruf unter den Floristen besitzt es vor allem als Fundort seltener Wasser- und Sumpfpflanzen und einer ausgesprochen interessanten Flora und Vegetation der Teichböden und periodisch über-

Unzählige Teiche prägen die Landschaft zwischen Plothen und Dreba nordwestlich Schleiz.

stauten Teichufer. Erste Schutzmaßnahmen gehen bereits auf das Jahr 1941 zurück. Innerhalb des großen Naturparkes »Thüringer Schiefergebirge/Obere Saale« gelegen, beherbergt die landschaftlich reizvolle Teichlandschaft heute ein etwa 214 ha großes Naturschutzgebiet und ein Europäisches Vogelschutzgebiet (Important Bird Area gemäß der EG-Vogelschutzrichtlinie).

Als Ausgangspunkt für unsere Wanderung empfiehlt sich das nordöstlich des Dorfes Plothen gelegene Informationszentrum für Umwelt und Naturschutz des Landkreises Schleiz. Es wurde 1993 errichtet und steht für Lichtbildervorträge und ornithologische Führungen, die vorher telefonisch zu vereinbaren sind, zur Verfügung. Im Informationszentrum befindet sich eine kleine Dauerausstellung, die über die Naturausstattung des Gebietes informiert. Vor dem Gebäude sind an einer Übersichtstafel die Wanderwege des Gebietes dargestellt, auf der anderen Wegseite sind ausreichend Parkmöglichkeiten vorhanden.

Die Umgebung von Plothen und Dreba bot sich auf Grund ihrer geologischen und geomorphologischen Voraussetzungen für die Anlage von Teichen geradezu an. Es ist eine sehr sanft gewellte Hochfläche des Thüringer Schiefergebirges, die von Grauwacken und Tonschiefern des Unterkarbon aufgebaut wird. Diese Gesteine sind an der Oberfläche zu einer Decke von zähem, lehmig-tonigem Schieferzersatz unterschiedlicher Mächtigkeit verwittert. Diese Verwitterungsdecke ist im Gebiet besonders tonreich und extrem wasserstauend. Hinzu kommt, daß die Wasserscheide zwischen dem Flußsystem der Saale (Plothenbach, Drebabach) und dem der Weißen Elster (Auma) fast eben ist. Ursprünglich versumpfte muldige Geländeteile boten damit den Mönchen gute Voraussetzungen für die Anlage von Teichen. Da das Gebiet arm an Fließgewässern ist, waren die Mönche auf Regenwasser zur Speisung ihrer Teiche angewiesen, die daher auch »Himmelsteiche« genannt werden. Zwar befindet sich unser Wandergebiet in einer Höhenlage um 500 m ü. NN, doch ist die mittlere jährliche Niederschlagssumme von etwa 680 mm auf Grund der Lage im Lee des Hohen Thüringer Schiefergebirges und des Frankenwaldes relativ gering. Mit dem zur Verfügung stehenden Wasser mußte daher sehr sparsam umgegangen werden. Als geschickte Baumeister entwickelten die Mönche ein kunstvolles Steuersystem mit weitverzweigten Gräben, die die Teiche miteinander verbinden. Das herbstliche Ablassen des Wassers erfolgte immer nach dem Prinzip von unten nach

Besonders interessant ist die Flora flacher, lückiger Uferstreifen.

oben, so daß die vorher geleerten unteren Teiche von den nächst höhergelegenen wieder gefüllt werden konnten.
Auch mit einer Jahresmitteltemperatur von 7,0 °C nimmt unser Wandergebiet eine Übergangsstellung zwischen Gebirge und Vorland ein. Einige wärmeliebende Pflanzenarten tieferer Lagen, wie Doldige Schwanenblume *(Butomus umbellatus)* und Froschbiß *(Hydrocharis morsus-ranae)*, fallen bereits aus. Das Gemeine Schilf *(Phragmites australis)* tritt allgemein stark zurück und be-

sitzt hier eines seiner höchsten Vorkommen in Thüringen. Auf Grund des Standortklimas ist das Gebiet reich an subatlantischen Florenelementen, wie Südlicher Wasserschlauch *(Utricularia neglecta)*, Harz-Labkraut *(Galium harcynicum)* und Rotem Holunder *(Sambucus racemosa)*. Subkontinental-boreal-montane Florenelemente, die auf Grund der großklimatischen Lage und auftretender Lee-Effekte bezeichnend wären, treten dagegen mit Europäischem Siebenstern *(Trientalis europaea)* und Wolligem Reitgras *(Calamagrostis villosa)* nur spärlich auf.

6

Botanische Kostbarkeiten des Gebietes stellen zweifellos die von der extensiven Teichnutzung abhängige Flora und Vegetation der Teichböden und periodisch überstauter Teichufer dar. Durch hohe Samenproduktion, lange Keimfähigkeit der Samen, Zwergwuchs und schnelle Entwicklungszyklen bis zur Samenreife sind viele Arten gut an die speziellen Standortbedingungen angepaßt. Zu diesen kurzlebigen Pionierfluren, vegetationskundlich auch Zwergbinsen-Rasen genannt, zählt der gefährdete, im Gebiet aber nicht seltene Sumpfsimsen-Zypergrasseggen-Rasen (Eleocharitetum ovatae). In seinen lückigen Beständen siedeln u.a. Ei-Sumpfsimse *(Eleocharis ovata)*, Borstige Schuppensimse *(Isolepis setacea)*, Zypergras-Segge *(Carex bohemica)*, selten auch Dreimänniges Tännel *(Elatine triandra)*, Wasserpfeffer-Tännel *(E. hydropiper)* und verschiedene seltene Moosarten. Leider sind einige bemerkenswerte Arten verschollen oder ausgestorben, wie z.B. der Strandling *(Littorella uniflora)*. Viele sonst in Thüringen seltene Arten besitzen hier ihren Verbreitungsschwerpunkt, wie Pillenfarn *(Pilularia globulifera)*, Sumpf-Calla *(Calla palustris)*, Norwegisches Fingerkraut *(Potentilla norvegica)*, Sumpf-Haarstrang *(Peucedanum palustre)*, Strauß-Gilbweiderich *(Lysimachia thyrsiflora)*, Gemeiner Wassernabel *(Hydrocotyle vulgaris)*, Strahlen der Zweizahn *(Bidens radiata)* und die bereits genannten Arten der Zwergbinsen-Rasen. Allerdings sind einige inzwischen ebenfalls hochgradig gefährdet.

Wir folgen zuerst dem in nördlicher Richtung führenden Asphaltweg. Ein kleines Stieleichen-Gehölz gibt einen Hinweis auf die natürliche Waldvegetation frischer Standorte. Von diesen bodensauren Eichenmischwäldern sind leider nur noch wenige Reste erhalten. Fichtenforste, z.T. mit Kiefern und Lärchen, dominieren. Hinter dem Gelände der Jugendherberge halten wir uns links und überqueren einen von einzelnen Grau-Weiden *(Salix cinerea)* gesäumten Damm, der einen kleineren Teich vom Haus-

Der gefährdete Strauß-Gilbweiderich (*Lysimachia thyrsiflora*) besitzt im Drebaer Teichgebiet seine ausgedehntesten thüringischen Vorkommen.

oder Plothen-Teich abtrennt. Letzterer ist mit 32 ha das größte Gewässer im Gebiet. Er ist über 5 m tief und besitzt einen 600 m langen und 8 m hohen Damm. Seine erste urkundliche Erwähnung stammt bereits aus dem Jahre 1125. Wir wandern geradeaus weiter an einer Bungalow-Siedlung vorbei. Hier und in dem sich östlich anschließenden Bereich mit dem Campingplatz befindet sich das Zentrum der touristischen Nutzung. Durch seine reichhaltige Naturausstattung übt das Gebiet erwartungsgemäß einen besonderen Reiz auf Erholungssuchende aus. Da sich hieraus bestimmte Gefahren für die Natur ergeben, müssen die Freizeitaktivitäten auf ausgewählte Bereiche gelenkt und auf ein naturverträgliches Maß beschränkt werden. Andererseits ergibt sich hier aber auch die große Chance, bei den Besuchern das Bewußtsein für die Natur, z.B. durch einen Naturlehrpfad und ein Informationszentrum, zu wecken und zu schulen.
Am folgenden Querweg biegen wir rechts ab und erreichen nach wenigen Metern den Rommel-Teich. Er ist eines der Beispiele für eine Teichzusammenlegung. Aus sechs kleinen Teichen wurde ein Großteich geschaffen, um die Karpfenproduktion zu intensivieren und rationali-

sieren. Während die Großteiche für viele Wasser- und Sumpfvögel durchaus die Lebensbedingungen verbessern, ist insgesamt jedoch mit der Zusammenlegung ein Verlust an Struktur- und Standortsreichtum und damit auch an Pflanzenarten verbunden. Der Rommel-Teich wird im Sommer auch als Badeteich genutzt. Die Ufervegetation ist daher nur spärlich entwickelt. Neben Sumpf-Simse *(Eleocharis palustris)* und Wasser-Knöterich *(Polygonum* amphibium) kann man aber bereits den Sumpf-Haarstrang *(Peucedanum palustre)*, ein in Thüringen relativ seltener Doldenblüter, und das Blutauge *(Potentilla palustris)* mit seinen dunkelpurpurnen Blüten beobachten. Etwa auf der Höhe der Insel biegen wir auf einen kaum erkennbaren Pfad links ab, überqueren einen kleinen Graben und durchwandern eine ältere Fichten-Schonung. Dabei bewegen wir uns in nördlicher Richtung, genau auf ein altes Fichten-Baumholz zu. Am Weg siedeln zwischen reichen Beständen des Heidekrautes *(Calluna vulgaris)* das Wald-Ruhrkraut *(Gnaphalium sylvaticum)*, die Sparrige Binse *(Juncus squarrosus)* und das zierliche, meist hellblau blühende Quendel-Kreuzblümchen *(Polygala serpyllifolia)*. Im Fichten-Baumholz ist auch das bereits erwähnte Wollige Reitgras zu finden.

Wir wandern weiter in nördlicher Richtung, biegen auf einen etwas häufiger befahrenen Weg rechts ab und erreichen nach etwa 100 m einen Grünlandkomplex, der sich in westlicher Richtung bis zum nur knapp 5 ha großen Naturschutzgebiet »Hädrichsteiche« ausdehnt. Im vorderen Teich befindet sich neben dem Haarblättrigen Laichkraut *(Potamogeton trichoides)* sogar noch ein kleines Vorkommen der Kleinen Seerose *(Nymphaea candida)*. Sie war einst eine charakteristische Wasserpflanze des Teichgebietes, ist aber empfindlich gegenüber Düngung und intensiver Teichwirtschaft und daher stark zurückgegangen. Bei den meisten Grünlandflächen des Gebietes handelt es sich heute leider um artenarmes Intensivgrasland, das stark gedüngt und mehrmals geschnitten wird. Buntblühende Naßwiesen bis hin zu Borstgrasrasen, die noch vor einigen Jahrzehnten für das Gebiet bezeichnend waren, gibt es bis auf spärliche Reste nicht mehr. Heute findet man nur noch sehr kleine Vorkommen von Arnika *(Arnica montana)*, Öhrchen-Habichtskraut *(Hieracium lactucella)* und Wald-Läusekraut *(Pedicularis sylvatica)* an Teichdämmen, Waldwegen oder kleinen Waldauflichtungen.

Nach etwa 150 m biegt ein Weg rechts im spitzen Winkel

ab, dem wir durch einen jüngeren Fichtenforst folgen. Bei der nächsten Weggabelung halten wir uns links. Bald öffnet sich der Wald wieder; vor uns liegen zwei größere Teiche. Der südliche ist unter dem Namen Roter Hielteich bekannt und wird auch als Badeteich genutzt. An seinem Ufer wurde der subatlantisch verbreitete Pillenfarn *(Pilularia globulifera)* nachgewiesen. Seine fädlichen, binsenartigen Blätter sind im Jugendzustand nach Farnart eingerollt. Er kriecht über nackten Teichschlamm und entwikkelt am wurzelnden Sproß seine kugeligen Sporenkapseln, denen er seinen Namen verdankt. Seine grünen Rasen treten plötzlich und unerwartet an Pionierstandorten auf und verschwinden meist auch relativ schnell wieder.
Unser Weg führt uns erst am West- und dann am Nordufer des nördlich gelegenen Teiches entlang. Seine Ufervegetation ist relativ abwechslungsreich und wird unter anderem aus Rohrglanzgras-Röhricht, Sumpfsimsen-Röhricht, Schlankseggen-Ried und Kalmus-Röhricht gebildet. Der Kalmus *(Acorus calamus)* wurde seit dem 16. Jahrhundert aus Indien eingeführt und ist bei uns verwildert (Neophyt). Der Wurzelextrakt dieser Heilpflanze wird pharmazeutisch verwendet und diente auch als Likör- und Parfüm-Zusatz. Im Bereich offener Wasserflächen siedelt die Stumpfblatt-Laichkraut-Tauchflur. Mit über 40 Fundorten ist das Stumpfblättrige Laichkraut *(Potamogeton obtusifolius)* das häufigste Laichkraut im Gebiet. Es zeigt schwach bodensaure, meso- bis schwach eutrophe Teiche mit extensiver Nutzung an und ist dementsprechend ebenfalls durch eine Intensivierung der Teichnutzung gefährdet. Zwischen den Verlandungsgesellschaften schwimmt reichlich die Kleine Wasserlinse *(Lemna minor)*; am Teichufer fallen Gift-Hahnenfuß *(Ranunculus sceleratus)* und Schwarzfrüchtiger Zweizahn *(Bidens frondosa)* auf. Bemerkenswert ist, daß man an manchen trockengefallenen Teichufern vier Zweizahn-Arten beobachten kann: Neben den bereits genannten Schwarzfrüchtigen und Strahlenden Zweizahn auch Nickenden und Dreiteiligen Zweizahn *(Bidens cernua, B. tripartita)*. Im Bereich des Ostufers siedelt der Fieberklee *(Menyanthes trifoliata)*. Etwa in der Mitte des Nordufers stoßen wir auf einen Fahrweg, auf den wir links abbiegen. Rechts vom Weg befindet sich ein weiterer Teich, der besonders reiche Bestände von Wasser-Knöterich *(Polygonum amphibium)*, Breitblättrigem Rohrkolben *(Typha latifolia)* und Schnabel-Segge *(Carex rostrata)* besitzt. Die Vegetation des folgenden Tei-

ches besitzt wieder eine andere Zusammensetzung und wird von Sumpfsimsen-Röhricht und Flutschwaden-Bachröhricht beherrscht. Bereits hier wird uns deutlich, das jeder Teich auf Grund von unterschiedlichen Standortsbedingungen und Nutzungseingriffen einen anderen Charakter besitzt. Kaum ein Teich ähnelt dem anderen.
Kurz vor dem letzten Teich steht am Weg eine kleine Holzhütte, hinter der wir links auf einen relativ wenig genutzten Weg einbiegen. Durch jüngere Fichtenforste und an einem größeren Komplex von Intensivgrasland entlang, führt er uns schließlich über die Bahnlinie Triptis-Lobenstein. Wir biegen dann links auf einen häufiger befahrenen Weg ein, der wiederum die Bahnlinie quert. An der nächsten großen Wegekreuzung biegen wir auf den mit rotem Balken markierten und mit »Hausteich« ausgeschilderten Weg ein. An einer Wegegabelung halten wir uns links, um nach etwa 50 m wiederum links abzubiegen. Dort, wo der Wald aufhört und sich vor uns eine größere Grünlandfläche ausbreitet, unternehmen wir einen kurzen, aber sehr interessanten Abstecher in nördlicher Richtung. In Fichtenforste eingebettet, liegen knapp 50 m vor uns zwei durch einen Damm getrennte kleine Teiche mit Verlandungsgesellschaften nährstoffarmer Standorte. Die Vegetation des westlichen Teiches wird von Braunseggen-Rieden beherrscht. Sie zählen zu den Kostbarkeiten des Gebietes und sind von überregionaler Bedeutung. In der weichen Torfmoosdecke eingebettet siedeln als charakteristische Arten die Wiesen- oder Braun-Segge *(Carex nigra)*, Hunds-Straußgras *(Agrostis canina)*, Sumpf-Veilchen *(Viola palustris)*, Sumpf-Weidenröschen *(Epilobium palustre)* und Blutauge *(Potentilla palustris)*. Daneben fallen dem Beobachter Teich-Schachtelhalm *(Equisetum fluviatile)*, Schnabel-Segge *(Carex rostrata)* und Spitzblütige Binse *(Juncus acutiflorus)* auf. Die Vegetationsentwicklung (Sukzession) des nicht mehr genutzten Teiches ist schon relativ weit fortgeschritten und führt über die ausgebildete mesotroph-saure Zwischenmoorvegetation zum Moorwald. Der östlich gelegene Teil ist noch weniger stark verlandet. Es dominiert das Sumpfsimsen-Röhricht, und im Wasser schwebt reichlich Südlicher Wasserschlauch *(Utricularia neglecta)*, der hier eine eigene Gesellschaft bildet. Die Pflanze fängt mit speziell dafür zu Schläuchen umgebildeten Blättern kleine Wassertiere, um so an fehlende Nährstoffe zu gelangen. In einem noch weiter westlich gelegenen Teich wurde sogar der Zwerg-Igelkolben *(Sparganium minimum)* nachgewiesen.

Wir setzen die Wanderung in südlicher Richtung, am Waldrand entlang, fort. Der links liegende Teich ist infolge seiner Lage und intensiveren Nutzung deutlich nährstoffreicher. Einen prächtigen Anblick bietet zur Blütezeit die Schwimmblattflur der Weißen Seerose *(Nymphaea alba)*, in der neben der namengebenden Art auch das Schwimmende Laichkraut *(Potamogeton natans)* regelmäßig siedelt. Im offenen Wasser kommt außerdem die Wasserpest-Tauchflur vor. Die euryöke Kanadische Wasserpest *(Elodea canadensis)* hat sich nach ihrer 1853 erfolgten Einschleppung in Mitteleuropa auch in Thüringen weit ausgebreitet und zählt im Teichgebiet zu den häufigsten Unterwasserpflanzen. Außerdem fallen im Teich wiederum Kalmus und das Pfeilkraut *(Sagittaria sagittifolia)* mit seinen sonderbar geschnittenen Blättern auf.

Bei unserem weiteren Weg durchqueren wir wieder dichte Fichtenforste, wandern an Intensivgrasland und einem weitgehend verlandeten Teich vorbei, um dann rechts auf einen Fahrweg einzubiegen. Auch im Bereich dieser Teichverlandung lohnt es sich auf botanische Besonderheiten zu achten, da hier z.B. Wald-Läusekraut *(Pedicularis sylvatica)* und Sumpf-Herzblatt *(Parnassia palustris)* nachgewiesen wurden. Bei der nächsten Gabelung wählen wir den linken Abzweig, biegen nach etwa 200 m wieder links und dann gleich wieder rechts ab. Nach etwa 50 m liegt vor uns ein Teichdamm. Von seiner Krone aus bietet sich ein Blick über das durch Zusammenlegung von mindestens 8 Teichen entstandene Gewässer. Es ist noch relativ jung und weist nur wenig Verlandungsvegetation auf. An seinem trockengefallenen Nordufer kann man Norwegisches Fingerkraut *(Potentilla norvegica)* finden. Der Weg führt uns auf der Dammkrone erst in südlicher und dann in westlicher Richtung entlang. Auf der linken Seite befindet sich nun der Fürstenteich, ein größerer Teich (18 ha) mit breiterer Verlandungsvegetation. Am Weg werden auf mehreren Schautafeln gebietstypische Arten und Lebensräume vorgestellt.

Die Straße Plothen-Dreba bildet die östliche Grenze des 1967 mit einer Fläche von 33,67 ha gesicherten Naturschutzgebietes »Drebaer Teichgebiet«. Es vermittelt uns einen gewissen Eindruck, wie die gesamte Teichlandschaft noch vor 50 Jahren ausgesehen haben könnte. Mehrere kleine Teiche weisen hier noch nährstoffarme Bedingungen auf. Neben seltenen Armleuchteralgen, die ihren Namen ihrer armleuchterartigen Form verdanken, besitzt auch die Sternlebermoos-Gesellschaft mit den im Wasser schwebenden Lebermoosen *Ricciocarpus natans* und *Riccia fluitans* noch relativ reiche Vorkommen. Unmittelbar südwestlich liegt einer der bekanntesten Teiche des Gebietes, der durch das sogenannte »Starenwunder« berühmte Starenteich. Er ist weitgehend mit Schilf-Röhricht bewachsen. Im Sommer fallen alljährlich mehrere zehntausend Stare gegen Abend in die Schilfbestände ein, um hier zu nächtigen.

6

Etwa 300 m folgen wir der Straße in Richtung Dreba. An der Nordspitze des NSG ist eine Übersichtstafel mit der Wegführung im Gebiet aufgestellt. Hier biegen wir im spitzen Winkel links in den Fahrweg ein. Die rechts des Weges liegende Wiese wurde nur mäßig gedüngt und ist relativ artenreich. Die höhergelegenen Bereiche mit Wiesen-Fuchsschwanz *(Alopecurus pratensis)*, Flaumigem Wiesenhafer *(Avenula pubescens)*, Weide-Kammgras *(Cynosurus cristatus)*, Wiesen-Glockenblume *(Campanula patula)*, Wiesen-Kümmel *(Carum carvi)* und Gemeinem Frauenmantel *(Alchemilla vulgaris)* sind als Frischwiese anzusprechen. Letztere Arten weisen auf die montane Tönung der Pflanzenwelt hin. Diese Frischwiese geht zu tiefergelegenen Partien hin in eine Sumpfdotterblumen-Feuchtwiese über. Neben niederwüchsigen Seggen und Binsen prägen Kuckucks-Lichtnelke *(Lychnis flos-cuculi)* und Brennender Hahnenfuß *(Ranunculus flammula)* den Bestand. Am dahinter liegenden Teich siedeln im Uferbereich reichlich die sich ähnelnden Arten Schnabel- und Blasen-Segge *(Carex rostrata, C. vesicaria)*. Die Schnabel-Segge hat schmalere graugrüne Blätter und einen stumpf dreikantigen, glatten Stengel. Ihre fast waagerecht abstehenden Schläuche sind plötzlich in den Schnabel verschmälert. Die grasgrüne Blasen-Segge hat dagegen einen scharf dreikantigen, an den Kanten meist rauhen Stengel. Die Schläuche stehen schief aufrecht und sind allmählich in den Schnabel verschmälert. An der nächsten Wegegabelung biegen wir links ab und folgen dann dem Weg immer in südlicher Richtung. Ein rechts vom Weg gelegener Teich ist nahezu verlandet. Massenbestände des Strauß-Gilbweiderichs *(Lysimachia thyrsiflora)*, einer sehr selten gewordenen Art, wecken unser Interesse. Sie ist mit Blutauge *(Potentilla palustris)*, Schmalblättrigem Wollgras *(Eriophorum angustifolium)*, Sumpf-Haarstrang *(Peucedanum palustre)* und Teich-Schachtelhalm *(Equisetum fluviatile)* vergesellschaftet.

Am Südost-Ufer des Teichadens-Teich befindet sich eine

kleine Hütte. Von hier aus bietet sich in östlicher Richtung ein sehr schöner Blick über den Oberländer Teich, an dessen Ufer einige Korb-Weiden *(Salix viminalis)* stehen. Im Gebiet des Klemms-Teich wird die Monotonie der Fichtenforste wieder unterbrochen. In einem kleinen, stark verlandeten Teich stehen abgestorbene Moor-Birken *(Betula pubescens)*, zwischen denen im Wasser reichlich Südlicher Wasserschlauch *(Utricularia neglecta)* schwebt. Der Klemms-Teich weist ebenfalls eine abwechslungsreiche Verlandungsvegetation auf. Neben der im Gebiet verbreiteten Kleinen Wasserlinse *(Lemna minor)* mit nur einer Wurzel unterseits wird die Wasserfläche hier auch von der Vielwurzeligen Teichlinse *(Spirodela polyrhiza)* bedeckt, die an ihrer Unterseite ein Wurzelbüschel besitzt. Sie ist wärmebedürftig und erreicht im Gebiet ihre höhenlagenbedingte Verbreitungsgrenze.
An der nächsten Wegkreuzung biegen wir links ab und folgen dem Weg bis zur Straße Dreba-Plothen. Nach etwa 100 m Straße in Richtung Plothen wählen wir den zu unserem Ausgangspunkt zurückführenden Fahrweg. Er verläuft einen Großteil seiner Strecke auf dem Damm zwischen Hausteich und Speicher Plothen oder Neuer Teich entlang und wird von einer herrlichen Stieleichen-Allee gesäumt. Ein kulturhistorisches Wahrzeichen des Teichgebietes ist das Pfahlhaus am Hausteich, das im 17. Jahrhundert auf Lärchenstämmen errichtet wurde. Nach Erreichen des Ausgangspunktes ist als Abschluß unserer Wanderung ein Besuch des Gasthauses »Zum Plothenteich« in der Ortslage Plothen und der Verzehr eines nach traditioneller Art zubereiteten heimischen Karpfens empfehlenswert.

Länge der Wanderung: etwa 11 km
Einkehrmöglichkeiten: Plothen, Zeltplatz Plothen (Saisonbetrieb), Dreba
Verkehrsverbindungen: Bahnhof Dreba an der Bahnlinie Lobenstein – Triptis, Autobahn A 9, Abfahrt Dittersdorf, Schleizer Seenplatte, Straße Richtung Dittersdorf – Plothen

TOUR 7

Zu den Bergstürzen im Eichsfeld

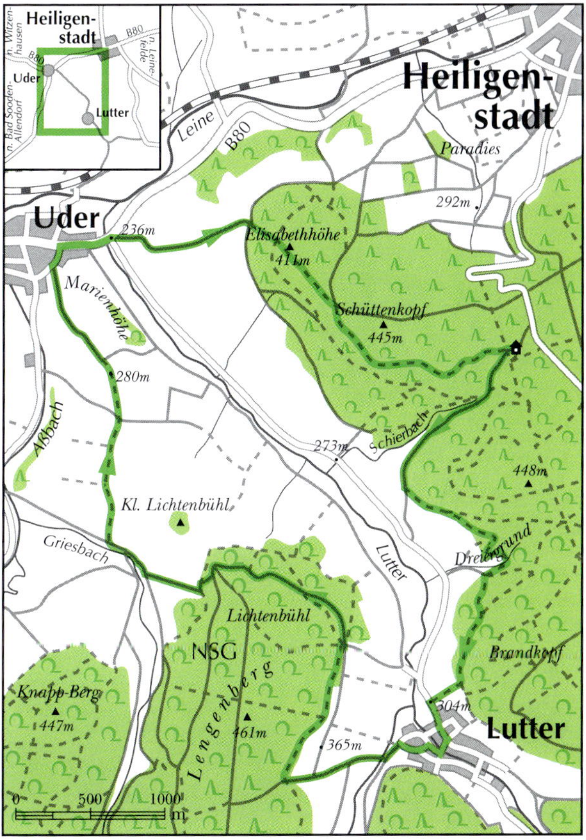

Am nordwestlichen Rand des breiten Muschelkalkgürtels, der das Thüringer Becken umschließt, brechen unvermittelt die steilen Ränder des dominierenden Unteren Muschelkalks zu den wesentlich sanfteren Geländeformen des Buntsandsteines ab. Starke Zertalungen und Auflösun-

gen in Einzelberge charakterisieren darüber hinaus den gesamten Westrand des Eichsfelder Muschelkalkplateaus. Die dadurch schon sehr abwechslungsreiche Landschaft erhält zusätzlich durch zahlreiche, fast senkrechte Felswände und schmale Erosionsrinnen interessante Oberflächenformen. Das Niederschlagswasser kann nahezu ungehindert die Wellenkalkschichten durchdringen und wird erst durch die lehmig-tonigen Schichten des Oberen Buntsandsteins (Röt) gestaut. Es gibt deshalb an der Grenze Wellenkalk-Röt zahlreiche Quellaustritte. Langsame Gleitbewegungen auf dem Rötsockel führen zum Abrutschen, Abbrechen und Überkippen einzelner Kalkschollen. Solche Bergstürze ließen letztlich die senkrechten Felswände mit ihren Block- und Trümmerhalden oder die schmalen, klammartigen Schluchten und Klüfte entstehen.
Klimatisch zeichnet sich der Nordwestteil des Eichsfeldes gegenüber ähnlichen Muschelkalklandschaften Thüringens durch erhöhte Niederschlagswerte von 700 bis 750 mm in der Jahressumme aus. Das Jahresmittel der Lufttemperatur ist mit ca. 7°C relativ gering; allerdings sind in Annäherung an ein wintermildes, atlantisches Klima die Sommer- und Winterunterschiede ausgeglichener. Das kommt auch pflanzengeographisch durch ein gehäuftes Vorkommen von Laubwaldarten atlantisch geprägter Gesamtverbreitung sehr deutlich zu Ausdruck. So hat zum Beispiel die immergrüne Mandel-Wolfsmilch *(Euphorbia amygdaloides)* hier ihr größtes Vorkommen in Thüringen. Für die Abtrennung des pflanzengeographischen Bezirkes »Eichsfeld« sind darüber hinaus die reichen Vorkommen der Eibe *(Taxus baccata)* und des Wald-Schwingels *(Festuca altissima)* von Bedeutung. Auch die seltene Hirschzunge *(Phyllitis scolopendrium)* unterstreicht die pflanzengeographische Sonderstellung des Exkursionsgebietes. Vertreter subatlantischer Gesamtverbreitung in offenen Gesellschaften sind die Rapunzel-Glockenblume *(Campanula rapunculus)* und die Gemeine Felsenbirne *(Amelanchier ovalis)*.
Wir beginnen die Wanderung in Uder im Leinetal etwa 5 km südwestlich Heiligenstadt. Am östlichen Ortsrand, unmittelbar am Straßenabzweig nach Lutter, beginnt ein mit einem grünen Kreuz markierter Wanderweg, der uns zunächst auf die Elisabethhöhe am nordwestlichen Rand des Heiligenstädter Stadtforstes führt. Schon wenige Meter nach der Straßengabelung warten am Unterhang Überraschungen auf den aufmerksamen Beobachter. Lutter und Leine haben Schichten des Mittleren Buntsandsteins frei-

gelegt. An hohlwegartigen Böschungen liegen die nährstoffarmen Sandsteinfelsen frei und tragen an kleinen, exponierten Stellen lückige Magerrasen mit zahlreichen interessanten Arten, unter denen das Vorkommen der Rapunzel-Glockenblume *(Campanula rapunculus)* besonders hervorzuheben ist. Die Wurzeln der hell- bis kräftig blau blühenden Glockenblume sind rübenartig verdickt und wurden früher auch in Thüringen als Wurzelgemüse genutzt; die Frühjahrsblätter eignen sich für Salatzubereitungen. Überall zwischen den schmal rispigen Blütenständen der Rapunzel-Glockenblumen leuchten die ebenfalls blauen, aber kopfigen Infloreszenzen des Berg-Sandknöpfchens *(Jasione montana)*. Während der zottig behaarte Hasen-Klee *(Trifolium arvense)* mit seinen weißen bis rötlichen Blüten kaum zu verkennen ist, muß man bei den beiden gelben Klee-Arten, dem Kleinen und dem Feld-Klee *(T. dubium, T. campestre)*, schon genauer hinschauen, um sie nicht mit der allgegenwärtigen Hopfen-Luzerne *(Medicago lupulina)* zu verwechseln, bei der bekanntlich aber die Krone nach dem Verwelken abfällt

Steilhänge mit xerothermen Felsfluren sind ein prägendes Landschaftselement des Eichsfeldes. Die waagerecht abstehenden Äste der Gemeinen Felsenbirne (*Amelanchier ovalis*) fallen an den Oberhangkanten schon von weitem auf.

und die Hülsen schneckenförmig eingerollt sind. Bemerkenswert ist letztendlich noch das Vorkommen der Nelkenschmiele *(Aira caryophyllea),* eines zierlichen, einjährigen Süßgrases.
Vorbei an Feldern und wechselfeuchten Brachen, u.a. mit schönen Beständen des Rohr-Schwingels *(Festuca arundinacea),* erreicht man schließlich den Rand des Wellenkalkes mit seinen ausgedehnten Waldungen. Der grün markierte Weg führt nun steil hangaufwärts. Zunächst herrschen Mischwälder mit Dominanz der Fichte *(Picea abies)* vor und weisen auf ehemalige, jetzt aufgeforstete Triften hin. Stärker geröllhaltige Stellen sind von mächtigen Exemplaren der Waldrebe *(Clematis vitalba)* überzogen und verhängt. An Auflichtungen wächst überall die dekorative Tollkirsche *(Atropa bella-donna),* eine zwar giftige, aber wohl bekannte Heil- und alte Zauberpflanze. Die Aufforstungen werden bald von naturnahen Laubwäldern abgelöst. Zunächst von relativ reich geschichteten und durchlichteten Orchideen-Buchenwäldern, auf der Hochfläche dann von hallenartigen, artenreichen Waldmeister- und Waldgersten-Buchenwäldern.
Die beiden letztgenannten sollen zunächst etwas genauer betrachtet werden, denn sie begleiten uns auf dem nächsten Kilometer entlang des Kammes in südöstlicher Richtung (Markierung des Weges mit grünem Balken und grünem Kreuz) und werden uns auch später auf der Wanderung in Plateau- und sanft geneigten Hanglagen immer wieder begegnen. Beide Buchenwaldgesellschaften ähneln sich sowohl in ihrer Struktur als auch in der Artenzusammensetzung. Der Waldgersten-Buchenwald (Elymo-Fagetum) besiedelt bevorzugt flachgründige Böden und zeichnet sich vor allem durch das Auftreten der Waldgerste *(Hordelymus europaeus)* und des Wald-Schwingels *(Festuca altissima)* aus. Das Gesamtbild wird aber von verschiedenen Kräutern geprägt. In der Baumschicht dominiert die Rot-Buche *(Fagus sylvatica),* nur vereinzelt ist Berg-Ahorn *(Acer pseudoplatanus)* beigemischt. Dagegen besiedelt der Waldmeister-Buchenwald (Galio odorati-Fagetum) tiefgründigere Böden und wird in der Feldschicht mehr von Gräsern, vor allem von Einblütigem Perlgras *(Melica uniflora)* und Wald-Flattergras *(Milium effusum),* beherrscht. Krautartige Pflanzen kommen zwar ebenfalls reichlich vor, aber selten in physiognomischer Dominanz. In der von der Rot-Buche nahezu allein aufgebauten Baumschicht ist die Trauben-Eiche *(Quercus petraea)* ein wichtiger Begleiter. Bemerkenswerte Arten,

die in beiden Gesellschaften je nach Feuchte- und Lichthaushalt in unterschiedlicher Regelmäßigkeit auftreten, sind Berg-Flockenblume *(Centaurea montana)*, Quirl-Weißwurz *(Polygonatum verticillatum)*, Türkenbund-Lilie *(Lilium martagon)*, Seidelbast *(Daphne mezereum)*, Rotes und Bleiches Waldvöglein *(Cephalanthera rubra, C. damasonium)*, Langblättriges Hasenohr *(Bupleurum longifolium)*, Leberblümchen *(Hepatica nobilis)*, Gelbes und Busch-Windröschen *(Anemone ranunculoides* und *A. nemorosa)*, Aronstab *(Arum maculatum)*, Frühlings-Platterbse *(Lathyrus vernus)* und viele andere. Vereinzelt kommt auch schon die Mandel-Wolfsmilch *(Euphorbia amygdaloides)* vor.

7

Auf ein besonders reiches Mosaik waldfreier Fels- und Schotterfluren trifft man an der Maienwand am Südhang des Schüttenkopfes. Waagerecht ragen an der Oberhangkante dieses Bergsturzes die Äste der Felsenbirne *(Amelanchier ovalis)* in den freien Raum. Zusammen mit der

Vegetationsprofil (Schema) der Maienwand zwischen Uder und Lutter (aus Köhler und Reck: Beiträge zur Pflanzenwelt des Eichsfeldes)
1 Waldhaargersten – Buchenwald, 2 Hainbuchen – Buchenwald, 3 Orchideen – Buchenwald, 4 Felsenbirnengebüsch, 5 Blaugrashalde, 6 Schwalbenwurz – Linden – Schutthaldenwald

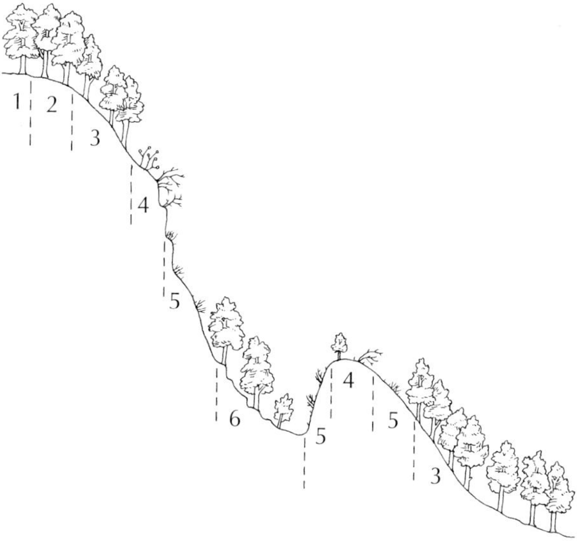

Die Hirschzunge (*Phyllitis scolopendrium*), ein Vertreter luftfeuchter Schluchtwälder und Felsspaltengesellschaften atlantischer Verbreitung, hat in Thüringen nur zwei Fundstellen.

Zwergmispel *(Cotoneaster integerrimus)* und einigen dealpinen Arten, wie dem Kalk-Blaugras *(Sesleria varia)* und dem Bitteren Kreuzblümchen *(Polygala amarella)*, bildet sie eine eigene Gebüschgesellschaft. Die Felsenbirne, ein submediterranes Florenelement, hat im wintermilden Eichsfeld ihr thüringisches Hauptvorkommen (vgl. auch Tour 4). Die insgesamt sehr lichten Gebüsche werden von Blaugrashalden durchsetzt. An bewegten, schotterreichen Standorten gelangen die vom Kalk-Blaugras *(Sesleria varia)* beherrschten Fluren gänzlich zur Dominanz. Bemerkenswerte Arten dieser lückigen Rasen sind u.a. Astlose Graslilie *(Anthericum liliago)*, Berg-Kronenwicke (*Coronilla coronata*), Nordisches Labkraut *(Galium boreale)*, Färber-Meier *(Asperula tinctoria)*, Erd-Segge *(Carex humilis)*, Kleine Wiesenraute *(Thalictrum minus)*, Salomonssiegel *(Polygonatum odoratum)* und Kopfige Teufelskralle *(Phyteuma orbiculare)*.

Etwa 1 km östlich der Maienwand verlassen wir den Kammweg und wandern das Schierbachtal hinab (Markierung mit rotem Punkt). Dieser Weg bringt uns am Fuß der Muschelkalkberge bis Lutter. An den nordwestexponierten Steilhängen des Brandkopfes sind zwei andere Buchenwaldgesellschaften entwickelt, die durch ihre reichere Schichtung auffallen. Sie siedeln bevorzugt auf flachgründigen Böden mit einzelnen Felsdurchragungen. Zwar herrscht die Rot-Buche immer noch vor, doch sind regelmäßig wärmeliebendere Gehölze, wie Feld- und Spitz-Ahorn *(Acer campestre, A. platanoides)*, Elsbeere *(Sorbus torminalis)* sowie Vogel-Kirsche *(Cerasus avium)* zugesellt. Die Rot-Buche erreicht nicht mehr optimale Wuchsleistungen und zeigt geringeren Kronenschluß. Zudem kann durch die größere Hangneigung seitlich mehr Licht in die Bestände gelangen, so daß ein solcher Orchideen-Buchenwald (Carici-Fagetum) oft deutlicher geschichtet ist, wobei die Strauchschicht im wesentlichen vom Jungwuchs der Baumarten aufgebaut wird. Die Feldschicht ist zwar artenreich, erreicht in der Regel aber nur relativ geringe Deckungswerte. Zahlreiche Laubwaldarten treten zugunsten licht- und wärmeliebender Pflanzen zurück. Kennzeichnende Arten des Orchideen-Buchenwaldes sind u.a. Berg- und Finger-Segge *(Carex montana, C. digitata)*, Rotes und Bleiches Waldvöglein *(Cephalanthera rubra, C. damasonium)*, Breitblättrige und Braunrote Sitter *(Epipactis helleborine, E. atrorubens)*, Schwalbenwurz *(Vincetoxicum hirundinaria)* und Zypressen-Wolfsmilch *(Euphorbia cyparissias)*.

Ganz ähnliche Standorte besiedelt der im Exkursionsgebiet recht verbreitete Eiben-Buchenwald (Taxo-Fage-

Die Vorkommen der Mandel-Wolfsmilch (*Euphorbia amygdaloides*) sind für die pflanzengeographische Charakterisierung des Eichsfeldes von Bedeutung.

tum). Auch die Zusammensetzung seiner Feldschicht weist weitestgehend Übereinstimmung mit den Orchideen-Buchenwäldern auf. Allerdings tritt die Eibe *(Taxus baccata)* mit hohen Deckungswerten hinzu und baut unter dem Kronendach der Buchen eine zweite Baumschicht auf. Im Eichsfeld liegen, neben der Rhön (vgl. Tour 15) und dem Arnstädter Raum (vgl. Tour 12), zweifelsohne die größten thüringischen Eibenvorkommen. Allein in dem Gebiet, daß auf dieser Wanderung durchstreift wird, hat man ca. 7000 Eiben gezählt. Die Nadeln der Eibe sind relativ weich und ohne Stützgewebe. Dadurch sind sie gegen extreme Fröste und Austrocknung ziemlich empfindlich, was eine Beschränkung an wintermilde Klimabereiche zur Folge hat. Als immergrünes Gehölz ergeben sich aber für die Eibe physiologische Vorteile, und sie konnte im Schutz relativ dichter Laubwälder ihr insgesamt ozeanisches Areal weiter als andere, vergleichbare Arten ausdehnen.
An extrem steilen Hängen werden die Orchideen- und Eiben-Buchenwälder von dem noch lichteren Blaugras-Buchenwald (Seslerio-Fagetum) abgelöst. Dieser ist oft nur kleinflächig entwickelt und relativ regelmäßig an den Oberhangkanten von Bergstürzen zu finden. Mit seinem hohen Anteil licht- und wärmeliebender Arten vermittelt er zu den offenen Gesellschaften an den Felswänden und auf den Schotterhalden.
Mit etwas Glück begegnet man auf Brachland am Nordrand von Lutter dem seltenen Rispen-Lieschgras *(Phleum paniculatum),* das u.a. durch seinen Kumarin- (= Waldmeister-) Geruch auffällt. Die Art galt in Thüringen viele Jahre als verschollen und wurde erst vor wenigen Jahren im Eichsfeld, allerdings an einer anderen Stelle, wiederentdeckt. In Lutter laden Gaststätten zu einer Mittagsrast ein.
Unser nächstes Ziel ist der Lengenberg nordwestlich Lutter, ein seit 1961 bestehendes Naturschutzgebiet. Man erreicht den breiten, aber unmarkierten Forstweg am Osthang des Berges am besten durch das flache Wiesental westlich der Ortschaft. Dieser führt dann am Unterhang des Lengenberges in nördliche Richtung. Große Flächen von Bären-Lauch *(Allium ursinum),* Zwiebel-Zahnwurz *(Dentaria bulbifera)* und Wald-Bingelkraut *(Mercurialis perennis)* schmücken die hohen Buchenwälder. Besonders fallen aber die reichen Bestände der Mandel-Wolfsmilch *(Euphorbia amygdaloides)* auf. Diese frostempfindliche, wintergrüne Laubwaldpflanze erreicht in Mit-

teldeutschland die Nordgrenze ihres submediterran/ozeanischen Gesamtareals. Ihre thüringischen Hauptvorkommen liegen im Eichsfeld und in der Hainleite. Außerhalb des geschlossenen Laubwaldes bietet der Osthang des Lengenberges beweidete Halbtrockenrasen und ein kleines Kalkflachmoor inmitten intensiv genutzter Grünlandflächen. An der Kalkquellstelle dominiert zwar die Blaugrüne Binse *(Juncus inflexus)*, doch finden sich auch noch Sumpf-Sitter *(Epipactis palustris)* und Gelb-Segge *(Carex lepidocarpa)*. Seine floristische und pflanzensoziologische Bedeutung erhält der Lengenberg durch die wiederum sehr reichen Eibenvorkommen. Diese sind vor allem am Nord- und Westhang konzentriert. Im Kammbereich finden sich verschiedene Bergsturzstadien mit z. T. engen und schattigen Schluchten, die zwei in Thüringen sehr seltene Farne beherbergen, die Hirschzunge *(Phyllitis scolopendrium)* und den Grünstieligen Streifenfarn *(Asplenium viride)*. Die Vielfalt der Buchenwaldgesellschaften wiederholt sich am Lengenberg in beeindruckender Weise. Da sie bereits sehr ausführlich beschrieben wurden, soll hier nicht noch einmal darauf eingegangen werden.
Wir umrunden auf dem breiten Forstweg den Nordteil des Lengenberges und wählen nach Umbiegen des Weges in südliche Richtung die erste rechts abzweigende Abstiegsmöglichkeit. Diese trifft nach rund 800 m auf einen breiten Feldweg, der ziemlich genau nach Norden über die Marienhöhe nach Uder zurückführt.

Länge der Wanderung: etwa 12 km
Einkehrmöglichkeiten: in Lutter und in Uder
Verkehrsverbindungen: mit der Bahn bis Uder (Strecke Nordhausen – Kassel); mit dem PKW über die B 80 (Nordhausen – Münden) bis Uder, Anbindung an die A 7 in Münden-Laubach, an die A 4 in Eisenach oder Gotha

TOUR 8

Im längsten Gipskarst Deutschlands – der Alte Stolberg bei Nordhausen

Während der Gebirgsbildung wurde der Harz im Süden weniger emporgehoben als im Norden, so daß Zechsteinablagerungen am Südrand des Harzes einen relativ breiten und etwa 100 km langen Gürtel bilden. Hier liegen Gipse in einer Ausdehnung frei zu Tage, wie sie für Mitteleuropa einmalig ist. Die Klüftigkeit und besondere Löslichkeit des Gesteins bewirken, daß große Teile des Niederschlags- und Schmelzwassers schnell in den Untergrund versickern und durch Korrosion charakteristische Geländeformen entstehen. Man spricht von einer Gipskarstlandschaft, die sich durch einen typischen Formenschatz von Karsterscheinungen wie Erdfälle, Höhlen, Dolinen, Buckel, Quellkuppen, Abrißklüften und jungen Bergrutschen auszeichnet und ein ausgesprochen beweg-

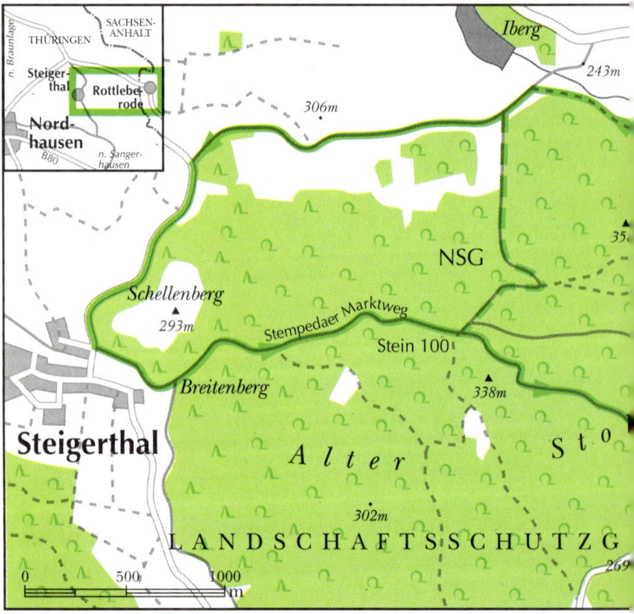

tes Mikrorelief aufweist. Mit der kleinräumigen Vielfalt der Gelände- und Bodenformen ist eine große Standortsbreite mit einer reichen Pflanzenwelt und eine besondere landschaftliche Schönheit verbunden. Unterschiedliche Bodenreaktionen auf engstem Raum lassen Kalk-Zeigerpflanzen oft unmittelbar neben Säurezeigern wachsen.
Durch die Besonderheiten des Reliefs und Standortsklimas der Gipskarstlandschaft haben sich am Südharz Zeugen (Relikte) vergangener Klimaperioden erhalten. Die zahlreich vorhandenen Sonderstandorte boten lichtliebenden Pflanzen aus spät- und nacheiszeitlichen Kälte- und Trockenperioden bis in unsere Tage Rückzugs- und Überdauerungsmöglichkeiten. Vor allem an absonnigen Felsköpfen, an kühl-feuchten Gipsfelsen oder in Schotterfluren findet man Arten, die, ihren Klimaansprüchen folgend, sonst nur noch in den Hochgebirgen oder den arktischen Breiten wachsen, wie z.B. Alpen-Gänsekresse *(Arabis alpina)*, Glattes Brillenschötchen *(Biscutella laevigata)* und Felsen-Schaumkresse *(Cardaminopsis petraea)*. Viel reicher noch als an arktisch-alpinen Relikten sind die Gipskarstgebiete an wärmeliebenden und Trockenheit ertragenden Pflanzenarten, den sogenannten Xerophyten.

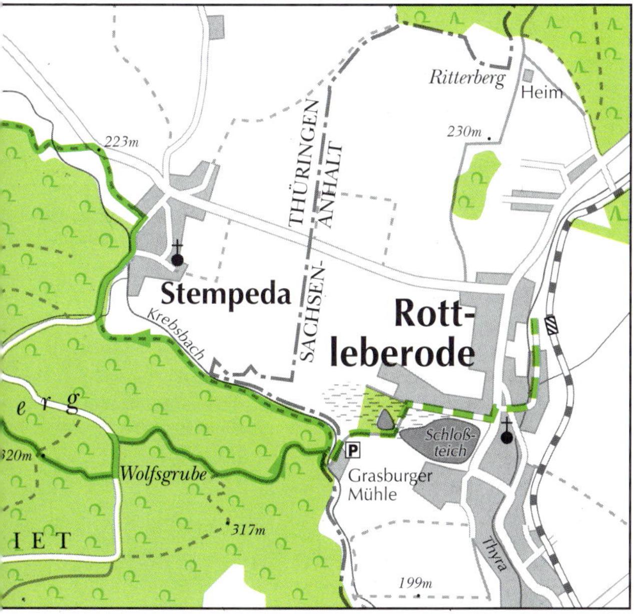

Unser Wandergebiet, der steile Nordabfall des Alten Stolberg nordöstlich von Nordhausen, stellt einen besonders wertvollen und repräsentativen Ausschnitt dieses Naturraumes dar. Bereits im 16. Jahrhundert wurde am Alten Stolberg botanisiert. Johannes Thal, »Vater der Floristik« und Verfasser der ältesten Gebietsflora in Mitteleuropa, beschreibt 1588 in seiner »Sylva Hercynia« ein »Symphytum petraeum meum maius« und führt als Fundort den Alten Stolberg an. Es handelt sich dabei um die Erstbeschreibung des Ebensträußigen Gipskrautes *(Gypsophila fastigiata)*, das wir heute noch reichlich im Gebiet beobachten können. Nicht nur auf Grund seiner botanischen Bedeutung hat man 1961 ein 109,1 ha großes Gebiet unter Naturschutz gestellt, das inzwischen auf 278,9 ha erweitert wurde. Diese Sicherungen waren dringend erforderlich, da Gips (Kalziumsulfat-dihydrat) und seine wasserfreie Form (Anhydrid) begehrte Rohstoffe für die Industrie darstellen. Während in vergangenen Jahrhunderten das Mineral nur in sehr kleinen Brüchen abgebaut wurde – im Mittelalter wurden zum Beispiel Burgen, Kir-

Zwei charakteristische Laubwaldgesellschaften des Alten Stolberges: Eichen-Trockenwald (links) konzentriert sich auf den Westteil, Karst-Buchenwald (rechts) ist im Ostteil des Gebietes verbreitet

chen und Klöster unter Verwendung von Gipsmörtel errichtet – wird derzeit durch die Gipsindustrie das gesamte Landschaftsbild des Gebietes bedroht.

Unsere Rundwanderung beginnen wir in Rottleberode. Wer mit dem Auto anreist, kann bis zur Grasburger Mühle fahren und dort parken. Aber auch Stempeda oder Steigerthal bieten sich als günstige Ausgangspunkte an. Vom Bahnhof Rottleberode gehen wir erst in südlicher und dann in westlicher Richtung zum zentral gelegenen Schloßteich. Auf der Nordseite des Schloßteiches folgen wir dem mit einem grünen Dreieck markierten Wanderweg. Der Schloßteich und der gleich westlich anschließende Teich weisen eine interessante Verlandungsvegetation auf. Am Schloßteich herrschen vor allem Schilfröhrichte vor, in denen sich besonders randlich viel Zaun-Winde *(Calystegia sepium)* emporwindet, die durch ihre großen, trichterförmigen Blüten auffällt. Auch die Ufer-Segge *(Carex riparia)* bildet beachtliche Bestände. Nach etwa 400 m biegen wir links auf einen Fußweg ein, der uns an einen kleinem Walzenseggen-Erlenbruchwald vorbeiführt. Wir erreichen eine herrliche alte Lindenallee, die wir aber nach wenigen Schritten wieder verlassen. Der Wanderweg trifft schließlich auf den Fahrweg zur ehemaligen Grasburger Mühle. Links von uns ist das riesi-

8

ge Gelände des Gipssteinbruches nicht zu übersehen, das wie eine Wunde in der Landschaft klafft. Eine kleine Brükke führt uns dann über den Krebsbach, der südlich von Rottleberode in die Thyra mündet.

Der relativ saubere, 1,5 bis 3 m breite Krebsbach, dem wir in nordwestlicher Richtung folgen werden, bildet die Grenze des Naturschutzgebietes »Alter Stolberg«. Er besitzt ein naturnah strukturiertes Bachbett mit kleinen Schotterbänken und wird von einem hochstaudenreichen Bachuferwald aus Schwarz-Erle *(Alnus glutinosa)*, Gemeiner Esche *(Fraxinus excelsior)* und stellenweise auch Berg-Ahorn *(Acer pseudoplatanus)* gesäumt. Die üppig entwikkelte Krautschicht kennzeichnet diesen Galeriewald als Hainmieren-Erlen-Bachwald, der stellenweise mit Pestwurz-Fluren Vegetationskomplexe bildet. Die großen, weit ausladenden Blätter der Gemeinen Pestwurz *(Petasites hybridus)* überschirmen die gesamte Bodenoberfläche. Vereinzelt kann man hier auch den Rüben-Kälberkropf *(Chaerophyllum bulbosum)*, den Sumpf-Pippau *(Crepis paludosa)* und die Bach-Nelkenwurz *(Geum rivale)* finden.

An den Hängen des Alten Stolberg begegnen uns zuerst buchenreiche Eichen-Hainbuchenwälder, denen verschiedene Buchenwälder folgen. Die nährstoffreichen, frischen Unterhangpartien werden jedoch überwiegend vom Eschen-Ahorn-Schlucht- und Schatthangwald besiedelt. Seine Baum-, Strauch- und Krautschicht sind sehr artenreich, wobei der Waldtyp von Berg-Ahorn, Sommer-Linde *(Tilia platyphyllos)*, Spitz-Ahorn *(Acer platanoides)*, Rot-Buche *(Fagus sylvatica)*, Gemeiner Esche und Berg-Ulme *(Ulmus glabra)* beherrscht wird. Die gesamten Steilhangpartien mit ihren markanten Gipsfelsen sind bis gut einen halben Kilometer westlich von Stempeda als Totalreservat gesichert. Hier werden jegliche menschliche Eingriffe untersagt. Daher kann es passieren, daß auch einmal ein umgestürzter Baumstamm unseren Weg versperrt. Bald erreichen wir eine Stelle, wo ein knapp 10 Jahre alter Felsabbruch mit seiner Blockschutthalde den Wanderweg verschüttet hat. Er ist ein überzeugendes Beispiel für die hohe Dynamik der Gipskarstlandschaft. Der Gips tritt hier zum Teil in Form von perlmutterglänzenden, durchsichtigen Tafeln, dem sogenannten Marienglas, auf. In der Nähe des Bachufers oder auf halber Hanghöhe ist jedoch mit etwas Vorsicht ein Überwinden der Blockhalde möglich. Hinter der Blockschutthalde können wir unsere Wanderung wieder bequem fortsetzen. Kurz vor Stempeda weitet

sich die Talsohle des Krebsbaches, die hier von brachliegenden Feuchtwiesen, Großseggenrieden und Schilfröhrichten ausgefüllt wird.
Am Sportplatz von Stempeda erreichen wir den Stempedaer Marktweg. Empfehlenswert ist ein kurzer Abstecher auf diesem Weg bergaufwärts, bis rechts ein schmaler Fußweg abzweigt, der zur Oberhangkante führt. Von dem oberhalb des Forsthauses Stempeda liegenden Felsen bietet sich ein herrlicher Ausblick über Stempeda hinweg auf den mit ausgedehnten Laubwäldern bedeckten Südharzrand. Die natürliche Waldgrenze zum offenen Felsen wird von lichtem, submediterran getönten Blaugras-Steilhang-Buchenwald und Steinsamen-Elsbeeren-Eichenwald gebildet. Als große Besonderheit wachsen an der Felskante wenige Sträucher der Zimt-Rose *(Rosa majalis)*, die im Gebiet ihre westliche Verbreitungsgrenze erreicht. Zum offenen Felsen hin folgt ein wärmeliebender Staudensaum, der von Blut-Storchschnabel *(Geranium sanguineum)* beherrscht wird. Weitere charakteristische Pflanzen des Saumes sind Berg-Heilwurz *(Libanotis pyrenaica)*, Skabiosen-Flockenblume *(Centaurea scabiosa)*, Salomonssiegel *(Polygonatum odoratum)*, Nickendes Leimkraut *(Silene nutans)* und Weidenblättriger Alant *(Inula salicina)*. Als schmaler Streifen an der südexponierten Felskante, wo das Wurzeln höherer Pflanzen kaum noch möglich erscheint, siedeln lückige Bestände des Blauschwingel-Felsrasens. Zu den Besiedlern dieser extremsten Gipsstandorte zählen neben dem Blau-Schwingel *(Festuca pallens)* Ebensträußiges Gipskraut *(Gypsophila fastigiata)*, Berg-Lauch *(Allium senescens)* und Frühblühender Thymian *(Thymus praecox)*.
Nach diesem Abstecher wenden wir uns Stempeda zu. Wir überqueren den Krebsbach und wählen im Ort mit seiner kleinen Dorfkirche (romanischer Turmchor und Langhaus von 1604) den ersten links abzweigenden, mit einem gelben Balken markierten Wander- und Radweg. Der Weg folgt dann etwa 50 m der Landstraße von Stempeda nach Buchholz. Schließlich biegen wir wieder links auf einen Feldweg ein, der über den Krebsbach und durch eine brachliegende Feuchtwiese führt. Nach der Nutzungsaufgabe haben sich hier konkurrenzstarke Hochstauden durchgesetzt.
An der Unterhangkante des Alten Stolberg unternehmen wir einen kurzen Abstecher nach links zu einem weiteren interessanten Gipsfelsen. Hier lagern unterhalb der offenen Felspartien Schutthalden in steiler Nordlage mit aus-

8

Das Berg-Reitgras (*Calamagrostis varia*) bildet oft dichte Bestände über den offenen Gips-Fels- und Schotterfluren, kann aber auch in lichten Wäldern gefunden werden.

gedehnten Sumpfherzblatt-Blaugras-Rasen (Parnassio-Seslerietum). Sie stellen auf derartigen Standorten stabile Dauergesellschaften dar. Es sind vom Kalk-Blaugras *(Sesleria varia)* beherrschte Halbtrockenrasen, die durch Sumpf-Herzblatt *(Parnassia palustris)*, Vogelfuß-Segge *(Carex ornithopoda)*, Deutschen Enzian *(Gentianella germanica)* und Bitteres Kreuzblümchen *(Polygala amarella)* gekennzeichnet werden. Als Besonderheit siedelt dazwischen die Felsen-Schaumkresse *(Cardaminopsis petraea)*, ein sehr seltenes Kreuzblütengewächs mit kleinen weißen Blüten. Bemerkenswert sind weiterhin die reichen Vorkommen des praealpinen Berg-Reitgrases *(Calamagrostis varia)*, des Nordischen Labkrautes *(Galium boreale)*, bei dem die lanzettlichen, derben Blätter vierquirlig stehen, und des im Gesteinsschutt weit umherkriechenden Ruprechtsfarns *(Gymnocarpium robertianum)*. Letzterer baut eine nach ihm benannte Schuttflur auf, die allerdings meist nur kleinflächig entwickelt ist und halbschattige bis schattige Gips- und Kalk-Geröllhalden besiedelt. In einer unweit gelegenen Schlucht am Nordabfall des Alten Stolberg kam noch zu Beginn dieses Jahrhunderts im

Schatten von Buchen ein kleiner Bestand der kaum heidelbeerhohen arktisch-alpinen Spießweide *(Salix hastata)* vor. Durch Kahlschlag und Anpflanzung von Fichten *(Picea abies)* wurde er leider vernichtet. Wie bereits anfangs ausgeführt, ist die pflanzengeographische Situation des Gebietes sehr interessant. Neben dem gehäuften Auftreten dealpiner bzw. arktisch-alpiner Arten besteht bereits eine stärkere subozeanische Prägung. Die Blaugrasrasen erreichen hier ein Optimum, auch die Rot-Buche herrscht in fast allen Waldgesellschaften bis in die Südhanglagen hinein vor. Die lichten, wärmeliebenden Wälder weisen ein submediterran getöntes Artenspektrum auf. Die im östlichen Teil des pflanzengeographischen Bezirks Helme-Unterunstrutland noch charakteristischen kontinentalen Trockenrasen treten stark zurück, das südlich-kontinentale Florenelement klingt hier bereits aus.

Unser weiterer Wanderweg verläuft in nordwestlicher Richtung an einer intensiv genutzten Weidelgras-Weide entlang. Bald erscheint vor uns der Staudamm der Iberg-Talsperre. Wir biegen jedoch vorher links in den Entenbergsweg ein. Nach gut 100 m zweigt links ein mit rotem Dreieck markierter Wanderweg ab. Er führt über »Köhler's Ecke«, wo früher Wanderköhler ihre Holzkohle hergestellt haben, zum Stein 100 (1,3 km) und stellt eine Abkürzungsmöglichkeit der Rundwanderung dar. Der mit gelben Balken markierte Entenbergsweg wird von buntblühenden Rainen gesäumt und führt uns durch eine reich gegliederte Kulturlandschaft bis zur Straße nach Steigerthal. Diese Straße, der wir bis Steigerthal folgen, bildet die Westgrenze des Naturschutzgebietes. Nach etwa 500 m befindet sich auf ihrer linken Seite das botanisch interessante Gelände eines ehemaligen Steinbruches. Hier ist ein Vegetationsmosaik aus Blaugras-Kiefern-gehölzen, Thymian-Blaugrasrasen und kleinflächigen Flecken von Zittergras-Erdseggen-Halbtrockenrasen ausgebildet. Zu den auffälligen Arten zählen neben Deutschem und Fransen-Enzian *(Gentianella germanica, G. ciliata)* Wundklee *(Anthyllis vulneraria)*, Gemeine Kuhschelle *(Pulsatilla vulgaris)*, Tauben-Scabiose *(Scabiosa columbaria)*, Blaugrünes Labkraut *(Galium glaucum)*, Hufeisenklee *(Hippocrepis comosa)* und Gemeines Sonnenröschen *(Helianthemum nummularium)*.

Im Ort wählen wir den ersten links (hinter einer Gaststätte) abzweigenden Fahrweg, der am Hangfuß entlangführt. Auch hier ist wieder reichlich Ebensträußiges Gipskraut *(Gypsophila fastigiata)* zu beobachten, das im Gebiet fast keinem Gipsfelsen und Xerothermrasen fehlt. Wir biegen schließlich auf einen weiteren von Steigerthal kommenden Fahrweg ein, der sich nach einigen Metern gabelt. Rechts zweigt der mit einem blauen Kreuz markierte Wanderweg über Kalkhütte zur Höhle Heimkehle ab (6,7 km). Wer mit der Bahn angereist ist, kann auch diesen Weg wählen, der sehenswerten Karsthöhle einen Besuch abstatten, und vom Bahnhof Uftrungen die Heimreise antreten. Der Rundwanderweg führt jedoch auf den linken, mit grünem Dreieck und grünem Kreis markierten »Stempedaer Marktweg« weiter. Es ist der ehemalige Verbindungsweg der umliegenden Dörfer zum Markt nach Nordhausen. Der Weg stellt zweifellos einen weiteren floristischen Höhepunkt der Wanderung dar. Jahrhundertelange bäuerliche Nutzung als Niederwald, Waldweide und der wasserdurchlässige Gips sind Ursachen für die ausgesprochen reichen Vorkommen licht- und wärmeliebender Saumarten. Eine Aufzählung kann daher nur sehr unvollständig bleiben. Neben bereits erwähnten Arten finden wir das Wunder-Veilchen *(Viola mirabilis)* mit den einreihig behaarten Blattstielen und Stengeln, die Weiße Schwalbenwurz *(Vincetoxicum hirundinaria)*, die Färber-Scharte *(Serratula tinctoria)* mit ihren violetten Blüten und dazwischen das Gelb der Gemeinen Goldrute *(Solidago virgaurea)*, des Berg-Hartheus *(Hypericum montanum)* und des Aufrechten Ziest *(Stachys recta)*. An einer anderen Stelle leuchten die weißen Hüllblätter der Großen Sterndolde *(Astrantia major)*. Auch weitere Doldenblüter wärmeliebender Säume fehlen nicht, wie Breitblättriges Laserkraut *(Laserpitium latifolium)*, Hirschwurz *(Peucedanum cervaria)* und die bereits genannte Berg-Heilwurz *(Libanotis pyrenaica)*. An der Form und dem reichen Stockausschlag einiger Bäume ist noch die ehemalige Niederwaldnutzung erkennbar. Zur Erhaltung dieser sehr artenreichen Waldformen ist eine Fortsetzung des Mittel- oder Niederwaldbetriebes, bei dem in einem Zeitraum von 20 bis 30 Jahren die Bestände zur Brennholzgewinnung periodisch »auf-Stock-gesetzt« werden, erforderlich. Von Natur aus würde sich sonst auch hier die Rot-Buche durchsetzen. Innerhalb der lichten Eichenwälder treten auch oberflächlich verhagerte Partien auf. Hier dominieren Heidekraut *(Calluna vulgaris)*, Adlerfarn *(Pteridium aquilinum)* und Wiesen-Wachtelweizen *(Melampyrum pratense)*. Ausgelaugte Gipskuppen inmitten des Eichenwaldes tragen kleinflächig sogar lückige Blauschwingel-Heidekraut-Heiden. Die Gesellschaft ist

vor allem durch das gemeinsame Auftreten von säure- und kalkliebenden, kontinentalen und dealpinen Arten gekennzeichnet. Im Juli kann man unmittelbar am Weg die spätblühende Form des Brand-Knabenkrautes *(Orchis ustulata)* beobachten. Weitere bemerkenswerte Arten sind zum Beispiel Großblütige Braunelle *(Prunella grandiflora)*, Heilziest *(Betonica officinalis)*, Ästige und Astlose Graslilie *(Anthericum ramosum, A. liliago)*. Wer sich mehr für die artenreiche Flora der Eichentrockenwälder interessiert, kann einen Abstecher auf den fast auf der Höhe im spitzen Winkel links abzweigenden und in nordwestlicher Richtung führenden Forstweg unternehmen. An den südlich exponierten Oberhängen des Windehäuser Holzes sind artenreiche Bestände des Steinsamen-Elsbeeren-Eichenwaldes mit viel Kornelkirsche *(Cornus mas)* in der Strauchschicht ausgebildet. Oft erblühen bereits im März die in Büscheln stehenden kleinen gelben sternförmigen Blüten der Kornelkirsche, aus denen sich dann bis zum September längliche dunkelrote Früchte entwickeln. Als Besonderheiten treten weiterhin Abbiß-Pippau *(Crepis praemorsa)* und Färber-Meier *(Asperula tinctoria)* auf. Im Kontakt mit dem Trockenwald stehen noch offene wärmeliebende Säume und Xerothermrasen mit Sichel-Hasenohr *(Bupleurum falcatum)*, Golddistel *(Carlina vulgaris)*, Bayrischem Vermeinkraut *(Thesium bavarum)*, Berg-Aster *(Aster amellus)*, Steppen-Sesel *(Seseli annuum)*, Sand-Fingerkraut *(Potentilla arenaria)* und Gemeinem Nadelröschen *(Fumana procumbens)*. Bald ist der höchste Punkt des Stempedaer Marktweges erreicht. Hier wechselt deutlich das Waldbild. Während die Wälder im westlichen Teil aus kleinstparzelliertem Privatwald, der zur Brennholzgewinnung als Nieder- und Mittelwald genutzt wurde, hervorgegangen sind, wurden die Wälder im östlichen Teil bis zum Grenzweg – der alten Landesgrenze zwischen Kurhannover und Kursachsen – lange Zeit als fürstlicher Großgrundbesitz bewirtschaftet. Bereits 1830 wurde hier begonnen, ehemalige Mittelwälder in Buchenhochwald zu überführen. Die auffallenden Unterschiede zwischen den Buchenwäldern im Ostteil und den Eichenwäldern im Westteil sind also im wesentlichen historisch bedingt.
Der Stein 100 ist einer der vielen Grenzsteine im Gebiet und stellt einen zentral gelegenen Punkt dar, an dem sich einige Wanderwege kreuzen. Eine Wetterschutzhütte und Bänke laden zur Rast ein. Wir wählen den geradeaus weiterführenden Weg in Richtung Rottleberode, der mit ei-

nem grünen Dreieck markiert ist. Er kreuzt den Wanderweg von Stempeda zur Kalkhütte und erreicht schließlich am sogenannten »Wolfsloch« den Fahrweg von Stempeda über Kalkhütte nach Urbach. Hier befindet sich eine weitere Wetterschutzhütte, in deren Umgebung nochmals zahlreiche wärmeliebende Saumarten siedeln. Auf Grund des sich ausdehnenden Gipsabbaus mußte der Wanderweg nach Stempeda in nördlicher Richtung verlegt werden, was bei der Nutzung alter Wanderkarten zu beachten ist. Wir folgen erst dem Fahrweg in Richtung Stempeda. Nach etwa 150 m zweigt rechts der jetzige Wanderweg nach Rottleberode ab. Er verläuft mehr oder weniger hangparallel am nordexponierten, relativ steilen Oberhang entlang. Durch Laubholz-Jungbestände geht es schließlich leicht bergab zu einer nach Norden vorspringenden Felskuppe mit einem geschützten Bodendenkmal, der »Grasburg«, die als frühmittelalterliche Schutzburg gedeutet wird, und der Ruine einer Kapelle. In der Umgebung der Grasburg herrschen Orchideen-Buchenwälder vor, die als Besonderheit einige Exemplare der Kleinblättrigen Sitter *(Epipactis microphylla)* enthalten. In den trockenen Buchenwäldern treten weitere Orchideenarten auf, wie Bleiches und Rotes Waldvöglein *(Cephalanthera damasonium, C. rubra)*, Braunrote und Breitblättrige Sitter *(Epipactis atrorubens, E. helleborine)* und Nestwurz *(Neottia nidus-avis)*. Der kriechende Zwergstrauch Kleines Immergrün *(Vinca minor)*, ein Neubürger unserer Flora, weist auf den menschlichen Einfluß im Bereich der Grasburg hin. Nach kurzem, aber relativ steilem Abstieg zur Grasburger Mühle schließt sich am Krebsbach unsere Rundwanderroute. Über den anfangs beschriebenen Weg gelangen wir zu den Haltestellen öffentlicher Verkehrsmittel oder zu unserem Fahrzeug zurück.

Länge der Wanderung: etwa 12 km (Rundwanderung), 15 km ab/an Bhf. Rottleberode
Einkehrmöglichkeiten: in Rottleberode, Stempeda und Steigerthal
Verkehrsverbindungen: Bahnhof Rottleberode an der Bahnlinie Berga-Kelbra – Stolberg, Buslinie Kelbra – Stolberg, B 80 oder B 85 ab Berga-Kelbra in Richtung Stolberg oder Landstraße von Nordhausen über Buchholz

TOUR 9

Wandern im kleinsten Gebirge Thüringens – der Kyffhäuser

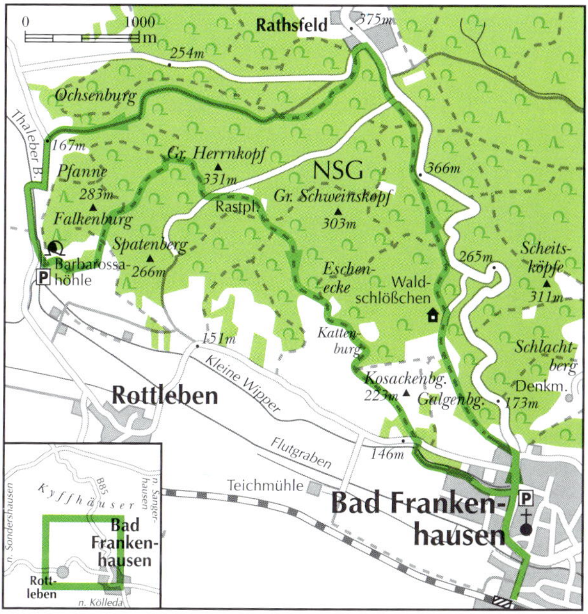

Mit einer Länge von 15 km und einer Breite von 7 km ist der Kyffhäuser das kleinste deutsche Mittelgebirge. Aufgrund seiner Entstehung und Struktur wird es auch als kleines Abbild des Harzes bezeichnet. Durch seine reiche Geschichte und die Einmaligkeit seiner Natur steht das Kyffhäusergebirge dem Harz jedoch in seiner Bekanntheit, die weit über die Grenzen Thüringens hinausreicht, kaum nach. Die meisten Menschen verbinden mit dem Kyffhäuser die Sage vom Staufenkaiser Barbarossa (Friedrich I., »Rotbart«), der im Inneren des Berges schlafen soll, während Raben den Berg umkreisen und sein roter Bart durch den Tisch bis auf seine Füße gewachsen ist. Über Jahrhunderte hinweg war das kleine Mittelgebirge Dreh- und Angelpunkt deutscher Geschichte. Ottonen, Salier-

Schon von weitem zieht der Kyffhäuser mit seinem bekannten Denkmal den Blick auf sich.

und Staufenkaiser hatten hier Tafelgüter und Machtbasen. Die historische Bedeutung des Gebietes wird in dem engen Beieinander der alten Salzstadt Bad Frankenhausen, dem Schlachtberg mit Bauernkriegs-Gedenkstätte, den Anlagen der ehemaligen Reichsburg Kyffhausen, der Kaiserpfalz Tilleda, der Rothenburg und den benachbarten Sachsenburgen an der Thüringer Pforte sichtbar.
Aber auch die für Mitteleuropa einmalige Naturaus-

stattung zieht jährlich viele Besucher in den Naturpark »Kyffhäuser«. Die Nord- und Osthänge sowie das gesamte Plateau werden vom frischen Grün der nahezu geschlossenen Laubmischwälder geprägt. Ganz anders ist das Landschaftsbild am Süd- und Westrand über den Schichten des Zechsteins. Die kuppigen Hänge von leuchtendem Weiß tragen nur in geringem Maße Wald. Wie am Südharzrand breitet sich hier in einem Gürtel der Gipskarst mit beeindruckenden Karsterscheinungen aus. Durch den Regenschatten des Harzes fallen jedoch nur geringe Niederschläge (ca. 500 mm im Jahr), verbunden mit einer relativ hohen Jahresmitteltemperatur (8,8 °C). Dementsprechend konnten sich viele Steppenpflanzen, deren Hauptentfaltungsgebiete in Südosteuropa und Südsibirien zu suchen sind, sowie viele trockenheits- und wärmeliebende Vorposten der Mittelmeervegetation behaupten. Weit über 100 Blütenpflanzenarten derartiger Zeugen (Relikte) wärmerer Perioden der Spät- und Nacheiszeit erreichen hier die Nordwestgrenze ihres Vorkommens.

9

Die europäische Bedeutung des Kyffhäusers für den Artenschutz wird auch dadurch unterstrichen, daß viele Arten, die im Gebiet noch relativ häufig sind, auf der Roten Liste der vom Aussterben bedrohten und gefährdeten Arten für Deutschland, ja selbst für Europa stehen. Demzufolge wurden in den letzten Jahren mehrere ältere Naturschutzgebiete zu einem großen Naturschutzgebiet »Süd-West-Kyffhäuser« zusammengefaßt, in dem fast unsere gesamte Wanderroute verläuft.

Das idyllisch am Südabfall des Kyffhäusergebirges gelegene Städtchen Bad Frankenhausen ist ein idealer Ausgangspunkt für Wanderungen. Seine bis ins 9. Jahrhundert zurückgehende Geschichte ist eng mit dem Vorkommen von Solquellen verbunden. Ihre Entstehung verdanken sie den im Zechstein eingelagerten Salzen, die ausgewaschen werden und mit artesisch aufsteigendem Wasser als salzhaltige Quellen zutage treten. Im Umfeld einiger salzhaltiger Sickerquellen sind botanisch interessante Binnensalzstellen, ausgebildet wie im nahe gelegenen Esperstedter Ried sowie in den Naturschutzgebieten »Solgraben bei Artern« und »Schloßberg-Solwiesen« bei Badra. Durch die Auslaugung in der Tiefe kommt es zu Absenkungen und Einbrüchen (Salztektonik). Diese Erscheinungen können in Bad Frankenhausen z.B. an der Schiefstellung des Turmes der Oberkirche beobachtet werden. Neben weiteren sehenswerten Bauwerken lohnt auch

eine Besichtigung des im barocken Schloss untergebrachten Heimatmuseums.
Die Rundwanderung beginnen wir am Stadtpark, der an der Bundesstraße 85 in Richtung Kyffhäuser liegt. Wir überqueren aber die Kyffhäuserstraße und folgen dem mit rotem Dreieck markierten Wanderweg in nordöstlicher Richtung. Er ist anfangs als Naturlehrpfad gestaltet und führt über den Galgenberg an der ehemaligen Gaststätte Waldschlößchen vorbei zur »Weißen Küche«. Auf der Höhe des Waldschlößchens, kurz vor dem Waldrand, kann man die stattlichen Hochstauden des Echten Haarstrangs *(Peucedanum officinale)* beobachten. Wenige Meter weiter im Wald säumt der Eichen-Lattich *(Lactuca quercina)* unseren Wanderweg. Auffällig ist auch die Wilde Blasenkirsche *(Physalis alkekengi)*, deren Beeren zur Fruchtzeit von dem roten, aufgeblasenen Kelch umhüllt werden. Sie stellt möglicherweise ein Relikt des im Mittelalter an den Südhängen des Kyffhäusers betriebenen Weinbaus dar.

9

Rechts zweigt schließlich der Wanderweg zum Kyffhäuserdenkmal und zur Ruine der Reichsburg Kyffhausen ab. Im Bereich der Kyffhäuserburg, die in ihrer Blütezeit zu den größten deutschen Burgen zählte, sind pflanzliche Fossilien aus der Karbonzeit (»verkieseltes Holz«) ausgestellt. Auch ein Besuch des Kulpenberges, der mit 473 m ü. NN höchsten Erhebung des Kyffhäusergebirges, ist möglich. Unser Weg führt leicht bergab, vorbei an einem kleinen Vorkommen des relativ seltenen Echten Steinsamens *(Lithospermum officinale)*. Naturnahe Buchenwälder auf frischen Standorten werden an trockneren Partien von ärmeren Eichen-Hainbuchenwäldern mit Dominanz des Hain-Rispengrases *(Poa nemoralis)* abgelöst. Über Sandsteinen des Karbon folgen bodensaure Hainsimsen-Buchenwälder mit zahlreichen Säurezeigern in der Bodenflora wie Drahtschmiele *(Avenella flexuosa)*, Heidekraut *(Calluna vulgaris)* und Echter Ehrenpreis *(Veronica officinalis)*. Doch bald wechselt die Waldvegetation wiederum. Im seit 1961 gesicherten Naturschutzgebiet »Ochsenburg-Ziegelhüttental«, dessen Südostgrenze der Fahrweg nach Rottleben bildet, sind über Gips krautreiche Buchenwälder entwickelt. Zu den typischen Vertretern der artenreichen Bodenflora dieses Waldgersten-Buchenwaldes (Elymo-Fagetum) zählen Frühlings-

Floristisch besonders bedeutsam sind am Südrand des Kyffhäuser die Xerothermfluren über Gips.

Platterbse *(Lathyrus vernus)*, Leberblümchen *(Hepatica nobilis)*, Haselwurz *(Asarum europaeum)*, Wald-Bingelkraut *(Mercurialis perennis)*, Nickendes Perlgras *(Melica nutans)*, Türkenbund-Lilie *(Lilium martagon)* und Fuchssches Greiskraut *(Senecio ovatus)*. Schließlich haben wir Rathsfeld, die einzige Rodungsinsel des Gebirges, erreicht. In Rathsfeld ist auch die Verwaltung des Naturparkes »Kyffhäuser« zu finden.

Wenn wir unserem Rundwanderweg folgen, sehen wir vom Ort selbst jedoch nur die Randbereiche mit einigen Ruderalfluren, in denen u.a. der hochgiftige Gefleckte Schierling *(Conium maculatum)* wächst. Im Altertum wurde der »Schierlingsbecher« bei Selbstmorden und Hinrichtungen verwendet. Am bekanntesten ist wohl die Hinrichtung des Sokrates, über die Plato im Jahre 399 v. Chr. berichtete. Wir biegen am Ortseingang auf die Straße nach Steinthaleben ab und folgen von hier aus dem mit gelbem Dreieck markierten Weg. Nach etwa 150 m verläßt er die Straße und führt als Waldweg in das Ziegelhüttental. Im feuchteren Talgrund weicht die Rot-Buche *(Fagus sylvatica)* in der Baumschicht etwas zurück, Berg-Ahorn *(Acer pseudoplatanus)*, Berg-Ulme *(Ulmus glabra)* und Gemeine Esche *(Fraxinus excelsior)* treten hinzu. Auch die Krautschicht weist mit Geflecktem Aronstab *(Arum maculatum)*, Großem Hexenkraut *(Circaea lutea)*, Gemeinem Frauenfarn *(Athyrium filix-femina)* und Rasen-Schmiele *(Deschampsia cespitosa)* auf die bessere Nährstoff- und Wasserversorgung dieses Eschen-Ahorn-Schlucht- und Schatthangwaldes (Fraxino-Aceretum) hin. Vom Ziegelhüttental gelangen wir in das sich anschließende Habichtstal. In einem kleinen Steinbruch rechts vom Weg ist der Karbonsandstein aufgeschlossen. Bald darauf befinden wir uns wieder im Bereich des Zechsteingürtels. Rechts von uns erscheinen die steilen Gipshänge der Ochsenburg mit einem der wertvollsten trockenwarmen Vegetationskomplexe Thüringens. Ähnlich zusammengesetzt ist die Vegetation auch an anderen südlich exponierten Gipshängen, die wir noch besuchen werden, wie an der Pfanne, dem Gebiet oberhalb der Barbarossahöhle, der Kattenburg und dem Kosackenberg. Da jedoch die Zonierung nirgends so vollständig und anschaulich ausgeprägt ist wie hier, wollen wir an der Ochsenburg etwas eingehender die standortsabhängige Zusammensetzung von Flora und Vegetation betrachten.

Auf nacktem, von Feinerde völlig entblößtem Gipsgestein können aufgrund ihrer besonderen Lebensweise nur

Flechten gedeihen. Charakteristisch ist die Bunte-Erdflechten-Gesellschaft, die mit ihren gelben, roten und dunkelblauen Farben besonders nach Niederschlägen einen intensiven Kontrast zum Weiß des Gipses bildet. An den am stärksten besonnten Stellen wächst auf nacktem Gipsgestein sogar ein Moos, *Tortula revolvens*, dessen Hauptvorkommen in den Wüstensteppengebieten des Orients liegen. Über extrem flachgründigen Gipsverwitterungsböden schließen sich die sehr lückigen Pionierrasen der Berggamander-Blauschwingel-Flur (Teucrio-Festucetum) an. Zwischen dem dominierenden Blau-Schwingel *(Festuca pallens)*, dem Berg-Steinkraut *(Alyssum montanum)* – ein typischer Vertreter der osteuropäischen und südsibirischen Steppen – dem niedrigen Frühlings-Fingerkraut *(Potentilla neumanniana)* und der Zypressen-Wolfsmilch *(Euphorbia cyparissias)* entwickeln sich in feuchten Frühjahren Zwiebel-Rispengras *(Poa bulbosa)* sowie zahlreiche kurzlebige Arten *(Cerastium semidecandrum, Veronica praecox, V. verna, Erophila verna, Holosteum umbellatum)*. Eine Besonderheit ist auch die blau oder rötlich blühende Unterart des Acker-Steinsamens *(Buglossoides arvense* ssp. *coerulescens)*. Wenn das Gestein stärker zerklüftet ist, können Pfahlwurzler auftreten, die, wie das Ebensträußige Gipskraut *(Gypsophila fastigiata)*, mit ihren Wurzeln in die Spalten eindringen. Im pflanzengeographischen Spektrum der Gesellschaft sind subkontinentale Arten stärker vertreten, während im Heideröschen-Blaugras-Rasen (Fumano-Seslerietum) submediterrane Arten überwiegen. Die vom bestandsbildenden dealpinen Kalk-Blaugras *(Sesleria varia)* beherrschte Pflanzendecke ist bereits weitgehend geschlossen, da die Gipsböden etwas tiefer verwittert und feinerdereicher sind. Zwischen den Horsten des Kalk-Blaugrases treten mehrere Zwergsträucher – Heideröschen *(Fumana procumbens)*, Gemeines Sonnenröschen *(Helianthemum nummularium)*, Edel- und Berg-Gamander *(Teucrium chamaedrys, T. montanum)* – und einige bemerkenswerte Stauden, wie Mittleres Vermeinkraut *(Thesium linophyllum)*, Graue Scabiose *(Scabiosa canescens)* und Hügel-Meier *(Asperula cynanchica)*, auf. Die Zwergsträucher besitzen kleine immergrüne Blätter, die es ihnen ermöglichen, auch im Winter an sonnigen Tagen zu assimilieren. Einen Höhepunkt stellen zweifellos die prächtig entwickelten kontinentalen Trockenrasen dar. Über tiefgründig verwitterten Gipsböden und besonders Schwarzerden auf Lößresten bietet sich zu Sommerbeginn

9

Das Zierliche Johanniskraut (*Hypericum elegans*) – ein typischer Vertreter kontinentaler Xerothermrasen

ein kleines Abbild der weiten, baumfreien Steppen, wie sie aus Südosteuropa und Südrußland bekannt sind. Zu dieser Zeit fruchten hier Federgräser *(Stipa joannis, St. pulcherrima,* am Kosakenberg auch *St. stenophylla),* deren lange federartig behaarte Grannen im Winde wehen. Volkstümlich werden sie auch »Kyffhäusergras« genannt. Neben den Federgräsern treten in diesen Gamander-Pfriemengras-Trockenrasen (Teucrio-Stipetum) mit dem nahe verwandten Pfriemengras *(Stipa capillata),* dem Walliser Schwingel *(Festuca valesiaca)* und dem Steppen-Lieschgras *(Phleum phleoides)* weitere charakteristische Horstgräser auf. Besonders hoch ist der Anteil kontinental verbreiteter Arten, wovon nur die grauhaarigen Stöcke des Steppen-Spitzkiels *(Oxytropis pilosa),* der Stengellose Tragant *(Astragalus excapus),* die Feinblättrige Schafgarbe *(Achillea setacea),* das Zierliche Hartheu *(Hypericum elegans),* das Frühlings-Adonisröschen *(Adonis vernalis),* der Feld-Beifuß *(Artemisia campestris),* die Sand-Esparsette *(Onobrychis arenaria),* die Rispen-Flockenblume *(Centaurea stoebe)* und die attraktive Violette Schwarzwurzel *(Scorzonera purpurea)* hervorgehoben seien. Besonders erwähnenswert ist das Vorkommen einer

Die Sand-Sommerwurz (*Orobanche arenaria*), ein Vertreter der zahlreichen Sommerwurz-Arten, die im Kyffhäuser nachgewiesen werden konnten

9

ganzen Reihe seltener Sommerwurz-Arten *(Orobanche)*, die auf verschiedenen Pflanzen schmarotzen. Zahlreiche der aufgeführten Arten kommen auch im dicht geschlossenen Sichelhasenohr-Fiederzwenken-Halbtrockenrasen (Bupleuro-Brachypodietum) vor. Auf nicht so stark austrocknenden Schwarzerden oder tiefergründigen Rendzinen siedeln rund 50 Pflanzenarten in dieser Pflanzengemeinschaft, deren Bild durch die hellgrünen Rasen der Fieder-Zwenke *(Brachypodium pinnatum)* bestimmt wird. Typische oder bemerkenswerte Vertreter sind z.B. Dänischer Tragant *(Astragalus danicus)*, Kleines Mädesüß *(Filipendula vulgaris)*, Steppen-Greiskraut *(Senecio integrifolius)* und Geflecktes Ferkelkraut *(Hypochoeris maculata)*. Einige Fachleute streiten sich noch über den Natürlichkeitsgrad der offenen Grasfluren. Doch wie wir bei unserer Wanderung mehrfach beobachten können, dringen besonders über Kalkstein (Stinkschiefer), aber auch über Löß und Gips, Gehölze unaufhaltsam in die offenen Rasengesellschaften vor. Durch diese dichte Bebuschung verlieren viele lichtliebende Arten der Krautschicht ihre Lebensgrundlage. Daher ist es erforderlich, durch Pflegemaßnahmen (Beseitigung des Strauch- und Baumauf-

wuchses, Beweidung mit Schafen) die natürliche Entwicklung zum Wald zu verhindern und damit vielen besonders schützenswerten Pflanzen- und Tierarten einen Fortbestand zu ermöglichen.
An einigen orographischen Sonderstandorten erreicht der Wald aber auch seine natürliche Wuchsgrenze. Hier kann eine mehr oder weniger stabile Zonierung über Blutstorchschnabel-Hirschwurz-Säume mit Blut-Storchschnabel *(Geranium sanguineum)*, Rauhhaarigem Alant *(Inula hirta)*, Garten-Schwarzwurzel *(Scorzonera hispanica)* und dem stattlichen Diptam *(Dictamnus albus)* beobachtet werden. Die Staude kann vegetativ gut an ihren eschenähnlichen Blättern mit dem stark zitronen-zimtartigen Geruch erkannt werden. Sie wird auch »Brennender Busch« genannt, da bei schwül-warmem Wetter die ausgeschiedenen ätherischen Öle entzündbar sein sollen. Stellenweise folgen den Säumen gut ausgebildete Waldmäntel mit Gemeinem Liguster *(Ligustrum vulgare)*, Kornelkirsche *(Cornus mas)*, Wolligem Schneeball *(Viburnum lantana)* und selten Gemeiner Zwergmispel *(Cotoneaster integerrimus)*. Zusammen mit anderen Gehölzen bilden sie auch die Strauchschicht des Steinsamen-Elsbeeren-Eichenwaldes (Quercetum pubescenti-petraeae). Als charakteristische Waldgesellschaft sehr trockenwarmer basischer Standorte ist er vorwiegend an den Oberkanten der Hänge entwickelt. Diese Wälder sind geringwüchsig und relativ licht. In der Baumschicht dominieren die kurzschäftigen, breitkronigen Eichenarten, hinzu gesellen sich Wild-Birne *(Pyrus pyraster)* und sehr selten Speierling *(Sorbus domestica)*. Bezeichnend für die Bodenvegetation sind zahlreiche lichtliebende Arten sogenannter Steppenheidewälder, wie Purpurblauer Steinsame *(Buglossoides purpurocaeruleum)*, Färber-Scharte *(Serratula tinctoria)*, Kamm-Wachtelweizen *(Melampyrum cristatum)* und Purpur-Knabenkraut *(Orchis purpurea)*. Für die ökologische Forschung bietet das Gebiet Möglichkeiten, die naturnahe Auflockerung von Waldbeständen unter Trockenstreß eingehend zu analysieren.
Wir dürfen jedoch nicht vergessen, daß diese Eichen-Trockenwälder, wie auch die Xerothermrasen, ihre heutige Ausdehnung historischen Wirtschaftsweisen des Menschen verdanken. Für den Bau der zahlreichen Burgen und Siedlungen, den Bergbau auf Kupfer und Silber und das Sieden von Salz wurden ungeheure Mengen von Holz benötigt. Andererseits war die Viehhaltung sehr stark auf die Beweidung der Wälder angewiesen. Durch Über-

nutzung, kurze Nutzungsperioden, Waldweide und Erosion erfolgte eine starke Auflichtung der Wälder und eine Förderung von Baumarten mit gutem und anhaltendem Stockausschlag (Eiche, Hainbuche, Linde, Esche, Ahorn). Daraus resultierte eine weite Verbreitung von lichten Niederwäldern beziehungsweise eine Zurückdrängung des Waldes und Förderung offener Grasfluren auf relativ waldfeindlichen Standorten. Nach Nutzungswandel konnte sich die Rot-Buche in den letzten Jahrhunderten wieder ausdehnen und ihrerseits die Eichen auf die ärmeren und trockneren Standorte zurückdrängen. Im Bereich des Zechsteingürtels sind vorwiegend an Nordhängen und auf den Plateauflächen Buchenwälder entwickelt, in deren Baumschicht die Rot-Buche dominiert und nur gelegentlich Berg-Ahorn beigemischt ist. In der Strauchschicht tritt sehr vereinzelt Gemeiner Seidelbast *(Daphne mezereum)* auf, während die Krautschicht nur eine sehr geringe Deckung erreicht. Diese nahezu unterwuchsfreien Karstbuchenwälder sind für unser Wandergebiet charakteristisch, aber vegetationskundlich nur schwer einzuordnen. Sie werden auch als »Fagetum nudum« bezeichnet und können als extreme Verarmung des Orchideen-Buchenwaldes betrachtet werden. Unter den kontinentalen Bedingungen bleibt ihre Laubstreu sehr lange liegen, und so entstehen mächtige Humusanreicherungen in diesen Wäldern.

Von der Ochsenburg folgen wir der Landstraße nach Rottleben. Vor uns erhebt sich die schroffe Wand des Gipssteilabbruches »Pfanne«. Da die Hänge nord- und nordwestexponiert und etwas luftfeuchter sind, treten als Besonderheit neben trockenen Felsfluren, Trockenrasen und Trockenwäldern, wie sie bereits von der Ochsenburg beschrieben wurden, auch Sumpfherzblatt-Blaugras-Rasen (Parnassio-Seslerietum) auf. Charakteristische Arten dieser Halbtrockenrasen sind Sumpf-Herzblatt *(Parnassia palustris)*, Deutscher und Fransen-Enzian *(Gentianella germanica, G. ciliata)*, Bitteres Kreuzblümchen *(Polygala amara)* sowie die Vogelfuß-Segge *(Carex ornithopoda)*. Die Gipsquellkuppen am Oberhang tragen einen geringwüchsigen, lichten Heidekraut-Stieleichen-Birkenwald. Am Fuße des Steilabbruchs befindet sich ein kleiner wassergefüllter Erdfall mit der Berle *(Berula erecta)*. Wir folgen der Straße bis zur Barbarossahöhle. Die 800 m lange Höhle mit dem grün schimmernden See beeindruckt durch riesige Hohlräume und die faszinierenden Gipslappen an den Deckengewölben. Sie wurde im 19. Jahr-

hundert von Bergleuten bei der Suche nach Kupfer entdeckt und gehört mit einer Fläche von 24.000 m^2 zu den größten Gipshöhlen Europas. Am Ausgang der Barbarossahöhle sollte man besonders auf den Gift-Lattich *(Lactuca virosa)* und den Stengellosen Tragant *(Astragalus exscapus)* achten. Nach Höhlenbesichtigung oder Rast kann man auf dem mit rotem Viereck markierten Wanderweg an der Kleinen Wipper entlang direkt nach Bad Frankenhausen zurückkehren. Botanisch interessanter ist jedoch der mit blauem Kreuz markierte Wanderweg. Er führt unmittelbar rechts des Höhleneinganges wieder bergan. Nur wenige Meter rechts vom Wege befinden sich Mauerreste der Falkenburg, ein zerstörtes Raubritternest, das zeitweilig die Kaufleute auf der unterhalb entlangführenden »Salzstraße« bedrohte. Östlich der Ruine liegt die Teufelsgrube, ein riesiger Erdfall. Hier ist die Deckschicht über einen Teil der Höhle nachgebrochen.
Die folgenden Trocken- und Halbtrockenrasen an den Südhängen der Falkenburg-Höhe sind locker mit Wald-Kiefern *(Pinus sylvestris)* und Schwarz-Kiefern *(P. nigra)* durchsetzt und ebenfalls sehr artenreich. Vom zeitigen Frühjahr bis zum Spätherbst sind an den südexponierten Gipshängen des Kyffhäusers stets blühende Pflanzen zu finden. Neben vielen einjährigen, relativ unscheinbaren Arten wie Frühlings-Hungerblümchen *(Erophila verna)* und Dolden-Spurre *(Holosteum umbellatum)* sind im zeitigen Frühjahr die Blüten der Gemeinen und der Wiesen-Kuhschelle *(Pulsatilla vulgaris, P. pratensis)* zu sehen. Später im Frühjahr färben sich die Hänge gelb durch die Blüten von Berg-Steinkraut *(Alyssum montanum)*, Zypressen-Wolfsmilch *(Euphorbia cyparissias)* und Gemeinem Sonnenröschen *(Helianthemum nummularium)*. Der Hochsommeraspekt ist vor allem durch das Weiß der Astlosen Graslilie *(Anthericum liliago)* geprägt. Im Herbst fallen außer den Enzian-Arten *(Gentianella germanica, G. ciliata)* vor allem die Blütenstände der Goldhaar-Aster *(Aster linosyris)* auf. Neben zahlreichen bereits genannten Arten wachsen in diesem Bereich Großblütige Braunelle *(Prunella grandiflora)*, Sand-Fingerkraut *(Potentilla arenaria)* und Feld-Mannstreu *(Eryngium campestre)*.
Der weitere Weg wird durch angrenzende Forst- und Waldbestände beschattet und verläuft mehr oder weniger eben. Wir überqueren den Waldweg von Rottleben zum Rathsfeld, wandern an einer Wiese entlang und erreichen den sogenannten »Rastplatz« mit Wetterschutzhütte. Nach etwa 300 m steht am Weg eine herrliche Elsbeere

(Sorbus torminalis), die als Naturdenkmal gesichert ist. Auf der folgenden Wegstrecke ist der Untergrund wieder Karbonsandstein. An den südexponierten Hangpartien gehen die unterwuchsarmen Buchenbestände in Eichen-Hainbuchen-Wälder über, und das Mikrorelief weist wiederum deutliche Karsterscheinungen auf. Unser Weg überquert einen Trockengraben und erreicht an der »Eschenecke« den Waldrand. Vor uns liegt das ebenfalls 1961 gesicherte Naturschutzgebiet »Kattenburg«. An seiner Unterhangkante versperren vorerst noch Eichen-Hainbuchenwälder die Sicht, doch bald kann man erkennen, daß an den Oberhängen offene Gipsfluren entwikkelt sind. Ein Abstecher in das über Wanderwege gut erschlossene Schutzgebiet ist sehr lohnenswert. Hierzu wendet man sich an der Eschenecke nach links und folgt dem Waldweg ins Hornissental. Nach etwa 100 m biegen wir rechts, kurz hinter dem Waldrand, auf den als geologischen Lehrpfad gestalteten Wanderweg ein. Die Xerothermvegetation der Kattenburg weist eine ähnlich schöne standörtliche Abfolge auf wie die der Ochsenburg. Jedoch ist auch hier, besonders von der Oberhangkante her, eine deutliche Verbuschungstendenz zu verzeichnen. Typische Saumarten sind weit in die offenen Flächen vorgedrungen. Besonders der Rauhhaarige Alant *(Inula hirta)* schmückt im Sommer die waldnahen Bereiche mit seinen kräftig gelben Korbblüten. Ihren Verbreitungsschwerpunkt innerhalb Deutschlands besitzt diese kontinentale Art in Thüringen. Im östlichen Teil des Gebietes, im Kontakt mit Buchen- oder Eichen-Birkenwald, wird der Heideröschen-Blaugras-Rasen von Beständen des dealpinen Berg-Reitgrases *(Calamagrostis varia)* gesäumt, in denen auch einige Waldschattenpflanzen vorkommen. Weitere bemerkenswerte Pflanzen des Gebietes sind z.B. Färber-Meier *(Asperula tinctoria)*, das schon im Mai blühende kontinentale Sand-Veilchen *(Viola rupestris)*, Wenigblütige Gänsekresse *(Arabis brassica)* und Peletiers Habichtskraut *(Hieracium peleterianum)*.

Parallel zu unserem weiteren Wanderweg verläuft rechts ein tiefer Trockengraben. Auch die links folgenden Gipskuppen des Kosakenberges beherbergen reiche Vorkommen von Xerothermrasen in der bereits beschriebenen Zonierung. Zu den bemerkenswerten Arten zählen z.B. der Gelbe Zahntrost *(Odontites lutea)*, ein Halbschmarotzer, der mit den Wurzeln aus anderen Pflanzen mittels besonders geformter Saugnäpfchen einen Teil seiner Nahrung bezieht, das Ohrlöffel-Leimkraut *(Silene otites)*, der

Deutsche Alant *(Inula germanica)*, das Siebenbürgener Perlgras *(Melica transsilvanica)*, die Niedrige Segge *(Carex supina)*, die Zwerg-Steppenkresse *(Hornungia petraea)* und der Felsen-Goldstern *(Gagea bohemica)*. Bald ist die Landstraße von Bad Frankenhausen nach Rottleben erreicht, der wir bis zu einer kleinen Brücke in Richtung Rottleben folgen. Von hier aus ist ein kurzer Abstecher zum Botanischen Garten für Arznei- und Gewürzpflanzen der Naturparkverwaltung empfehlenswert. Er befindet sich gut 100 m nordwestlich der Brücke, ist aber nur donnerstags von 16 bis 20 Uhr oder nach vorheriger Vereinbarung geöffnet (Tel.: 034671/2466). Um nicht auf der Straße gehen zu müssen, folgen wir dem markierten Weg, überqueren die Kleine Wipper und treffen auf den von der Barbarossahöhle kommenden Wanderweg. Er führt uns entlang der Kleinen Wipper bis ins Zentrum von Bad Frankenhausen.

Länge der Wanderung: etwa 15 km
Einkehrmöglichkeiten: Bad Frankenhausen, Schlachtberg mit Bauernkriegspanorama, am Fernsehturm Kulpenberg, Kyffhäuser-Denkmal, Steinthaleben, Barbarossahöhle, Rottleben
Verkehrsverbindungen: Bahnhof Bad Frankenhausen an der Bahnlinie Bretleben-Sondershausen, Bahnhof Berga-Kelbra an der Bahnlinie Halle – Kassel; Bundesstraße B 85 von Berga (Nordhausen, Sangerhausen) oder Weimar nach Bad Frankenhausen

TOUR 10

Zwischen Hainleite und Windleite

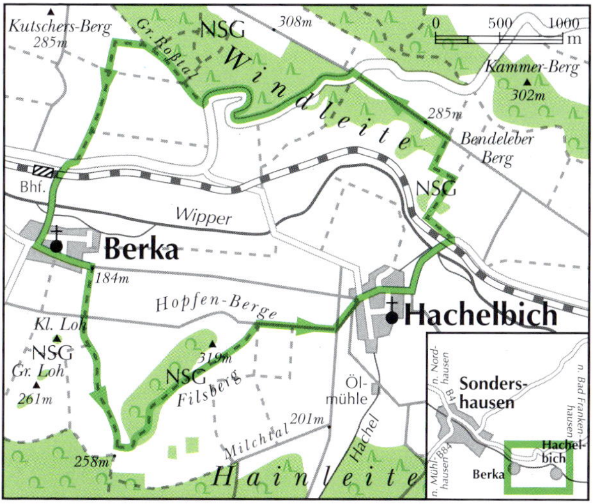

Hainleite, Windleite, Schmücke, Finne und Schrecke sind die Höhenzüge, die das Thüringer Becken nach Norden zu abschließen. Sie werden zum einen durch den geologischen Untergrund in Nord-Süd- und zum anderen durch das Durchbruchstal der Unstrut in Ost-West-Richtung getrennt. Mit ihren dicht bewaldeten Höhen steht die Hainleite im besonderen Gegensatz zu der ausgeräumten und überwiegend landwirtschaftlich genutzten Beckenlandschaft zwischen Erfurt und Greußen. Zusammen mit der Windleite bildet sie die westlich der Unstrut gelegene Nordgrenze des Keuper-Beckens. Beide, Hainleite und Windleite, gehören nicht nur zu den floristisch reichen und ständig mit Überraschungen aufwartenden, sondern auch zu den abwechslungsreichsten und reizvollsten Landschaftsräumen Thüringens.

Unsere Exkursion führt in das Wippertal südöstlich von Sondershausen. Die geologische Situation am Südrand des Harzes ist mit der in der Umgebung des Thüringer

Waldes vergleichbar. Durch die Heraushebung der Harzscholle sind die Trias- und Permschichten auch hier leicht aufgewölbt, so daß sich vom Inneren des Beckens zum Gebirge hin eine Abfolge von den jüngeren zu den älteren Ablagerungen ergibt. Unser Exkursionsgebiet befindet sich im Grenzbereich zwischen Muschelkalk und Buntsandstein. Es kommen sowohl mehr oder weniger schwere, lehmige Braunerden über basischem Ausgangsgestein als auch leichte, sandige Böden über kalkfreiem Grundgestein vor. Jüngere Lößauflagerungen und Humusschichten bestimmen die Bodenbildungen entscheidend mit. Klimatisch befinden wir uns in einem Gebiet mit relativ geringen Niederschlägen von ca. 500 bis 600 mm in der Jahressumme, heißen trockenen Sommern und kalten Wintern. Pflanzengeographisch zählt unser Exkursionsgebiet zum Helme-Unstrut-Hügelland. Das ist ein Landschaftsraum, in dem, vor allem in der Offenlandvegetation, neben mediterranen Elementen auch schon zahlreiche kontinentale Arten vorkommen. Allerdings erreichen diese noch nicht die Konzentration wie in den benachbarten Räumen, dem Thüringer Becken und dem Mansfelder Hügelland.

Blick vom Filsberg über Hachelbich auf die sanft gerundeten Hänge der Windleite

Die Exkursion beginnt am Bahnhof in Berka an der Wipper ca. 5 km südöstlich Sondershausen. Der zu benutzende Wanderweg ist mit einem gelben Punkt markiert und führt zunächst durch den Ort Berka. Unmittelbar hinter dem Friedhof biegt unser Weg scharf nach rechts von der befestigten Straße ab und führt auf den Ostausläufer des Großen Loh zu. Eine nach ca. 300 m folgende Feldwegkreuzung überquert man geradeaus. Rechts liegen die bewaldeten Kuppen des Großen und Kleinen Loh mit ihren Halbtrockenrasen an den Unterhängen, links erstreckt sich die langgezogene Westflanke des Filsberges mit ausgedehnten Laubmischwäldern. Die geschlossenen Waldungen der Hainleite begrenzen den Blick nach Süden.
Man erreicht den Filsberg, eine der Hainleite nördlich vorgelagerte Muschelkalk-Erhebung, an seinem südlichsten Ausläufer. Hier biegen wir scharf nach links auf den mit einem roten Dreieck gekennzeichneten Hainleite-Wanderweg ein. Nach ca. 50 m verläßt dieser den Waldsaum, um den Filsberg westlich zu umrunden. Wir merken uns zunächst diese Stelle nur vor und bleiben noch ca. 400 m auf dem geradeaus führenden, nun unmarkierten Feldweg im Süden des Berges.

Durch die Erhaltung und Pflege lichter mittelwaldartiger Gehölze am Filsberg werden zahlreiche gefährdete Arten gefördert.

Unsere Aufmerksamkeit wird zunächst von einer reichen Ackerwildkrautflora in Anspruch genommen. An den Rändern von Getreidefeldern, die mit zahlreichen kleinen Vorsprüngen die flach geneigten Hangpartien des Südteiles des Filsberges einnehmen, gedeihen Arten, die man andernorts vergeblich suchen wird. So kann man gleich drei verschiedene Rapünzchen nebeneinander finden: das Gezähnte Rapünzchen *(Valerianella dentata)*, das im Juli noch blüht, während die beiden anderen, das Gemeine und das Gekielte Rapünzchen *(V. locusta und V. carinata)* dann bereits voll fruchten. Reich tritt das Sommer-Adonisröschen *(Adonis aestivalis)* mit sowohl gelben als auch roten Kronen auf; blau leuchten die Blüten des Feld-Rittersporns *(Consolida regalis)*. Der Klatsch-Mohn *(Papaver rhoeas)* kann die Ackerränder zur Vollblüte in einen roten Teppich verwandeln, und die Klettfrüchte der reichlich auftretenden Haftdolde *(Caucalis platycarpos)* verhaken sich in den Strümpfen und Schnürsenkeln. Gemeiner und Vaillants-Erdrauch *(Fumaria officinalis, F. vaillantii)*, Akker- und Blauer Gauchheil *(Anagallis arvensis, A. foemina)*, Acker-Hellerkraut *(Thlaspi arvense)* sowie Acker-Steinsame *(Buglossoides arvensis)* sind überall anzutreffen. Seltener sind dahingegen Finkensame *(Neslia paniculata)*, Kleinfrüchtiger Leindotter *(Camelina microcarpa)*, Ackerröte *(Sherardia arvensis)*, Acker-Hahnenfuß *(Ranunculus arvensis)* und Ackerkohl *(Conringia orientalis)*. Aber auch mit ausgesprochenen Raritäten kann man rechnen, wie z.B. mit dem Rundblättrigen Hasenohr *(Bupleurum rotundifolium)*, dem Gelben Günsel *(Ajuga chamaepitys)* oder der Acker-Trespe *(Bromus arvensis)*.
Die ost-, südost- und südexponierten, flacheren Hangpartien des als Schutzgebiet gesicherten Filsberges werden von ausgedehnten Halbtrockenrasen eingenommen. Durch ihren Reichtum an kontinentalen und mediterranen Arten unterstreichen sie den pflanzengeographischen Charakter des Helme-Unstrutlandes in geradezu lehrbuchhafter Weise. Zahlreiche bemerkenswerte Arten kontinentaler Gesamtverbreitung konzentrieren sich besonders im Südteil des Filsberges. So kann man Ende Mai wogende Teppiche des Feder- und Pfriemengrases *(Stipa joannis, S. capillaris)* bewundern. Dazwischen leuchten überall die Blütenköpfe der Violetten Schwarzwurzel *(Scorzonera purpurea)*. Die Horste des Zierlichen Schillergrases *(Koeleria macrantha)* fallen nur wenig auf, dafür sind die Bestände des gelbblühenden Rauhhaarigen Alants *(Inula hirta)* nicht zu übersehen. Das dunkelbraun

Die Violette Schwarzwurzel (*Scorzonera purpurea*), eine besonders geschützte und in Thüringen stark gefährdete Art, hat in den Trockenrasen im Südteil des Filsberges ein bedeutendes Vorkommen.

10

bis schwarzviolett blühende Mönchskraut *(Nonea pulla)* bevorzugt gestörte Stellen an ackernahen Rainen. Nicht leicht ist die Unterscheidung des Liegenden (*Veronica prostrata)* vom Großen Ehrenpreis *(V. teucrium)*. Ersterer bildet in der Regel kleine Rasen mit zahlreichen sterilen Trieben. Aus diesen fast polsterförmigen Decken steigen dann einzelne Blütensprosse auf. Die Blüten haben einen deutlichen Violetton und erscheinen vor denen des Großen Ehrenpreises. Dieser wiederum wächst in der Regel vereinzelt und hat um die nahezu aufrechten Blütenstengel keinen Teppich von sterilen Sprossen. Seine Blüten sind ziemlich rein blau. Weitere Arten kontinental geprägter Gesamtverbreitung sind Frühblühender Thymian *(Thymus praecox)*, Knäuel-Glockenblume *(Campanula glomerata)*, Mittleres Vermeinkraut *(Thesium linophyllon)*, Gelber Zahntrost *(Orthanthella lutea)* und Goldhaar-Aster *(Aster linosyris)*.

Im Gegensatz zu den bislang erwähnten Arten besitzen die anzutreffenden Orchideen ihren Verbreitungsschwerpunkt meist im Mittelmeerraum. Besonders hervorzuheben ist das reiche Vorkommen des Dreizähnigen Knabenkrautes *(Orchis tridentata)*. Aber auch Fliegen- und Bie-

nen-Ragwurz *(Ophrys insectifera, O. apifera)* sind typische Vertreter dieses Verbreitungstypes. Große Händelwurz *(Gymnadenia conopsea)* und Braunrote Sitter *(Epipactis atrorubens)*, zwei der häufigsten Orchideen in Thüringen, zeigen allerdings ein wesentlich weiteres europäisches Gesamtareal. Zu den mediterranen Arten zählen weiterhin Edel-, Berg- und Trauben-Gamander *(Teucrium chamaedrys, T. montanum, T. botrys)*, Dunkles Zwerg-Hornkraut *(Cerastium pumilum)*, Aufrechter Ziest *(Stachys recta)*, Silberdistel *(Carlina acaulis)*, Erd-Segge *(Carex humilis)* sowie Nadelröschen *(Fumana procumbens)*, um nur einige zu nennen.
Wir kehren nun zum rot markierten Hainleite-Wanderweg am Südzipfel des Filsberges zurück. Unmittelbar nach Betreten der Kiefernforste gabelt sich der Weg – die rote Markierung führt am Westhang um den Berg herum. Wir halten uns an dieser Weggabelung rechts und überqueren den Filsberg auf dem unmarkierten, aber nicht zu verfehlenden Kammweg. Dieser führt an einem kleinen Steinbruch vorbei auf das leicht südwärts geneigte Plateau des Berges. Hier hat man Gelegenheit, in kürzlich ausgelichteten, mittelwaldartigen Eichenwäldern eine ganze Reihe von interessanten Laubwaldarten zu beobachten. Durch die Einführung einer geregelten Forstwirtschaft Ende des 18. Jahrhunderts wurden die meisten Nieder- und Mittelwald-Bestände gezielt in Hochwald überführt. Das zog insgesamt eine deutliche Ausdunklung der Bodenschicht nach sich, licht- und wärmeliebende Arten wurden auf die Saumbereiche zurückgedrängt. Zahlreiche Arten mußten enorme Populationsverluste hinnehmen. Deshalb hat die Erhaltung und Pflege historischer Waldnutzungsformen für den botanischen Artenschutz eine große Bedeutung. Diptam *(Dictamnus albus)*, Frauenschuh *(Cypripedium calceolus)*, Stattliches Knabenkraut *(Orchis mascula)* und andere Seltenheiten erhalten Gelegenheit zur Ansiedlung und Ausbreitung.
Unser Weg tritt im Plateaubereich wieder auf die Halbtrockenrasen hinaus. Er ist jetzt mit rot gestrichenen Pfählen markiert. Am nordostexponierten Steilhang des Filsberges hat das Dreizähnige Knabenkraut ein besonders großes Vorkommen. Achten sollte man hier aber auch auf den Orientalischen Bocksbart *(Tragopogon orientalis)*, der im nördlichen Thüringen verstärkt auftritt. Er ist durch die großen Blütenköpfe, die goldgelbe Färbung der Zungenblüten und die Längsstreifung der Staubbeutel gut von den anderen Arten der Gattung zu unterscheiden.

Am Fuße des Filsberges treffen wir wieder auf den Hainleite-Wanderweg, der uns nach Hachelbich bringt. Hier bieten sich Einkehr- und Rastmöglichkeiten. Am nordöstlichen Ortsrand von Hachelbich überquert man die Wipper und die Schienen der Kyffhäuserbahn. Unmittelbar nach den Schienen biegen wir nach links auf einen Feldweg ab, der am Hangfuß der Windleite entlangführt. Der Aufstieg ist über verschiedene Wege möglich, aber nicht immer unproblematisch, da manche Pfade blind in dem unübersichtlichen Gelände enden. Ein günstiger hangaufwärtsführender Weg zweigt ca. 200 m nach Überqueren der Bahnschienen vor einer großen Fliederhecke ab und bringt uns auf den mit einem roten Balken markierten Kammweg der Windleite.

Die kleinklimatisch begünstigten Südhänge der Windleite wurden früher zum Weinanbau genutzt. Dieser ist allerdings längst aufgegeben. Die Flächen sind seitdem, abgesehen von einer sporadischen Beweidung, sich selbst überlassen und von einem reichen Mosaik aus kleinflächigen Rasenfluren, ausgedehnten Gebüschen und Säumen bis hin zu lichten Eichenwäldern bestanden. Wechselnde Expositionen und Hangneigungen tragen zu einer weiteren Standortsbereicherung bei. Am wärmegetönten Unterhang überraschen zunächst riesige Bestände des Echten Haarstranges *(Peucedanum officinale)*, der hier eines seiner größten Vorkommen in Thüringen besitzt. Zusammen mit der Hirschwurz *(P. cervaria)*, dem Blut-Storchschnabel *(Geranium sanguineum)* und dem Färber-Ginster *(Genista tinctoria)* bildet er eine charakterische Saumgesellschaft. Offene, oft nur schwer zugängliche Felsbänder sind mit dem Siebenbürgener Perlgras *(Melica transsilvanica)* geschmückt. An grasigen Wegkanten sollte man nach dem leicht zu übersehenden Kleinblütigen Hornkraut *(Cerastium brachypetalum)* suchen, eine Art, die in Thüringen nur von wenigen Stellen in den größeren Flußauen bekannt ist. In den sich bergauf anschließenden lichten Eichenwäldern sind vor allem die Vorkommen der Astlosen Graslilie *(Anthericum liliago)*, der Pechnelke *(Lychnis viscaria)* und des Weißen Fingerkrautes *(Potentilla alba)* erwähnenswert. Auch ein zweites weißblühendes Fingerkraut, das Felsen-Fingerkraut *(P. rupestris)* hat nordöstlich Hachelbich ein kleines, refugiales Vorkommen. In dem unübersichtlichen Gelände wurden Anfang der 80er Jahre einige Pflanzen des Krautigen Backenklees *(Dorycnium herbaceum)* gefunden, jedoch seitdem nicht wieder bestätigt. An den Oberhängen

trifft man schließlich auf nährstoffarme Sand-Magerrasen, die u.a. mit Zwerg-Filzkraut *(Filago minima)*, Rauher Nelke *(Dianthus armeria)*, Einjährigem Knäuel *(Scleranthus annuus)*, Früher Segge *(Carex praecox)*, Heidekraut *(Calluna vulgaris)*, Dreizahn *(Danthonia decumbens)* sowie Rauhem und Sand-Vergißmeinnicht *(Myosotis ramosissima, M. stricta)* aufwarten, einer für unsere Tour völlig neuen Artenkombination. An den Rändern kleiner Äcker wachsen u.a. Mäuseschwänzchen *(Myosurus minimus)* und Gemeiner Ackerfrauenmantel *(Aphanes arvensis)*.
Wir folgen anschließend dem rot markierten Kammweg über die Windleite in nordwestlicher Richtung. Nach ca. 1 km trifft dieser auf die Straße Bad Frankenhausen – Sondershausen. Hier führt straßenparallel ein mit einem grünen Quadrat gekennzeichneter Weg wieder bergab. Der Abstieg durch lichte Eichenwälder bringt mit Färber-Scharte *(Serratula tinctoria)*, Heilziest *(Betonica officinalis)*, Pracht-Nelke *(Dianthus superbus)* und Berg-Hartheu *(Hypericum montanum)* erneut eine ganze Reihe neuer und bemerkenswerter Arten.
Der grün markierte Weg führt in den unteren Teil des Großen Roßbachtales. Wer es eilig hat, muß von hier die ca. 1,5 km lange Straße nach Berka in Kauf nehmen. Wer dem Verkehr aber noch ein wenig entrinnen will, läuft durch das Große Roßbachtal bergan in Richtung Sondershausen. Nach ca. 600 m enden linkerhand die Felder, und man kann über einen kaum merklichen Wiesenpfad nach links aus dem Roßbachtal abbiegen. Auf der anschließenden Höhe trifft man auf einen breiten Feldweg, der uns sanft bergab bis Berka bringt und genau gegenüber dem Bahnhof auf die Fernverkehrsstraße einmündet.

Länge der Wanderung: ca. 12 km
Einkehrmöglichkeiten: in Berka und Hachelbich
Verkehrsverbindungen: mit der Bahn bis Berka a. d. Wipper (Kyffhäuserbahn, Strecke Sondershausen – Bad Frankenhausen); mit dem PKW über die B 4 (Erfurt-Nordhausen) bis Sondershausen oder die B 85 (Weimar-Nordhausen) bis Bad Frankenhausen, hier jeweils Abzweige nach Berka bzw. Hachelbich; Anbindung an die A 4 in Erfurt-West oder Weimar

TOUR 11

An den Drei Gleichen – eine Flora voller Überraschungen

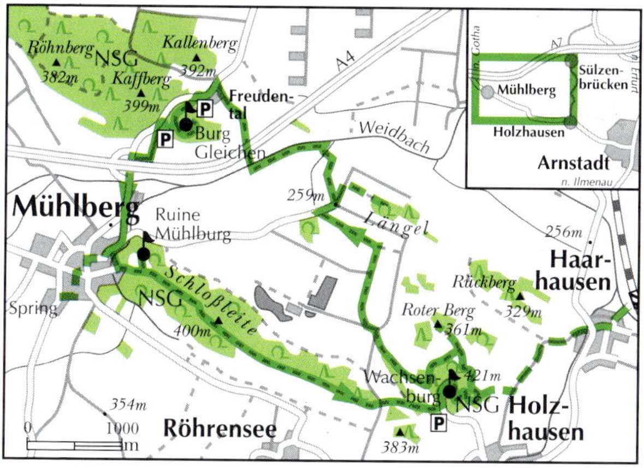

Wer von Westen her auf der A4 die flachwellige, weite Ackerlandschaft des zentralen Thüringer Beckens durchquert, dem eröffnet sich hinter der Anschlußstelle Gotha ein beeindruckendes Panorama. Auf bewaldeten Bergkegeln und langgezogenen Höhenrücken erscheint vor einem das Burgensemble der Drei Gleichen mit der Burgruine Wandersleber Gleiche, der Ruine Mühlburg und der Wachsenburg. Der Sage nach hat in einer Mainacht des Jahres 1231 ein Kugelblitz alle drei Burgen auf einmal entzündet. Sie waren wie drei lodernde Fackeln weit ins Land zu sehen und sollen dem Gebiet den Namen gegeben haben.

Nicht nur landschaftlich zählt das Gebiet zu den reizvollsten Gegenden des Thüringer Beckens. Auch für historisch und naturkundlich interessierte Besucher stellt es einen starken Anziehungspunkt dar. Der bereits frühzeitig die Landschaft prägende Mensch hinterließ zahlreiche Kulturdenkmäler. Die Mühlburg und das Dorf Mühlberg sowie Arnstadt sind auf Grund ihrer urkundlichen Ersterwähnung im Jahre 704 die ältesten Orte Ostdeutschlands.

Die Landschaftsstruktur und die geringe Jahresniederschlagssumme von 500 bis 550 mm geben der Gegend auch biogeographisch einen eigenen, kontinental getönten Charakter. Die Pflanzenwelt weist an diesem südlichsten Ausläufer des mitteldeutschen Trockengebietes viele interessante Besonderheiten auf, vor allem östlich und südlich verbreitete Pflanzen von Trockenbiotopen.
Unser Wandergebiet ist leicht über die Anschlußstelle Wandersleben der A4, vom Bahnhof Wandersleben an der Strecke Erfurt-Gotha oder dem Haltepunkt Haarhausen an der Strecke Erfurt-Arnstadt zu erreichen. Wir beginnen die Tour an der Gaststätte »Freudental« (Bushaltestelle und Parkmöglichkeit), aber auch Mühlberg oder der Parkplatz unterhalb der Wachsenburg bieten sich als Ausgangspunkt an. In der historischen Gaststätte »Freudental« erinnern Gemälde an die Sage vom zweibeweibten Grafen Ernst von Gleichen, der nach glücklicher Heimkehr vom Kreuzzug und aus Gefangenschaft mit seiner Frau und der Tochter eines Sarazenenfürsten eine Doppelehe führte. Nur wenige Meter südwestlich des Gasthauses beginnt der Anstieg über den einst gepflasterten »Türkenweg« zum Bergkegel der Burg Gleichen. Hier befindet sich eine gute Orientierungstafel mit einer Übersicht über

Blick über die Drei Gleichen von Süden

die Wanderwege im Landschaftsschutzgebiet »Drei Gleichen«.
Die Oberflächenformen und die standörtliche Vielfalt verdankt das Gebiet seiner Lage in einer der markantesten tektonischen Störungszonen des Thüringer Beckens, der Saalfeld-Arnstadt-Eichenberger-Störungszone. Interessant sind die geologischen Schichtenfolgen des Gebietes, die vor allem der letzten Sedimentserie des Trias, dem Keuper, angehören. Tektonische Erdbewegungen nach Entstehung des Keupers führten zu einem Grabenbruch. Gewaltige Keupermassen sanken in die Tiefe und waren damit zunächst der natürlichen Abtragung entzogen. Die über erdgeschichtliche Zeiträume wirkende Abtragung und eine weitere Absenkung des Gleichentales modellierten die heutigen Geländeformen heraus. Auf den Bergen lagert über bunten Mergeln und Tonen der Dolomit-Mergelkeuper-Folge eine feste Sandsteinschicht der Rätkeuper-Folge. Daher ging hier die Abtragung langsamer vor sich. Die mehrfach aufgeschlossenen weicheren Mergel wurden stärker durch Erosion geformt, was an dem vielgestaltigen Mikrorelief zum Ausdruck kommt.
Bevor wir mit dem Aufstieg beginnen, ist ein kurzer Abstecher in südöstlicher Richtung zu empfehlen. Nach Durchquerung einer Streuobstwiese mit Wollkopf-Kratzdistel *(Cirsium eriophorum)* am Wegesrand erreichen wir eine Gruppe kleiner Keupermergelhügel mit beweideten Halbtrockenrasen und vegetationslosen Partien, die nach einem amerikanischen Ausdruck als »badlands« bezeichnet werden und nirgends in Thüringen so charakteristisch entwickelt sind wie im Gebiet der Drei Gleichen. Hier treten die bunten Mergel und Tone der Dolomit-Mergelkeuper-Folge frei zutage. Die interessante Vegetation zählt zum Sichelhasenohr-Fiederzwenken-Halbtrockenrasen (Bupleuro-Brachypodietum), der reich an kontinentalen und submediterranen Arten ist, wie Stengelloser Kratzdistel *(Cirsium acaule)*, Kleinem Mädesüß *(Filipendula vulgaris)*, Feld-Mannstreu *(Eryngium campestre)* und vor allem Frühlings-Adonisröschen *(Adonis vernalis)*. Besonders letztere Art besitzt hier ansehnliche Bestände, die im Frühjahr die Hügel mit ihren kräftiggelben Blüten schmücken.
Der Aufstieg zur Burg Gleichen führt uns am nordexponierten Unterhang durch eine edellaubholz- und geophytenreiche Ausbildung des Labkraut-Eichen-Hainbuchenwaldes (Galio-Carpinetum) über frischen, nährstoffreichen Standorten. Auch dieser Waldtyp ist im Frühling

11

Das kontinental verbreitete Frühlings-Adonisröschen (*Adonis vernalis*) ist im Gebiet der Drei Gleichen an zahlreichen Stellen zu finden.

besonders attraktiv, wenn Märzbecher *(Leucojum vernum)*, Hohler Lerchensporn *(Corydalis cava)*, Gelbes Windröschen *(Anemone ranunculoides)*, Rauhhaar-Veilchen *(Viola hirta)* und Wiesen-Schlüsselblume *(Primula veris)* blühen. Im Frühsommeraspekt fallen außer den grazilen Blüten der Türkenbund-Lilie *(Lilium martagon)* vor allem die Massenbestände des Gelben Eisenhutes *(Aconitum vulparia)* auf. Der sich in südlicher Richtung um den Bergkegel windende Weg führt mäßig steil bergan. Am west- und besonders südexponierten Mittelhang wird der Boden trockener und der Wald allmählich lichter. Hier geht der Eichen-Hainbuchenwald in sehr artenreichen Eichentrockenwald über. In seiner Krautschicht und an seinen Rändern kann man unter anderem Purpurblauen Steinsame *(Buglossoides purpurocaerulea)*, Ebensträußige Margerite *(Tanacetum corymbosum)*, Hecken-Wicke *(Vicia dumetorum)*, Langblättriges Hasenohr *(Bupleurum longifolium)*, Pfirsichblättrige Glockenblume *(Campanula persicifolia)*, Garten-Schwarzwurzel *(Scorzonera hispanica)*, Schwarze Platterbse *(Lathyrus niger)* und als floristische Kostbarkeit den Eichen-Lattich *(Lactuca quercina)*, eine Pflanze der Waldsteppen Osteuropas, beobachten. Auch die Trockensäume sind sehr schön entwickelt und bieten ein abwechslungsreiches Bild mit Blut-Storchschnabel *(Geranium sanguineum)*, Nickendem Leimkraut *(Silene nutans)*, Aufrechtem Ziest *(Stachys recta)*, Weißer Schwalbenwurz *(Vincetoxicum hirundinaria)*

und Beständen der Schmalblättrigen Wicke *(Vicia tenuifolia)*.
Den Burghügel hat man, wie auch die Burgberge der Mühlburg und Wachsenburg, im Mittelalter aus militärstrategischen Gründen waldfrei gehalten. Teile des Bergkegels wurden bis in neuere Zeit periodisch auf Stock gesetzt und tragen noch heute zum Teil niederwaldartigen Charakter. Hier dominiert lokal die Feld-Ulme *(Ulmus minor)*, von der auf Grund des Ulmensterbens, einer Pilzkrankheit, die vom Ulmensplintkäfer übertragen wird, kaum noch ältere Exemplare zu finden sind. Allmählich treten die Gehölze zurück, und über uns ist die Ruine Gleichen zu erkennen. Die Burgruine und die ruderal beeinflußte Bergkuppe bieten einer weit über das Gebiet hinaus bekannten Ruderalflora Siedlungsmöglichkeiten. Erwähnenswert sind vor allem die Massenbestände der Ungarischen Katzenminze *(Nepeta pannonica)*. Aber auch die Echte Katzenminze *(Nepeta cataria)* kann am Weg beobachtet werden. Interessant ist die enge Verzahnung von ruderal beeinflußten Trockenrasen und trockenen Ruderalfluren. Haar-Pfriemengras *(Stipa capillata)*, Blaugrünes Labkraut *(Galium glaucum)* und Gemeiner Dost *(Origanum vulgare)* siedeln zusammen mit Gemeiner Eselsdistel *(Onopordum acanthium)*, Kletten-Igelsame *(Lappula squarrosa)*, Gebräuchlicher Ochsenzunge *(Anchusa officinalis)*, Färber-Resede *(Reseda luteola)*, Silber-Fingerkraut *(Potentilla argentea)* und Stachel-Distel *(Carduus acanthoides)*. Am unmittelbaren Burghang wachsen dichte Gebüsche des Gemeinen Bocksdorns *(Lycium barbarum)*, dazwischen und darunter auch stickstoffliebende, frische Ruderalfluren. Im Bereich der Burgruine blüht eine alte Zauberpflanze, das Schwarze Bilsenkraut *(Hyoscyamus niger)*, und im Burghof kann man auch die Rosen-Melde *(Atriplex rosea)* finden. Besonders beeindruckend ist die schöne Vegetation der Mauerfugen und -kronen, die vor allem durch Feld-Beifuß *(Artemisia campestris)*, Platthalm-Rispengras *(Poa compressa)* und Haar-Pfriemengras *(Stipa capillata)* geprägt wird.
Auch die Burg selbst, die vermutlich zu Beginn des 11. Jahrhunderts an der alten Verbindungsstraße zwischen Franken und Thüringen angelegt wurde, ist sehr sehenswert. Hier kann man sich ausführlicher über die wechselvolle Geschichte der Besitzer und des Bauwerkes informieren. In einem Wehrturm hat das Naturkundemuseum Erfurt eine Ausstellung zur Burggeschichte sowie Geologie, Flora und Fauna des Landschaftsschutzgebietes »Drei

Gleichen« eingerichtet. Vom Wehrturm bietet sich ein sehr schöner Ausblick über das Gleichen-Gebiet sowie Röhnberg mit Kaff- und Kallenberg im Westen.
Von der Burganlage aus wandern wir wieder bergab, bis wir den Westhang erreichen. Hier zweigt links ein Fußweg ab, der zum Parkplatz unterhalb der Burg an der Straße Wandersleben – Mühlberg führt. Nun folgen wir dem mit einem blauen Balken markierten Weg und unterqueren die Autobahn, bei deren Bau von 1936 bis 1939 durch die Einbeziehung von Landschaftsarchitekten eine gute landschaftliche Einbindung erreicht werden konnte. Er führt uns entlang von Gärten nach Mühlberg, dem ältesten Dorf Thüringens. Es weist eine historisch gewachsene Siedlungsstruktur auf mit über 20 Objekten, die unter Denkmalsschutz stehen. Prächtige Gehöfte sind darunter, Reste der Dorfmauer nebst teilweise erhaltenem Obertor, eine alte Öl- und Graupenmühle und die mauerumwehrte Dorfkirche. Auch die dörflichen Ruderalfluren mit Gutem Heinrich *(Chenopodium bonus-henricus)* verdienen unsere Aufmerksamkeit. Lohnenswert ist ein Abstecher ins Oberdorf. Hier befindet sich das Naturdenkmal »Spring« mit einer der vielen Karstquellen Thüringens.
Von Mühlberg aus beginnt neben dem Gasthof »Schützenhaus« der Aufstieg zur Mühlburg. Nachdem wir die Gartenzone passiert haben, weist uns ein Schild auf den Beginn des Naturschutzgebietes »Schloßleite« hin. Der Weg führt jetzt vorbei an Trespen-Halbtrockenrasen mit Kartäuser-Nelke *(Dianthus carthusianorum)*, Wiesen-Salbei *(Salvia pratensis)* und Kahler Gänsekresse *(Arabis glabra)*, an lichten Gebüschen und Eschen-Pionierwäldern mit schönen Beständen des Eichen-Lattichs *(Lactuca quercina)*. Besonders bemerkenswert sind die großen Vorkommen der Steppen-Salbei *(Salvia nemorosa)* mit ihren violetten Deckblättern. Die Mühlburg, als älteste und kleinste der drei Gleichenburgen, ist schon lange Ruine, doch ihr 25 m hoher Bergfried mit seiner charakteristischen Zinnenkrone und Mauern von über 2 m Stärke blieb vollständig erhalten. Von ihm bietet sich ein herrlicher Ausblick in die Landschaft sowie auf die Burganlage selbst, mit ihrer noch originalen Grundstruktur einer mittelalterlichen Burg. Im Gelände der Vorburg stößt man auf die Grundmauern der Radegundis-Kapelle aus dem 13. Jahrhundert. Ein Gedenkstein von 1987, der zum 1400. Todestag von Radegunde gesetzt wurde, erinnert an die hierzulande als erste Christin geltende Frau.
Auf dem Kamm der Schloßleite entlang folgen wir nun

dem »Gustav-Freytag-Weg« in südwestlicher Richtung. Bemerkenswert ist das regelmäßige Auftreten schöner Grenzsteine als Zeugen der Kleinstaaterei vergangener Jahrhunderte. Entlang des sanft ansteigenden Weges ist in der Vegetation zunehmend der Einfluß der nur wenige Meter mächtigen Decke des Rätsandsteins spürbar. Neben Partien mit armen Kiefernforsten wachsen bodensaure Eichenwälder, in denen das Hain-Rispengras *(Poa nemoralis)* dominiert. An den Waldrändern und in Waldauflichtungen siedeln Astlose Graslilie *(Anthericum liliago)*, Färber-Ginster *(Genista tinctoria)*, Zickzack-Klee und Wald-Klee *(Trifolium medium, T. alpestre)*, Steppen-Lieschgras *(Phleum phleoides)* u.a. Schließlich umgeht der Weg südlich den Numkopf, der mit etwa 400 m ü. N.N. die höchste Stelle der Schloßleite darstellt. Der folgende steile Geländeabfall kennzeichnet die Grenze des Rätsandsteins zum Muschelkalk. Hier erreichen wir den Triniusblick, einen Aussichtspunkt, der nach dem Wanderschriftsteller August Trinius (1851-1919) benannt wurde und zur Rast einlädt. Er stellt einen der floristischen Höhepunkte unserer Wanderung dar. Zwischen sehr lichtem Birken-Pionierwald siedeln artenreiche Xerothermrasen. Es handelt sich um eine besondere Ausbildung des Sichelhasenohr-Fiederzwenken-Halbtrockenrasens, die durch die beiden submeridional – subtemperat verbreiteten Arten Goldhaar-Aster *(Aster linosyris)* und Erd-Segge *(Carex humilis)* geprägt wird. Typisch ist das reiche gemeinsame Vorkommen von kontinentalen und submediterranen Arten, wie Hufeisenklee *(Hippocrepis comosa)*, Finger-Segge *(Carex digitata)*, Tauben-Skabiose *(Scabiosa columbaria)*, Sichel-Hasenohr *(Bupleurum falcatum)*, Stengelloser Kratzdistel *(Cirsium acaule)*, Großem Ehrenpreis *(Veronica teucrium)*, Golddistel *(Carlina vulgaris)*, Gemeinem Sonnenröschen *(Helianthemum nummularium)*, Skabiosen Flokkenblume *(Centaurea scabiosa)* und Feld-Mannstreu *(Eryngium campestre)*. Bemerkenswert sind auch einige Saumarten, wie Rauhe Nelke *(Dianthus armeria)*, Hain-Wachtelweizen *(Melampyrum nemorosum)* und Purpurblauer Steinsame *(Buglossoides purpurocaerulea)*, dessen Blüten zunächst purpurrot und später tiefblau gefärbt sind.

Der Südhang der Schloßleite war ehemaliges Weinbaugebiet. Hier gibt es abseits vom Wege noch zwei wertvolle Restflächen mit Xerothermrasen, die zunehmend durch Verbuschung bedroht werden. Zu den floristischen Kostbarkeiten der Säume und Offenflächen zählen vor allem

das Blasse Knabenkraut *(Orchis pallens)* in sehr schönen Beständen, der Steppen-Spitzkiel *(Oxytropis pilosa)*, der Triften-Tragant *(Astragalus danicus)*, das Frühlings-Adonisröschen *(Adonis vernalis)*, der Bleiche Schöterich *(Erysimum crepidifolium)*, die Bienen-Ragwurz *(Ophrys apifera)* und besonders der Lothringer Lein *(Linum leonii)* mit mehreren hundert Pflanzen. Blütenbiologisch sehr interessant ist die Bienen-Ragwurz mit ihren bienenähnlichen Blüten. Sie verleiten die Männchen einer Insektenart zu Begattungsversuchen, wodurch ihr Pollen verbreitet wird. Zu den großen Seltenheiten der deutschen Flora zählt der Lothringer Lein, der in Thüringen nur im Gebiet der Drei Gleichen und bei Eisenach nachgewiesen wurde. Im Mai bis Juli entfaltet das unscheinbare, am Boden liegende Pflänzchen seine großen blauen Blüten.
Unser Wanderweg führt dann durch lichten Eichentrokkenwald, der zum Teil aus ehemaligem Niederwald hervorgegangen ist. Die Eichen erreichen auf den sehr flachgründigen trockenen Standorten oft nur krüppelwüchsige Formen. Von den Pflanzen seiner artenreichen Krautschicht sind besonders Färber-Scharte *(Serratula tinctoria)*, Wunder-Veilchen *(Viola mirabilis)*, Schwarze Platt-

Das Blasse Knabenkraut (*Orchis pallens*) am Südrand der Schloßleite

erbse *(Lathyrus niger)* und Rauhe Gänsekresse *(Arabis hirsuta)* hervorzuheben. Einen ganz anderen Eindruck vermitteln die frischen, edellaubholzreichen Laubmischwälder des Nordhanges. Bereits kurz unterhalb des Kammes ändert sich der Charakter des Waldes. Er wird dichter und dunkler, neben Hainbuchen, Eichen und Linden wachsen hier sogar Rot-Buchen. Seine Krautschicht wird im Frühjahr vor allem durch Tausende von Märzbechern *(Leucojum vernum)*, Hohlen Lerchensporn *(Corydalis cava)*, Gelbes und Buschwindröschen *(Anemone ranunculoides, A. nemorosa)* und Hohe Primel *(Primula elatior)*, im Sommer stärker durch Bären-Lauch *(Allium ursinum)*, Gelben Eisenhut *(Aconitum vulparia)* und die turbanähnlichen Blüten der Türkenbund-Lilie *(Lilium martagon)* geprägt.
Vom Heckenberg aus bietet sich dann ein schöner Blick auf die Wachsenburg und links davon auf den Roten Berg. Wir wandern nun durch Trespen-Halbtrockenrasen bergab, geradewegs auf die Wachsenburg zu, und überqueren im Grund einen alten Hohlweg. Danach geht es bergauf durch eine alte Obstplantage. Bald ist der Wanderweg zur Wachsenburg erreicht, der, mit einem blauen Balken markiert, streckenweise auf der Fahrstraße verläuft.

Eine Kappe festen Rätsandsteins hat den Bergkegel der Wachsenburg, die mit 421 m ü. N.N. höchste Erhebung unserer Wanderung, vor der Abtragung bewahrt. Die Burganlage selbst wurde im 10. Jahrhundert als Schutzburg des Klosters Hersfeld für ihren umliegenden Besitz erbaut und in ihrer wechselvollen Geschichte mehrfach umgebaut. Heute dient sie als Hotel und Gaststätte. Bemerkenswert ist vor allem der 96 m tiefe Burgbrunnen. Ein herrlicher Rundblick bietet sich vom erst 1905 errichteten »Hohenlohe-Turm«. Der Blick geht weit ins Land bis zu den Höhen des Rennsteigs. Der Schneekopf, der Große Inselsberg und die Hörselberge sind die markantesten Punkte der Fernsicht.
Das Naturschutzgebiet »Wachsenburg« wurde 1961 mit einer Fläche von 18,77 ha gesichert. Es umfaßt die bewaldeten, steilen bis schroffen und durch Runsen gegliederten Hänge des Bergkegels. Die heutige Laubholzbestokkung zeigt noch typische Merkmale eines ehemaligen Mittelwaldbetriebes. Sie ist jedoch nur am steilen Nordwest- bis Nordosthang in naturnaher Artenzusammensetzung erhalten. Es handelt sich um Labkraut-Eichen-Hainbuchenwälder, die vor allem nach der Bodenfrische differenziert sind. Trauben-Eiche *(Quercus petraea)*, Winter-Linde *(Tilia cordata)* und Stiel-Eiche *(Qu. robur)* domi-

nieren in der Baumschicht, die mit Hainbuche *(Carpinus betulus)* und Feld-Ahorn *(Acer campestre)* fließend in die artenreiche Strauchschicht übergeht. Auf frischeren Standorten gesellen sich Rot-Buche *(Fagus sylvatica)* und Berg-Ahorn *(Acer pseudoplatanus)* hinzu. Die Feldschicht ist hier ausgesprochen reich an Frühjahrsgeophyten. Viele Arten sind uns schon am Fuße der Burg Gleichen und am Nordhang der Schloßleite begegnet. Einen Eindruck von diesen Waldbeständen können wir gewinnen, wenn wir zum Abstieg gleich hinter der äußeren Burgmauer rechts den Wanderweg den Osthang hinab in Richtung Haarhausen wählen. Unmittelbar unterhalb der Burg deuten viele stickstoffliebende Pflanzen noch auf den jahrhundertelangen Nährstoffeintrag von der Burganlage hin. Allmählich nehmen jedoch die typischen Waldarten zu, von denen hier vor allem Hain-Rispengras *(Poa nemoralis)*, Einblütiges Perlgras *(Melica uniflora)* und Wald-Bingelkraut *(Mercurialis perennis)* höhere Deckungsanteile erreichen. Am Unterhang führt der Weg in Serpentinen durch Schwarzkiefernbestände, die ab 1880 hier eingebracht wurden. Bald haben wir den Rundwanderweg um den Bergkegel erreicht. Von hier aus können wir unsere Wanderung zum Ausgangspunkt, dem Gasthof Freudental, fortsetzen, oder wir folgen dem mit einem blauen Balken markierten Wanderweg in Richtung Osten zum Haltepunkt Haarhausen der Bundesbahn.
Ist Freudental das Ziel unserer Rundwanderung, folgen wir dem mit grünem Balken markierten Weg in nördlicher Richtung. Nach etwa 300 m erreichen wir einen kleinen Rücken, der zu dem nördlich liegenden Roten Berg führt. Ein kleiner Abstecher auf dem Pfad zur Kuppe des Roten Berges ist sehr empfehlenswert. 1990 wurde dieser Bereich in das Naturschutzgebiet »Wachsenburg« einbezogen, das nunmehr eine Größe von 32 ha besitzt. Von besonderer Bedeutung sind wiederum die verschiedenen Xerothermrasen mit kontinental und südlich verbreiteten Gewächsen. Sehr schöne Vorkommen besitzt hier der Steppen-Spitzkiel *(Oxytropis pilosa)*, eine Art kontinentaler Steppen, die im Gebiet ihre westliche Verbreitungsgrenze erreicht. Das Haar-Pfriemengras *(Stipa capillata)* ist durch sein tiefes Wurzelsystem, die von einer Wachsschicht bedeckten schmalen Rollblätter und Besonderheiten in der Samenverbreitung gut an Steppenbedingungen angepaßt. Die Samenkörner weisen ein pfriemenähnliches Flughaar auf, das nach der Verbreitung durch den Wind als Hebel beim Einbohren des Samens in tiefere

Bodenschichten wirkt. Zu diesen Arten gesellen sich Feld-Mannstreu *(Eryngium campestre)*, Feld-Beifuß *(Artemisia campestris)*, Sand-Esparsette *(Onobrychis arenaria)* und Frühlings-Adonisröschen *(Adonis vernalis)*. Ein großes Pflegeproblem stellt die zunehmende Verbuschung durch die Gemeine Schlehe *(Prunus spinosa)* dar.

Vom Roten Berg aus gehen wir zum Rundwanderweg zurück, folgen diesem erst in westlicher, dann in südlicher Richtung, bis wir den Wanderweg in Richtung Freudental erreichen. Dieser verläuft auf dem Rücken einer flachen Hangzunge leicht bergab durch lichte Schwarzkiefern-Aufforstungen. Der Weg biegt nun erst etwas nach rechts und nach einigen Metern, vor dem Blumenberg, wieder nach links ab. In der Umgebung des Blumenberges lohnt es, nach Ackerwildkräutern zu suchen. Hier wurden verschiedene seltene und gefährdete Arten wie Rauhhaar-Eibisch *(Althaea hirsuta)*, Rundblättriges Hasenohr *(Bupleurum rotundifolium)*, Acker-Haftdolde *(Caucalis platycarpos)*, Ackerkohl *(Conringia orientalis)*, Breitblättrige Wolfsmilch *(E. platyphyllos)* und auch Runder Lauch *(Allium rotundum)* nachgewiesen. Der einjährige Rauhhaar-Eibisch kommt in Thüringen als Archaeophyt außer im Raum zwischen Gotha und Arnstadt nur noch bei Mühlhausen vor. Er besiedelt neben kalkhaltigen Äckern auch Brachen, Ruderalstellen sowie lückige, ruderal beeinflußte Xerothermrasen. Bezeichnend für die wärmeliebende Art sind stärkere jährliche Populationsschwankungen. Infolge Auflassung ertragsarmer Äcker und Herbizidanwendung tritt der Rauhaar-Eibisch heute auf Äckern nur noch sehr selten auf. In ruderal beeinflußten Xerothermrasen ist er besonders durch das Ausbleiben periodischer Bodenverwundungen und damit fehlender Keimungsmöglichkeiten gefährdet. Nach etwa 100 m folgt der Wanderweg einem rechts abbiegenden Feldweg, der direkt auf den Höhenrücken des Längel zuführt. Von breiten Wegrainen gesäumt, verläuft unser weiterer Weg mehrmals abbiegend in nördlicher bis westlicher Richtung durch die Feldflur. Auf dem Weg wächst an mehreren Stellen das kontinental verbreitete Hartgras *(Sclerochloa dura)*.

Als letzter Höhepunkt ist ein Abstecher zum Längel (Flächennaturdenkmal »Kammweg des Längel« mit 1,4 ha) zu empfehlen. Dieser markante Höhenrücken ist am besten von Nordwesten aus, über seinen zum Teil jedoch zuwachsenden Kammweg zu erreichen. Leider wurde der Längel größtenteils mit Schwarz-Kiefern *(Pinus nigra)* aufgeforstet, so daß seine Vegetation weniger bietet. Sehenswert sind im Kammbereich aber die Massenbestände von Elsässer Haarstrang *(Peucedanum alsaticum)*, einem hohen, stattlichen Doldengewächs. Die Art verdankt zwar ihren Namen dem Elsaß, von wo sie zuerst bekannt wurde, besitzt aber ihr eigentliches Hauptverbreitungsgebiet erst von Osteuropa aus bis in die südrussischen Steppen hinein. Auch die thüringischen Vorkommen stellen nur Vorposten dar. Außerdem kann man hier u.a. die Gemeine Kuhschelle *(Pulsatilla vulgaris)*, Violette Schwarzwurzel *(Scorzonera purpurea)*, Wald-Windröschen *(Anemone sylvestris)*, Acker-Wachtelweizen *(Melampyrum arvense)*, Zottigen Klappertopf *(Rhinanthus alectorolophus)*, Berg-Klee *(Trifolium montanum)* und Kleine Wiesenraute *(Thalictrum minus)* beobachten.

Im weiteren Verlauf überqueren wir eine kleine Brücke. Der Weg führt nun einige hundert Meter an einem Entwässerungsgraben entlang. Nach Überquerung des Grabens über eine Brücke erreichen wir die Unterführung der Autobahn und sehen vor uns das Gasthaus Freudental liegen.

Länge der Wanderung: etwa 13 km
(Rundwanderung)
Einkehrmöglichkeiten: Freudental, Mühlberg, Wachsenburg, Röhrensee, Holzhausen, Haarhausen, Wandersleben
Verkehrsverbindungen: Bhf. Wandersleben an der Strecke Erfurt-Gotha, Haltepunkt Haarhausen an der Strecke Erfurt-Arnstadt, Buslinien bis Haltestelle Freudental von Erfurt und Gotha; Abfahrt Wandersleben der A 4 Richtung Wandersleben

TOUR 12

Die Reinsberge und der Veronikaberg – zwei Perlen der Muschelkalkflora

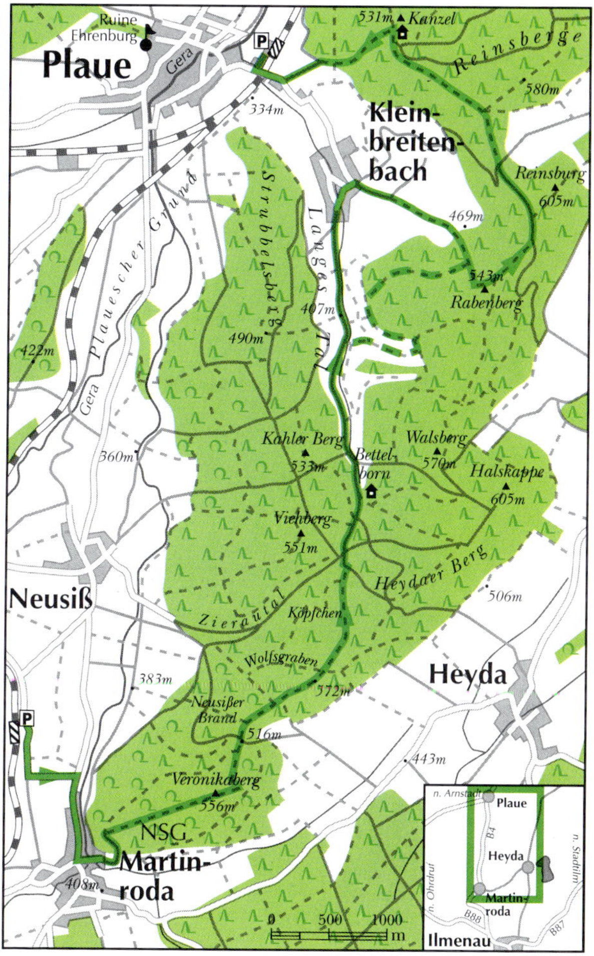

An der Nordabdachung des Thüringer Waldes ist der Buntsandsteingürtel an vielen Stellen sehr schmal oder fällt sogar gänzlich aus. Hier ist dann der Übergang von den kühlfeuchten Bergmischwäldern und Forsten des Mittelgebirges zu den wärmegetönten und offeneren Landschaften des Muschelkalkes besonders abrupt – Elemente des Gebirges und des Vorlandes sind auf engstem Raum miteinander verzahnt. Daß sich dadurch Naturforscher und -liebhaber schon immer angelockt fühlten, braucht nicht extra betont zu werden.

Ausgangspunkt der Exkursion ist der Bahnhof von Martinroda ca. 15 km südlich Arnstadt. Mit dem PKW Anreisende lassen ihr Auto am besten am Bahnhof in Plaue stehen und nutzen einen der frühmorgens fahrenden Züge nach Martinroda, denn die vorgeschlagene Tour endet in Plaue, ist also keine Rundwanderung.

Pflanzengeographisch kann unser Exkursionsziel als Arnstädter Muschelkalkgebiet dem Ilm-Saaleland angeschlossen werden. Es zeichnet sich zum einen durch das konzentrierte Vorkommen zahlreicher Xerothermarten aus dem Mittelmeerraum aus. Hier haben zum Beispiel die thüringischen Vorkommen vom Grauen Sonnenröschen *(Helianthemum canum)* und von der Scheiden-Kronwicke *(Coronilla vaginalis)* ihren Verbreitungsschwerpunkt; der Behaarte Backenklee *(Dorycnium hirsutum)* besitzt bei Plaue seinen einzigen deutschen, allerdings neophytischen Fundpunkt. Zum anderen ist der Arnstädter Raum durch die Vorkommen von Arten alpiner und subalpiner Vegetationseinheiten ausgezeichnet (dealpine Elemente). Reich sind hier Rasenfluren mit Kalk-Blaugras *(Sesleria varia)* und Vogelfuß-Segge *(Carex ornithopoda)* entwikkelt; floristisch bedeutsam ist das Auftreten der Berg-Distel *(Carduus defloratus)* und des Österreichischen Rippensame *(Pleurospermum austriacum)*.

Die Bahnfahrt von Plaue nach Martinroda ist bereits ein erstes Erlebnis, denn man hat östlich der Schienen das ganze Panorama des Wandergebietes vor sich. Die dadurch geweckte Erwartungshaltung ist deshalb am Bahnhof Martinroda außerordentlich hoch, so daß eine bereits hier auftretende floristische Besonderheit nahezu als Selbstverständlichkeit hingenommen wird. In den trockenen, warmen Ruderalfluren am Bahndamm tritt in großen Beständen die seltene, seit dem 19. Jahrhundert neophytisch in Deutschland vorkommende Schwärzliche Flokkenblume *(Centaurea nigrescens)* auf. Diese von Juli bis September blühende, mit der häufigen Wiesen-Flockenblume *(C. jacea)* leicht zu verwechselnde Art hat an der Bahnstrecke nach Norden, bis fast nach Erfurt hinein, ihr

thüringisches Hauptvorkommen. Sie fällt durch ihre Größe (bis 1 m), durch ihren steifen, aufrechten Wuchs und durch die schwarzen und gefransten äußeren Hüllblätter auf. Vom Bahnhof läuft man zunächst in den Ort Martinroda. Etwa in Ortsmitte trifft man auf einen grün markierten, mit »Veronikaberg« ausgeschilderten Wanderweg, der, vorbei an der schönen Kirche und am Friedhof mit einer großen Roßkastanie, immer bergan bis auf den Kamm des Veronikaberges führt.
Schilder weisen darauf hin, daß wir uns in einem Schutzgebiet befinden. Der seit 1961 unter Naturschutz stehende Veronikaberg ist eine bis 556 m ü.NN hohe, steil aufragende Muschelkalkplatte mit beträchtlicher Neigung der Schichten nach Westen. Einzelne Felsklippen charakterisieren den Kammbereich und die steilen, südexponierten Hanglagen, während die Nordabdachung relativ flach ist. Schon am Unterhang des Berges, unmittelbar nachdem unser Weg hinter dem Friedhof scharf nach links abgebogen ist, fallen artenreiche und bunt blühende Xerothermrasen und Waldsäume ins Auge. Im Sommer dominieren hier vor allem verschiedene Schmetterlingsblütler: Schmalblättrige Vogel-Wicke *(Vicia tenuifolia)*, Saat-Es-

Die Felsfluren und Trockenrasen im Kammbereich des Veronikaberges beherbergen zahlreiche bemerkenswerte Arten.

parsette *(Onobrychis viciifolia),* Berg-Kronwicke *(Coronilla coronata),* Zickzack-Klee *(Trifolium medium)* und Gelbe Spargelerbse *(Tetragonolobus maritimus).* Die steileren Hangpartien sind von einem wärmegetönten Buchenwald bestanden. Neben der Rot-Buche *(Fagus sylvatica)* sind es vor allem mächtige Exemplare der Echten Mehlbeere *(Sorbus aria),* die mit ihren unterseits silberweiß glänzenden Blättern auffallen. Am Oberhang tritt im Bereich von Felsdurchragungen der Wald zurück. Stellenweise sind staudenreiche Säume mit Blut-Storchschnabel *(Geranium sanguineum),* Hirschwurz *(Peucedanum cervaria),* Breitblättrigem Laserkraut *(Laserpitium latifolium)* und Weidenblättrigem Alant *(Inula salicina)* entwickelt. Die Trockenrasen am Fuße der Felsklippen werden von Kalk-Blaugras *(Sesleria varia)* beherrscht, dazwischen siedelt Bayrisches Vermeinkraut *(Thesium bavarum),* ein unauffälliger, interessanter Halbparasit, der mit Wurzelhaustorien (saugnapfähnlichen Vorrichtungen) seinen Wirten nur Wasser und Nährsalze entzieht, aber noch selbst assimiliert. Weiterhin gehören Aufrechter Ziest *(Stachys recta),* Edel-Gamander *(Teucrium chamaedrys),* Geflecktes Ferkelkraut *(Hypochoeris maculata),* Abbiß-Pippau *(Crepis praemorsa),* Sichel-Hasenohr *(Bupleurum falcatum),* Nordisches Labkraut *(Galium boreale)* und Berg-Kronwicke *(Coronilla coronaria)* zum regelmäßigen Arteninventar. An lückigen Schotterstellen und an den Felsen siedeln Graues Sonnenröschen *(Helianthemum canum)* und Gemeine Zwergmispel *(Cotoneaster integerrimus).*
Der überwiegende Teil des Naturschutzgebietes ist von naturnahen Laubmischwäldern bestanden. In den verschiedenen Waldgesellschaften dominiert durchweg die Rot-Buche. Bemerkenswert sind in den Wäldern am Veronikaberg die Vorkommen von zwei Nadelgehölzen: Eibe *(Taxus baccata)* und Weißtanne *(Abies alba).* Während sich die reichsten Bestände der Eibe auf die wärmegetönten Waldgesellschaften am flach geneigten Nordwesthang konzentrieren und hier unter dem Kronendach der Buche eine zweite Baumschicht aufbauen, siedelt die Tanne vor allem als Einzelgehölz in den kühlfeuchteren Gesellschaften an den nordexponierten Unterhängen. Charakteristische Begleitpflanzen der tannendurchmischten Buchenwälder sind in der Feld- und Strauchschicht u. a. Waldmeister *(Galium odoratum),* Rundblatt-Labkraut *(G. rotundifolium),* Schwarze Heckenkirsche *(Lonicera nigra),* Fuchssches Greiskraut *(Senecio ovatus),* Wald- Bingelkraut *(Mercurialis perennis)* und Christophskraut *(Ac-*

taea spicata). In den eibenreichen Wäldern finden sich dagegen wärme- und lichtbedürftigere Arten, wie Bleiches, aber auch Rotes Waldvöglein *(Cephalanthera damasonium, C. rubra)*, Berg- und Finger-Segge *(Carex montana, C. digitata)* und Schwalbenwurz *(Vincetoxicum hirundinaria)*.

Am Carolinenblick erreicht unser Wanderweg den gratähnlichen Kamm des Veronikaberges und trifft auf einen blau markierten Pfad. Wir folgen ab hier der bergan führenden gemeinsamen Markierung (blauer und grüner Balken) in vorwiegend nordöstlicher Richtung und haben die Gelegenheit, sowohl die verschiedenen Wald- als auch die Trockenrasen- und Felsbiotope zu studieren. Nach Südwesten öffnen sich an mehreren Stellen herrliche Blikke auf den Thüringer Wald. Kurz nachdem der höchste Punkt des Veronikaberges überwunden ist, zweigt unser blau/grün markierter Wanderweg scharf nach links vom Kammweg ab. Die naturnahen Buchenwälder weichen überwiegend Fichtenforsten, in denen die Tanne aber zum Teil noch beachtlich große Vorkommen aufweist (vor allem linkerhand im Neusißer Brand). Zahlreiche Exemplare sind reich mit Nadelholz-Misteln *(Viscum laxum)* besetzt. Dieser epiphytisch auf Nadelgehölzen lebende Halbparasit (er entzieht dem Wirt Nährsalze und Wasser, assimiliert aber selbst) wird aufgrund seiner Wirtsspezifität in zwei Unterarten getrennt. Man unterscheidet zum einen die Tannen-Mistel, die in Thüringen mit der Weiß-Tanne die Nordwestgrenze ihres Gesamtareals erreicht und deren Vorkommen als gefährdet eingestuft wurden, und zum anderen die Kiefern-Mistel, von der aus Thüringen keine Vorkommen bekannt sind. Der Mistelbesatz ist an Einzeltannen so stark, daß die Blattmasse des Halbparasiten die des Wirtes zu übertreffen scheint und die Kronenform des Baumes völlig verändert wird - ein deutliches Zeichen der physiologischen Schwächung der Tannenpopulation, die sowohl in Umweltschäden als auch in der Tatsache, daß die Tanne hier am Rand ihres Gesamtareals existiert, ihre Ursachen zu suchen hat.

Neben den Tannen- und Mistelvorkommen verdient das Auftreten eines auffälligen Rauhblattgewächses an den breiten, grasigen Wegrainen unsere Aufmerksamkeit. Es handelt sich um die im Juni und Juli blühende Echte Hundszunge *(Cynoglossum officinale)*, die durch ihre graufilzigen, samtig weichen Blätter und die mit widerhakigen Stacheln besetzten Teilfrüchte (Klettverbreitung) auffällt.

Die Reinsberge südlich Arnstadt fallen schon von weitem durch das hell leuchtende Band der langgestreckten Bergstürze auf.

Westlich vom Wolfsgraben trennen sich die beiden bis dahin parallel verlaufenden Wanderwege; wir folgen der grünen Markierung, die in einem weiten Linksbogen durch einen älteren Fichtenbestand talabwärts führt. Am Köpfchen, ca. 500 m nach dieser Weggabelung, trifft unser Wanderweg wieder auf einen breiten Forstweg, auf den nach links einzubiegen ist. Bevor man aber Richtung Kleinbreitenbach weitergeht, sollte man den lichten Kiefernforsten an den südwestexponierten Hängen unmittelbar nördlich des Forstweges etwas Zeit widmen. Neben zahlreichen Trocken- und Halbtrockenrasen-Arten findet man nach aufmerksamer Suche an den lückigeren Stellen in der dichten Grasnarbe aus überwiegend Fieder-Zwenke *(Brachypodium pinnatum)* zahlreiche Exemplare des kleinen und leicht zu übersehenden Netzblattes *(Goodyera repens)*. Diese erst im Juli und August blühende Orchidee zeigt, wie auch die hier anzutreffenden Wintergrüngewächse Moosauge *(Moneses uniflora)*, Birngrün *(Orthilia secunda)* und Grünblütiges Wintergrün *(Pyrola chlorantha)*, oberflächige Bodenversauerung in den Kalkgebieten an.

Schon rund 100 m weiter gelangt man an die nächste größere Kreuzung, an der man den nahezu geradeaus führeneine mit »Bettelborn, Plaue« ausgeschilderte Forststraße. Nur noch ein kurzer und geringer Anstieg trennt uns von dem Langen Tal, in dem wir die rund 2,5 km bis Kleinbreitenbach bleiben. Schon bald öffnet sich rechterhand der Grund, und eine Quelle mit klarem Trinkwasser, der Bettelborn, lädt zum Rasten ein.

Beeindruckend ist der Blick über ausgedehnte Wiesenflächen auf die Kalkfelsen der Reinsberge. Auf der Talsohle dominieren feuchte und frische Wiesengesellschaften mit Herbst-Zeitloser *(Colchicum autumnale)*, Breitblättrigem Knabenkraut *(Dactylorhiza majalis)*, Kopfiger Teufelskralle *(Phyteuma orbiculare)*, Wiesen-Kümmel *(Carum carvi)* und Trollblume *(Trollius europaeus)*. Der sanft geneigte Talhang östlich des Weges ist von artenreichen Trespen-Halbtrockenrasen bestanden. In diesen, aus einer einschürigen Mahdnutzung hervorgegangenen Rasen kommen neben der flächendeckenden Aufrechten Trespe *(Bromus erectus)* u. a. Berg-Klee *(Trifolium montanum)*, Spargelerbse *(Tetragonolobus maritimus)* und Filz-Segge *(Carex tomentosa)* vor. An Säumen und Waldauflichtungen kann man mit etwas Glück blühenden Frauenschuh *(Cypripedium calceolus)* finden; die wechselfeuchten Pionierfluren an der Wegböschung überraschen mit reichen Vorkommen der Scheiden-Kronwicke *(Coronilla vaginalis)*. Beweidete Halbtrockenrasen finden sich im Langen Tal nur kleinflächig im Grenzbereich zu den Kiefernforsten westlich des Wals- und Rabenberges. Sie fallen schon von weitem durch ihren lückigen Besatz mit Wacholder *(Juniperus communis)* auf. Gold- und Silberdisteln *(Carlina vulgaris, C.acaulis)*, Fransen- und Deutscher Enzian *(Gentianella ciliata, G. germanica)*, Fliegen-Ragwurz *(Ophrys insectifera)* und Große Händelwurz *(Gymnadenia conopsea)* gehören zu den regelmäßig anzutreffenden Arten.

Unser Wanderweg erreicht schließlich Kleinbreitenbach, ein freundlicher Ort inmitten eines Halbrundes von steil aufragenden Muschelkalkfelsen. Von hier führt ein grün/gelb markierter Wanderweg in südöstlicher Richtung zur Reinsburg, den wir zur Fortsetzung unserer Wanderung nutzen. Wer nicht bis Kleinbreitenbach absteigen möchte, kann etwa auf halber Strecke zwischen Bettelborn und Ort nach rechts Richtung Reinsberge abbiegen. Ein günstiger Abzweig befindet sich unmittelbar vor einem kleinen Kalkflachmoor (als Schutzgebiet gekennzeichnet). Der Weg ist nicht markiert, aber durch eine Reihe älterer Apfelbäume gut charakterisiert und führt durch ein flaches Seitental in östlicher Richtung, endet allerdings am Beginn der steileren Hangpartien. Trampelpfade führen auf einen breiten Forstweg, der den Rabenberg westlich umrundet, sanft bergan führt und schließlich den grün/gelben Wanderweg von Kleinbreitenbach kreuzt. Hier verläßt man nach rechts abbiegend den Forstweg, der uns durch beeindruckende lichte Kiefernforste mit zahlreichen Felsdurchragungen führt.

Auf dem Kamm des Rabenberges angekommen, wendet man sich nach links Richtung Reinsburg und Arnstadt auf einen blau/grün markierten Weg. Der Fußpfad führt immer an der Oberhangkante der Felsen entlang (zur Entstehung von Bergstürzen siehe Tour 7) und bietet mehrfach wunderschöne Blicke auf das Geratal mit Kleinbreitenbach und Plaue und auf den Thüringer Wald. Er trifft schließlich auf eine gelbe Markierung, die uns bis zur Kanzel, einer exponierten Felsnase ins Geratal oberhalb des Bahnhofes Plaue, begleitet.

Abzweigende kleine Fußpfade erlauben, sich die Felsen und ihre Vegetation etwas näher anzuschauen. Die warmen und lichten Felsenbänke mit leicht beweglichem

Die Berg-Distel *(Carduus defloratus)* hat vor allem im Bereich der Kanzel oberhalb Plaue reiche Vorkommen.

Schotter sind mit dem graugrünen, besonders zur Fruchtzeit auffallenden Wimper-Perlgras *(Melica ciliata)* besetzt. Die dichten Polster des Grases befestigen den Untergrund und sammeln feineres Verwitterungsmaterial, so daß die Besiedlung mit anderen Arten vorbereitet wird. Grobschotterhalden am Fuß der Felsen sind in sonniger Lage nahezu vegetationsfrei, lediglich Schmalblättriger Hohlzahn *(Galeopsis angustifolia)* und Trauben-Gamander *(Teucrium botrys)* können auf die extremen Standorte vordringen. Etwas festgelegtere Stellen sind mit flach auf dem Substrat aufliegenden Exemplaren der Gemeinen Waldrebe *(Clematis vitalba)* oder mit Schwalbenwurz *(Vincetoxicum hirundinaria)* besiedelt. Bei letzterer kann man an den horstartig bestockten Einzelpflanzen oft eine schuttstauende Wirkung beobachten. An halbschattigen und schattigen, sowohl offenen als auch bewaldeten Schotterstellen sind in der Regel dichte Teppiche des Ruprechtsfarnes *(Gymnocarpium robertianum)* zu finden. Nach den Fels- und Pionierfluren folgen in der Sukzessionsabfolge zunächst lückige, später dichter schließende Trockenrasen, Gebüsch- und Waldsäume. Ästige Graslilie *(Anthericum ramosum)*, Edel-Gamander *(Teucrium chamaedrys)*, Gemeine Küchenschelle *(Pulsatilla vulgaris)*, Großes Windröschen *(Anemone sylvestris)*, Hirschwurz *(Peucedanum cervaria)* und Kleine Wiesenraute *(Thalictrum minus)* sind nur einige der zahlreichen zu beobachtenden Arten. An für die Tour bemerkenswerten neuen Pflanzen kommen im Bereich der Kanzel die Berg-Distel *(Carduus defloratus)* und der Behaarte Backenklee *(Dorycnium hirsutum)* hinzu.

Von der Kanzel führt ein gut ausgeschilderter und markierter Pfad in südwestlicher Richtung direkt zum Bahnhof nach Plaue, wo unsere Tour endet.

Länge der Wanderung: etwa 15 km
Einkehrmöglichkeiten: in Martinroda, Kleinbreitenbach und Plaue
Verkehrsverbindungen: mit der Bahn bis Plaue (Strecke Erfurt – Meiningen) oder Martinroda (Strecke Erfurt – Ilmenau); mit dem PKW über die B 4 aus Richtung Arnstadt (Norden) oder Ilmenau (Süden) nach Plaue oder Martinroda, Anbindung an die A 4 in Erfurt-West

TOUR 13

Orchideenregion Jena

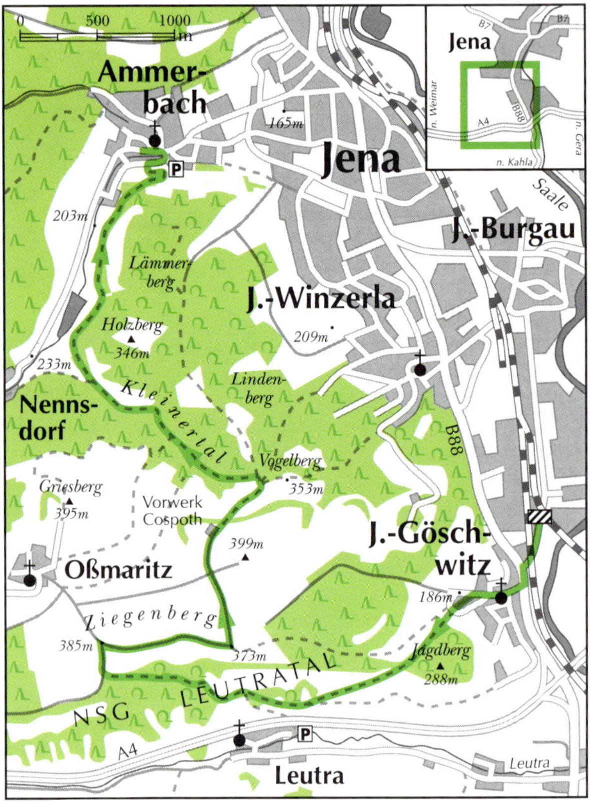

Wohl kaum eine deutsche Großstadt hat eine landschaftlich derartig reizvolle und in ihrer Naturausstattung einmalige Umgebung aufzuweisen wie Jena. Die nur wenig bewachsenen, gelblichweißen, schroff zur Flußaue abfallenden Kalkhänge mit ihren zahlreichen wärmeliebenden Pflanzenarten geben der Landschaft ein fast südländisch anmutendes Gepräge. Mächtige Kalkfelsen und Felsbänke wurden vor 200 Millionen Jahren in der erdgeschichtlichen Epoche, die der Geologe nach dem vorherrschenden Material als »Muschelkalk« bezeichnet, gebildet und im Laufe der Zeit durch die Saale und ihre zahlreichen Nebenbäche herausmodelliert. Durch seine Lage im mehr als 200 m tief eingeschnittenen, windgeschützten Saaletal gehört Jena mit einer Jahresdurchschnitts-Temperatur von 8,4 °C zu den wärmsten Orten Thüringens. Die Winter sind vergleichsweise mild, die hellen Kalkhänge erhöhen durch Reflexion und Wärmespeicherung noch die Temperaturen. Mit einer Niederschlagssumme von 535 bis 570 mm im Jahr ist es relativ niederschlagsarm. Das ohnehin wenig ergiebige Niederschlagswasser kann in den klüftigen Kalken rasch versickern, wodurch die Trockenheit der Standorte noch erhöht wird. Daher können viele wärmeliebende und Trockenheit ertragende Arten, die im Mittelmeergebiet ihre Hauptverbreitung besitzen, noch um Jena gedeihen. Hierzu gehören in erster Linie viele Orchideenarten. Einige Pflanzen erreichen sogar ihre nördliche bzw. nordöstliche Verbreitungsgrenze im Gebiet, wie die seltene Bocks-Riemenzunge *(Himantoglossum hircinum)* oder die Flaum-Eiche *(Quercus pubescens)*. So verwundert es nicht, daß von den einst 56 im deutschen Raum nachgewiesenen Orchideen-Arten 45 auch im Jenaer Gebiet vorkamen, wovon 32 heute noch bewundert werden können. Unter dem Namen »Orchideenregion Jena« wird daher ein bisher für die Umgebung einer Großstadt einmaliges Naturschutzgroßprojekt verwirklicht, das zur Erhaltung der einzigartigen Naturreichtümer beitragen soll.

Die Wanderung beginnen wir in Göschwitz, einem eingemeindeten Dorf im Süden von Jena, das bequem über verschiedene Stadtbuslinien, vom Bahnhof Göschwitz und von der Autobahnabfahrt Jena-Göschwitz erreicht werden kann. Von der zentral gelegenen, im 16. Jahrhundert erbauten Kirche folgen wir etwa 200 m der Hauptstraße in westlicher Richtung. An der Linde vor der alten Schule beginnt links der Leutraer Weg. Er führt uns am Nordhang des Jagdberges entlang und wird hinter den letzten Häusern etwas steiler. Die ortsnahen Frischwiesen werden zum Teil nur extensiv genutzt und weisen noch ein beachtliches Artenspektrum auf. Nach kurzer Zeit ist der forstlich stark beeinflußte Wald erreicht. Auffallend ist besonders das häufige Vorkommen des sich vor allem an Sträuchern emporwindenden Jelängerjelieber *(Lonicera caprifolium)*. Ob das häufig in Gärten gepflanzte wärme-

Blick über Leutra auf die südexponierten Steilhänge des Naturschutzgebietes Leutratal, das besonders durch seine reichen Orchideenvorkommen bekannt wurde

liebende Gehölz bei uns ursprünglich oder nur verwildert ist, kann kaum noch beurteilt werden. Am Weg treten bereits erste Orchideen auf, wie das Große Zweiblatt *(Listera ovata)*. Die 25 bis 40 cm hohe Pflanze mit den beiden dunkelgrünen, eiförmigen Laubblättern wird wegen ihrer unscheinbaren grünen Färbung leicht übersehen. Bald ist der Sattel am Jagdberg erreicht. Von hier aus bietet sich ein herrlicher Ausblick ins Leutratal, das vom hellgrauen Band der Autobahn durchzogen wird. Im Hintergrund ist die Leuchtenburg bei Kahla erkennbar.
Eine große Orientierungstafel rechts vom Weg weist darauf hin, daß wir die Grenze des Naturschutzgebietes »Leutratal« erreicht haben, und gibt Hinweise zum Naturschutz. Das Gebiet wurde wegen seines Orchideenreichtums bereits im April 1937 unter Schutz gestellt. Es umfaßt eine Fläche von 118 ha und ist nicht nur eines der ältesten, sondern auch der wertvollsten und bekanntesten Naturschutzgebiete Thüringens. Allein 27 Orchideenarten kommen noch heute auf relativ engem Raum zusammen vor, die vor allem im Mai und Juni wahre Besucherströme anziehen. Wer in dem schönen Tal fachlich geführt wer-

den möchte, kann sich in dieser Zeit an Wochenenden einer organisierten Führung von Gebietskennern anschließen (Informationen: Naturschutzbund, Tel.: 03641/605704 und 606430). Vom Sattel aus geht es auf dem sogenannten Göschwitzer Schulweg, der kürzesten Verbindung von Leutra zur Schule in Göschwitz, wieder bergab. Der Weg wird von verschiedenen Straucharten, wie Wolligem Schneeball *(Viburnum lantana)*, Blutrotem Hartriegel *(Cornus sanguinea)*, Liguster *(Ligustrum vulgare)* und Schlehe *(Prunus spinosa)* gesäumt, die auf einigen brachliegenden Flächen zusammen mit weiteren Gehölzen bereits mehr oder weniger dichte flächenhafte Gebüsche bilden. Diese sind ein typisches Wiederbewaldungsstadium alter Weinberge über Muschelkalk. Stellenweise kommen in ihren Randbereichen schöne Säume mit Kicher-Tragant *(Astragalus cicer)* vor. In welche Richtung die Vegetationsentwicklung nach Aufgabe historischer Nutzungsformen verläuft, kann man am besten an den Dauerbeobachtungsflächen der Friedrich-Schiller-Universität Jena studieren (rote und weiße Pfähle, Hinweisschilder). Seit 1971 ist das Naturschutzgebiet in umfangreiche wissenschaftliche Untersuchungen einbezogen, die die Unterbindung jeglicher Eingriffe in diese Dauerbeobachtungsflächen erfordern. Um die ablaufenden Sukzessionsprozesse zu verstehen, muß man die früheren menschlichen Einwirkungen auf die Pflanzendecke des Leutratales kennen. Historische Untersuchungen haben ergeben, daß nach der mittelalterlichen Waldrodung vor allem der Weinbau und die extensive Weidewirtschaft das Landschaftsbild geprägt haben. Die orchideenreichen Halbtrockenrasen entstanden erst mit dem Rückgang des Weinbaus und dem Beginn der neuzeitlichen Landwirtschaft mit ihrer Stallhaltung der Tiere auf der Grundlage der Futtervorratswirtschaft. Bis 1960 wurden viele Flächen, die heute brachliegen und verbuschen, zur Gewinnung von Heu einmal im Jahr gemäht.

Im deutlichen Kontrast zu den von der Universität betreuten Sukzessionsflächen stehen die benachbarten, noch gemähten und malerisch bunten Blumenwiesen. Bei diesem ausgesprochen arten- und besonders orchideenreichen Wiesentyp handelt es sich um Trespen-Halbtrockenrasen (Mesobrometen), deren Vorkommen das Gebiet vor allem seinen Schutz verdankt. Noch in der ersten Hälfte dieses Jahrhunderts waren sie eine weit verbreitete Wiesengesellschaft der flacher geneigten, vom Muschelkalk-Blockschutt überzogenen Unterhänge des Rötsockels

Eine der bemerkenswerten Orchideen in der Muschelkalkregion des Mittleren Saaletales um Jena: Spinnen-Ragwurz *(Ophrys sphegodes)*

(Oberer Buntsandstein). Nachdem ihre Nutzung wirtschaftlich unattraktiv geworden ist, zählen sie heute zu den gefährdeten Pflanzengesellschaften. Nicht die buntblühenden Stauden mit ihrer Farbenpracht, sondern Gräser prägen wesentlich Struktur und Bestandsaufbau dieser Wiesen. Die hochwüchsige Aufrechte Trespe *(Bromus erectus)* dominiert in den meist geschlossenen Rasen. Sie ist besonders mit submediterran verbreiteten Arten vergesellschaftet, wovon in erster Linie die Orchideen zu nennen sind. Eine der wohl eigenartigsten und seltensten Orchideenarten ist die bizarre Bocks-Riemenzunge *(Himantoglossum hircinum)*, die im Gebiet ihre nördliche Verbreitungsgrenze erreicht. Ihren Namen verdankt sie einerseits ihrem besonders an heißen Sommertagen sehr intensiven, ziegenbocksartigen Geruch, andererseits ihren sich uhrfederartig entrollenden, bis zu sechs Zentimeter langen zungenförmigen Lippen mit roten Flecken auf weißem Grund. Über jeder Lippe wölbt sich ein außen hellgrüner, innseitig braungestreifter Helm. Die typischen Winterblätter erscheinen schon im Herbst und sind gegenüber starken Kahlfrösten sehr empfindlich, was sich auf die Blühfreudigkeit auswirkt und die Bindung der Art an winter-

Helm-
Knabenkraut
(Orchis militaris)

milde, wärmebegünstigte Gebiete und Lebensräume erklärt. Häufiger ist in den Rasen das Helm-Knabenkraut *(Orchis militaris)* mit seinen hellvioletten Helmen und der rosavioletten Lippe anzutreffen. Bei dem im Gebiet selteneren stattlichen Purpur-Knabenkraut *(O. purpurea)* sind die Farben umgekehrt angeordnet. Beide Arten blühen etwa gleichzeitig und kreuzen sich miteinander, so daß im Leutratal die oft besonders großen und prächtig gefärbten Hybriden keine Seltenheit sind. In manchen Jahren können wir auch die sehr auffällig gefärbten Blüten der Bienen-Ragwurz *(Ophrys apifera)* in den Trespenrasen beobachten. Die zahlreichen Orchideen verlocken natürlich zum Verlassen der Wege, obwohl man fast alle Arten vom Wege aus beobachten und fotografieren kann. Nach dem ersten Besucheransturm bietet sich dann stellenweise ein trauriges Bild. Trampelpfade führen zu einzelnen Pflanzen, in deren Umgebung die Vegetation heruntergetreten ist. Abgesehen davon, daß gegen das Wegegebot verstoßen wird, scheint der damit angerichtete Schaden einfach ignoriert zu werden. Die unscheinbaren vegetativen Blattrosetten, die besonders dicht in der Umgebung älterer Pflanzen auftreten, werden übersehen und geschädigt.

Doch auch andere Blütenpflanzen tragen wesentlich zur Farbenpracht der Rasen bei. Als Charakterart ist vor allem die rosa blühende Saat-Esparsette *(Onobrychis viciifolia)* zu nennen. Blaue Farbtupfer bilden die Blütenstände von Wiesen-Salbei *(Salvia pratensis)*, Gemeiner Akelei *(Aquilegia vulgaris)* und Großem Ehrenpreis *(Veronica teucrium)*. Gelbe Farbtöne steuern Wiesen-Primel *(Primula veris)*, Aufrechter Ziest *(Stachys recta)*, Gemeiner Wundklee *(Anthyllis vulneraria)* und Garten-Schwarzwurzel *(Scorzonera hispanica)* bei. Hinzu gesellen sich Kartäuser-Nelke *(Dianthus carthusianorum)*, Skabiosen-Flockenblume *(Centaurea scabiosa)*, Tauben-Skabiose *(Scabiosa columbaria)* und Wiesen-Margerite *(Leucanthemum vulgare)*. Drei Enzianarten können in den Trespen-Halbtrockenrasen beobachtet werden: Neben Deutschem und Fransen-Enzian *(Gentianella germanica, G. ciliata)* tritt auch der seltene Kreuz-Enzian *(Gentiana cruciata)* auf.

Oberhalb der Autobahn-Unterführung, kurz vor dem Ort Leutra, erreichen wir eine Wegkreuzung. Hier halten wir uns rechts und wählen den breiteren Oßmaritzer Weg hangaufwärts. Von hier aus ist aber auch ein Abstecher in das kleine Dorf Leutra möglich. Seine spätromanische Wehrkirche aus dem 13. Jahrhundert besitzt ein im deutschsprachigen Raum einmaliges Elfpaßfenster, die »Rose von Leutra«.

Wir folgen dem Oßmaritzer Weg hangaufwärts. Beson-

Aufgelassene, langsam verbuschende Mähwiesen mit reichen Vorkommen von Gemeiner Akelei *(Aquilegia vulgaris)* und Großem Windröschen *(Anemone sylvestris)*

ders in einigen Hangrunsen ist die Sukzession schon relativ weit fortgeschritten. In diesen Pioniergehölzen dominiert vor allem die Gemeine Esche *(Fraxinus excelsior)*. Im zeitigen Frühjahr leuchten schon von weitem die Kornelkirschen *(Cornus mas)* mit ihren zahlreichen gelben Blütenbüscheln. Auf anderen brachliegenden Flächen haben sich Wald-Kiefern *(Pinus sylvestris)*, die bereits genannten Straucharten und krautige Pflanzen der Waldsäume ausgedehnt. Der Rauhhaarige Alant *(Inula hirta)* bietet zur Blütezeit im Juni prächtig gelb leuchtende Bestände. Andere Partien sind im Spätsommer durch die Blüten der Berg-Aster *(Aster amellus)* blauviolett getönt. Auffällig sind auch die Blüten des Blut-Storchschnabels *(Geranium sanguineum)*. Stellenweise bildet das andernorts selten gewordene Große Windröschen *(Anemone sylvestris)* mit seinen großen weißen Blüten beachtliche Pflanzengruppen. Wir erreichen schließlich die steiler geneigten Hangpartien des Wellenkalkes. Der Übergang äußert sich in einem deutlichen Gefälleknick zwischen dem sanfter geneigten Unter- (Rötsockel-)hang und dem steileren Ober- (Muschelkalk-)hang. Typisch sind hier lichte Kieferngehölze, die zum Teil auf Anpflanzungen in der Mitte des 19. Jahrhunderts zurückgehen. In ihnen siedelt regelmäßig der Gemeine Wacholder *(Juniperus communis)* als Relikt ehemaliger Hutewirtschaft. Seine starr abstehenden Nadeln wurden vom Weidevieh verschmäht, wodurch dieses »Weideunkraut« indirekt gefördert wurde. Die Bodenflora ähnelt oft noch stark den früheren Grasfluren. Besonders ein weißblühendes Liliengewächs, die Ästige Graslilie *(Anthericum ramosum)*, bildet große Bestände. Unmittelbar am Weg finden wir das Rote Waldvöglein *(Cephalanthera rubra)*. Diese grazile Orchidee blüht im Juni und verdankt ihren Namen der Blütenform, die dem Kopf eines Vogels mit geöffnetem Schnabel ähnelt.

13

Für offene Steilhangpartien mit nur geringer Bodenbildung sind Gamander-Blaugras-Rasen (Teucrio-Seslerietum) bezeichnend. Diese lückigen Trockenrasen werden vom Kalk-Blaugras *(Sesleria varia)* beherrscht. Dazwischen siedeln regelmäßig Berg- und Edel-Gamander *(Teucrium montanum, T. chamaedrys)*, Erd-Segge *(Carex humilis)*, Frühblühender Thymian *(Thymus praecox)* und Hufeisenklee *(Hippocrepis comosa)*. Auch drei Orchideenarten sind typische Begleiter dieser Grasflur. Reiche Vorkommen besitzen hier meist die Braunrote Sitter *(Epipactis atrorubens)*, die aufgrund ihres typischen Geruchs auch Strandvanille genannt wird, und die Große Händelwurz *(Gymnadenia conopsea)*, deren schlanke leuchtende Blütenkerzen einen besonderen Schmuck der frühsommerlichen Blaugrasfluren darstellen. Etwas genauer suchen muß man, um die zierliche Fliegen-Ragwurz *(Ophrys insectifera)* in der bunten Vielfalt benachbarter Blütenpflanzen zu entdecken. Diese sogenannte Fliege zeigt in ihrer Blütenform unter den Ragwurz-Arten die verblüffendste Insektenähnlichkeit. Im Laufe der Evolution hat sich im Zusammenspiel zwischen Pflanze und Insekt ein außergewöhnlicher Bestäubungsmechanismus entwickelt. Gestalt, Farbe, Duft und Behaarung der Lippe führen zu einer Scheinkopulation durch die Männchen bestimmter Insektenarten. Weiterhin tritt neben der Golddistel *(Carlina vulgaris)* auch die attraktive Silberdistel *(Carlina acaulis)* auf. Wenn wir im Mai oder Juni die Orchideenblüte erleben wollen, finden wir von der Gemeinen Kuhschelle *(Pulsatilla vulgaris)* meist nur noch die markanten Fruchtstände vor, die auch als »Hexenbesen« bezeichnet werden. Die Stengel wachsen nach der Blüte weiter, so daß die im Mai bis Juni reifenden Samen (Federschweifflieger) besser durch den Wind verbreitet werden können. Kurz bevor wir den Wald erreichen, können wir beide Waldhyazinthen-Arten beobachten, die Grünliche Waldhyazinthe *(Platanthera chlorantha)*, deren Staubgefäße im Winkel zueinander stehen, und die zierlichere Weiße Waldhyazinthe *(P. bifolia)* mit parallel liegenden Staubgefäßen und einer etwa 14 Tage später einsetzenden Blüte.

Nach wenigen Schritten lernen wir die natürliche Waldvegetation der Muschelkalkhänge kennen. Vorherrschende Waldgesellschaft auf den trockenen Kalkböden ist submediterran getönter Orchideen-Buchenwald (Carici-Fagetum), der hier vorwiegend auf ehemaligem Weinbergsgelände siedelt. In seiner Baumschicht dominieren mittel- bis mäßig gutwüchsige Rot-Buchen *(Fagus sylvatica)*, Mischhölzer haben nur eine geringe Bedeutung. In der nur schwach entwickelten Strauchschicht treten vorwiegend wärmeliebende Arten auf, wie der Gemeine Seidelbast *(Daphne mezereum)*. Die Krautschicht kann je nach Lichtgenuß des Bodens artenreich bis sehr artenarm sein. Bezeichnend sind vor allem wärmeliebende Orchideen und niederwüchsige Seggen. Kurz hinter dem Waldrand wächst direkt am Weg die zierliche Korallenwurz *(Corallorhiza trifida)*, die bereits ab den ersten Maitagen ihre kleinen schwefelgelben Blüten öffnet. Benannt wurde sie nach dem korallenförmigen Wurzelstock. Mit der Nest-

wurz *(Neottia nidus-avis)* siedelt im Orchideen-Buchenwald eine weitere Orchideenart, die fast kein Chlorophyll besitzt und damit nicht zur Photosynthese befähigt ist. Korallen- und Nestwurz sind Saprophyten, die auch als voll entwickelte Pflanzen noch alle notwendigen organischen Nährstoffe von ihrem Pilzsymbionten beziehen müssen. Die Nestwurz blüht gesellig von Mai bis Juni. Ihre relativ unscheinbaren Blüten duften nach Honig, und ihre Blätter sind zu Schuppen reduziert. Die Rhizomtriebe bilden ein relativ dichtes Geflecht, was Anlaß zum Vergleich mit einem Vogelnest gegeben hat. Neben der bereits genannten Braunroten Sitter *(Epipactis atrorubens)* ist das Bleiche Waldvöglein *(Cephalanthera damasonium)* eine weitere charakteristische Art des Orchideen-Buchenwaldes. Seine sich nur wenig öffnenden, meist cremefarbenen Blüten sind selbstbefruchtend, der Grund für die stets vollbesetzten Fruchtstände.
Am Storchenborn wird der Boden feuchter. Verschiedene Frühjahrsblüher siedeln hier, wie das Busch-Windröschen *(Anemone nemorosa)* und der Gefleckte Aronstab *(Arum maculatum)*, eine grünweißlich blühende Pflanze mit Kesselfallenmechanismus, die im September nochmals durch ihre orangeroten Beeren auffällt. Im Sommer beherrschen Stauden die üppige Bodenvegetation, wie Gelber Eisenhut *(Aconitum vulparia)* und Wald-Ziest *(Stachys sylvatica)*. Mit Frühlings-Platterbse *(Lathyrus vernus)*, Türkenbund-Lilie *(Lilium martagon)*, Christophskraut *(Actaea spicata)*, Nesselblättriger Glockenblume *(Campanula trachelium)* und Ähriger Teufelskralle *(Phyteuma spicatum)* deuten sich Übergänge zum Waldgersten-Buchenwald an. Weitere bemerkenswerte Arten am Wegrand sind Hekken-Wicke *(Vicia dumetorum)*, Schwarze Platterbse *(Lathyrus niger)* und die seltene Kohl-Gänsekresse *(Arabis brassica)*. Unterhalb der Oberhangkante machen sich schließlich die Nährstoffeinträge von der Ackerfläche durch zahlreiche stickstoffliebende Arten bemerkbar. Im Waldmantel wachsen auch Elsbeeren *(Sorbus torminalis)* und als Besonderheit eine alte Flaum-Eiche *(Quercus pubescens)*. Es dürfte sich jedoch um keine reine Flaum-Eiche handeln, sondern um einen Bastard mit der Stiel-Eiche *(Quercus robur)*, der mit behaarten jungen Ästen Flaumeichen-Merkmale aufweist.
Beim Verlassen des Waldes erreichen wir im Oberen Muschelkalk die überwiegend landwirtschaftlich genutzte Hochfläche der Ilm-Saale-Platte. Nach wenigen Metern wählen wir den ersten rechts abbiegenden Feldweg, der

in östlicher Richtung nach Göschwitz führt. Wir folgen dann im wesentlichen einem Teilstück des mit roten Balken markierten Gebietswanderwegs »100 km rund um Jena«. Die Äcker weisen zum Teil an ihren Rändern noch artenreiche Segetalgesellschaften auf. Segetalpflanzen (Ackerwildkräuter) sind durch kurze Entwicklungszyklen mit hoher Samenproduktion oder starkem Regenerationsvermögen gut an die regelmäßige Bodenbearbeitung angepaßt. Außerdem zeigen sie in überzeugender Weise die vorherrschenden Standortsbedingungen an. Allerdings erfolgte auch im Ackerbau mit der Einführung der Mineraldüngung in der zweiten Hälfte des 19. Jahrhunderts und der zunehmenden Mechanisierung ein bis zur Gegenwart andauernder Intensivierungsprozeß. Er führte zu einer drastischen Abnahme artenreicher, die speziellen Standortbedingungen anzeigender Segetalgesellschaften. Heute finden wir meist nur noch spärliche Reste an den Rändern oder auf sehr kleinen Äckern. Kurz bevor der Weg seine höchste Stelle erreicht, siedelt rechts am Ackerrand, zum Teil aber auch im Wegrain, das sehr selten gewordene Rundblättrige Hasenohr *(Bupleurum rotundifolium)*. Daneben können wir ein weiteres Doldengewächs, den stark nach Wanzen riechenden Strahlen-Hohlsame *(Bifora radians)* beobachten. Ein typischer Basenzeiger ist weiterhin die Erdnuß-Platterbse *(Lathyrus tuberosus)* mit ihren hübschen karminroten Blüten. Ihre Knollen werden gerne von Wildschweinen ausgewühlt und gefressen. Außerdem wachsen hier auch Sommer-Adonisröschen *(Adonis aestivalis)*, Feld-Rittersporn *(Consolida regalis)*, Vaillants Erdrauch *(Fumaria vaillantii)*, Kleinfrüchtiges Kletten-Labkraut *(Galium spurium)* und Acker-Steinsame *(Buglossoides arvensis)*.
An der nächsten Kreuzung wenden wir uns nach links und folgen dem mit roten Balken markierten Feldweg zum Vorwerk Cospoth in nördlicher Richtung. Wer auf kürzester Strecke zum Ausgangspunkt zurück gelangen möchte, kann dem eingeschlagenen Weg immer in östlicher Richtung folgen. Er führt erst durch Felder und Kiefern-Forste und schließlich durch Grünland mit buntblühenden Säumen abwärts bis Göschwitz. An der Kuppe des Cospoth mit dem Umsetzer der Deutschen Post – mit knapp 400 m ü. NN der höchste Punkt an unserer Wanderung – gehen wir links vorbei. Allerdings lohnt sich auch ein kleiner Abstecher zur Kuppe, da man von hier eine herrliche Aussicht über die südlichen Stadtteile von Jena in das Rodatal und bis in das Buntsandstein-Hügelland des Holzlandes

genießen kann. Die Umgebung des Cospoth stellt einen besonders schönen Ausschnitt historisch gewachsener Kulturlandschaft dar. Vor allem die Hänge mit den von zahlreichen alten Wacholdern *(Juniperus communis)* durchsetzten Weiderasen und aufgelassenen Streuobstwiesen werden den Betrachter begeistern. Vorbei an alten Winter-Linden *(Tilia cordata)* und Rot-Buchen erreichen wir das Vorwerk Cospoth, das lange dem Verfall ausgesetzt war. Es wurde um 1700 an Stelle der Wüstung Gleina erbaut. Dieser alten Ortsbezeichnung verdankt auch unser nächstes Wanderziel, das Kleinertal (eigentlich Gleinaer Tal), seinen Namen. In der Umgebung des Vorwerkes wachsen der Gute Heinrich *(Chenopodium bonus-henricus)*, eine typische dörfliche Ruderalpflanze, die früher auch als Gemüse (Wilder Spinat) zubereitet wurde, sowie weitere Ruderalpflanzen, wie der seltene Hunds-Kerbel *(Anthriscus caucalis)* und die Schwarznessel *(Ballota nigra)*.

Etwa 500 m hinter dem Vorwerk verlassen wir die nach Winzerla führende Oßmaritzer Straße und biegen links ab. Kurz darauf biegt nochmals links der mit gelben Balken markierte Wanderweg ins Kleinertal ein. An den südwestlich exponierten Hängen des Kleinertals wachsen lichte Kiefernforsten mit einer artenreichen Krautschicht. Viele lichtliebenden Orchideenarten besitzen gerade in derartigen Kiefernforsten ansehnliche Bestände. Häufig kann man aber auch verschiedene Wintergrüngewächse in Kalk-Kiefernforsten entdecken. Mit etwas Aufmerksamkeit findet man am Wegrand sogar das zierliche Moosauge *(Moneses uniflora)*. Etwa 200 m nach der Einmündung des rot markierten Wanderweges erreichen wir rechts vom Weg ein stattliches Vorkommen des Frauenschuhs *(Cypripedium calceolus)*. Sowohl durch Bau und Größe seiner Blüten als auch durch seine Bekanntheit nimmt er eine Sonderstellung innerhalb der heimischen Orchideen ein. In Jena wurde er geradezu ein Symbol des botanischen Artenschutzes. Die Einzelblüten erinnern mit ihrer Form und Größe an tropische Orchideen. Der auffälligste Blütenteil ist die bis zu vier Zentimeter große gelbe Lippe, die zu einem bauchigen Schuh geformt ist und der Pflanze ihren Namen gab. Die übrigen rotbraunen Blütenblätter stehen im hübschen Kontrast zum leuchtenden Gelb der Lippe. Auch die Bestäubung vollzieht sich in besonderer Weise. Pollensammelnde Insekten, die die Blüten anfliegen, rutschen vom glatten Rand der Lippe regelrecht in das Innere des »Schuhs«. Sie können nur über die

rauhere Narbe aus dieser glattwandigen Falle wieder herausfinden. Dabei streifen sie den mitgebrachten Pollen auf der Narbe ab. Gleichzeitig heftet sich dem Insekt Pollen der »Gastblüte« an. Um den Aufenthalt des Insekts in der Blüte ausreichend zu verlängern, täuschen zwei hellere »Fenster« im Hinterteil des Schuhs einen Ausweg vor. Um Jena, aber auch bei Arnstadt und Meiningen, weist der Frauenschuh noch beachtliche Vorkommen auf, so daß Thüringen eine besondere Verantwortung für die Erhaltung der Art trägt.
Das Kleinertal mündet schließlich in das Ammerbachtal (auch Nennsdorfer Tal genannt). Unser Wanderweg verläuft weitgehend horizontal am unteren Westhang des Holz- und Lämmerberges entlang. Botanisch interessant sind vor allem die artenreichen wärmeliebenden Säume am Weg. Fast alle Saumarten der Jenaer Umgebung sind hier vertreten. Am stattlichsten sind die hochwüchsigen Doldenblütler, wie Berg-Heilwurz *(Libanotis pyrenaica)*, Hirschwurz *(Peucedanum cervaria)* und Breitblättriges Laserkraut *(Laserpitium latifolium)*. Als Besonderheit siedelt hier das seltene praealpine Berg-Täschelkraut *(Thlaspi montanum)*.
Am Nordhang des Lämmerberges führt der Weg hinab nach Ammerbach, ein nach Jena eingemeindetes ehemaliges Weinbauerndorf, das aber weitgehend seinen dörflichen Charakter gewahrt hat. Wir gehen am Brodborn, einer nie versiegenden Quelle, und an der Kirche mit wertvollem spätgotischen Flügelaltar vorbei bis zur Endhaltestelle der Stadtbuslinien. Wer als botanisch interessierter Naturfreund nach Jena kommt, sollte es nicht versäumen, den Botanischen Garten mit seinen reichen Pflanzensammlungen und den auf Veranlassung von Goethe gepflanzten Ginkgo *(Ginkgo biloba)* zu besuchen.

Länge der Wanderung: etwa 10 km
Einkehrmöglichkeiten: in Göschwitz, Leutra und Ammerbach
Verkehrsverbindungen: Bahnhof Jena-Göschwitz der Eisenbahnlinien Berlin – München und Erfurt – Gera; Stadtbuslinien in Jena bis Endhaltestellen Göschwitz oder Lobeda-West bzw. Ammerbach; Abfahrt Jena-Göschwitz der A 4, Fahrt in nördlicher Richtung bis Göschwitz bzw. Ammerbach oder in südlicher Richtung über Maua bis Leutra

TOUR 14

Tiefe Schluchten im Holzland

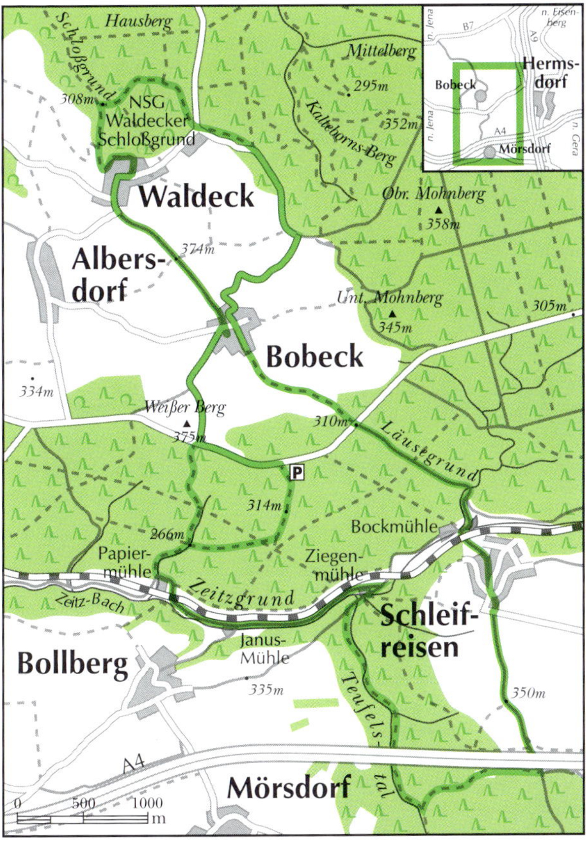

Eine ausgedehnte, flachwellige Sandsteinplatte trennt nördlich des Schiefergebirges das Flußsystem der Saale von dem der Weißen Elster. Tief haben sich zahlreiche Bäche in das relativ weiche Grundgestein eingeschnitten und mit engen Kerbtälern den mächtigen Sandsteinblock zerschnitten. Die Nährstoffarmut der Böden ließ eine

14

landwirtschaftliche Nutzung nur bedingt zu. Bis heute ist das Gebiet zwischen Rudolstadt und Gera überwiegend bewaldet – daher der Name Holzland. Der Waldanteil nimmt vom Zentrum zum Rand der Platte hin ab. Mit relativ weiten Tälern öffnen sich die anfangs schmalen Abflußrinnen zur Saale und Elster. Die klimatischen und geologischen Voraussetzungen sind hier für eine ackerbauliche Nutzung günstiger – es entstand eine wesentlich reicher gegliederte Landschaft. In den abgelegeneren und engeren Schluchten konnten sich zahlreiche floristische und faunistische Besonderheiten erhalten. Viele Täler sind touristisch sehr gut erschlossen und gehören mit ihren zahlreichen Mühlen zu den beliebtesten Wanderzielen Ostthüringens.
Das geologische Baumaterial des Holzlandes ist der Buntsandstein, wobei an den Rändern zum Schiefergebirge der Untere und im Zentrum der Platte der Mittlere Buntsandstein vorherrschen.
Im Zentrum der mächtigen Sandsteinplatte um Hermsdorf fallen jährlich über 650 mm Niederschlag, die Jahresdurchschnittstemperatur liegt bei ca. 7 °C. Sowohl zum Saale- als auch zum Elstertal, also an den Rändern der Buntsandsteinplatte, ist mit ca. 600 mm Niederschlag und ca. 7,5 °C das Klima etwas milder, was sich auf die natürliche, aber auch auf die anthropogen geformte Vegetation auswirkt. Heute herrschen in den niederschlagsreicheren und kühleren Teilgebieten Nadelholzforste vor, während naturnahe Buchenwälder auf wenige Sonderstandorte zurückgedrängt wurden. Pflanzensoziologische Forschungen haben aber auch die Existenz natürlicher Kiefern- und Fichtenwälder nachgewiesen. Auf trockneren Hang- und Plateaulagen siedelt bevorzugt eine autochthone Wald-Kiefer *(Pinus sylvestris* ssp. *hercynica)*, sowohl gemeinschaftlich mit Rot-Buche *(Fagus sylvatica)* und Trauben-Eiche *(Quercus petraea)* als auch in forstlich geförderter Reinkultur. In frischeren bis feuchteren Tallagen erreicht die Fichte *(Picea abies)* bessere Wuchsleistungen. Auch die Tanne *(Abies alba)* kam vor. Für die pflanzengeographische Abtrennung des Gebietes als Ostthüringisches Buntsandsteinland und für eine geobotanische Feingliederung sind die Vorkommen der montanen Begleiter der Nadelholzwaldungen von Bedeutung. Solche sind z.B. das Wollige Reitgras *(Calamagrostis villosa)*, der Europäische Siebenstern *(Trientalis europaea)*, das Harz-Labkraut *(Galium harcynicum)*, der Bergfarn *(Lastrea limbosperma)* und der Rippenfarn *(Blechnum spicant)*.

Wir beginnen unsere Wanderung an einer ehemaligen Mühle, und zwar an der Papiermühle im bekannten Zeitzgrund zwischen Stadtroda und Hermsdorf an der Bahnlinie Jena – Gera. Mit dem Auto Anreisende nutzen den ausgewiesenen öffentlichen Parkplatz an der Straße Bad Klosterlausnitz – Jena östlich des Weißen Berges und gehen von hier talabwärts auf dem breiten und ausgeschilderten Forstweg bis zur Papiermühle (ca. 1,5 km).
Im Zeitzgrund wenden wir uns auf dem Hauptweg zunächst nach Osten in Richtung Janismühle. Die Hanglagen werden von artenarmen Fichten- und Kiefernforsten eingenommen, lediglich links des Weges treten Reste naturnahen Laubmischwaldes auf. Die einstigen artenreichen frischen bis feuchten Mähwiesen im Talgrund mußten Intensivgrünland weichen. Floristisch interessant ist der linkerhand aufgeschüttete Bahndamm. Hier schmükken im Sommer dicht von Brombeeren und Himbeeren verwebte Staudenfluren die waldfreien Stellen. Besonders fallen der Großblütige Fingerhut *(Digitalis grandiflora)* mit seinen hellgelben Blüten und der Bunte Hohlzahn *(Galeopsis speciosa)* mit seinen purpurnen Unterlippen der ansonsten gelben Lippenblüten auf. Überrascht wird man von den gänseblümchenartigen Blütenköpfen des Einjährigen Berufkrautes *(Erigeron annuus)*, einem aus Nordamerika stammenden und seit dem 18. Jahrhundert in Europa auftretenden Neophyten. Große Flächen sind von den bis 2 m langen, liegenden Trieben der Wald-Platterbse *(Lathyrus sylvestris)* überzogen.
An der Ziegenmühle verlassen wir den Zeitzgrund und wenden uns auf dem mit einem gelben und grünen Balken markierten Wanderweg nach Süden in das Teufelstal. Unmittelbar am Taleingang ragen die bis 1,5 m hohen Stengel des Purpur-Hasenlattichs *(Prenanthes purpurea)* über den Wegrand. Dieser Korbblütler, ein Vertreter montaner Waldschläge und -säume sowie krautreicher Laub- und Laubmischwälder, ist schon steril leicht an seinen zarten, blaugrünen und stengelumfassenden Blättern zu erkennen. In Thüringen bleibt der Hasenlattich im wesentlichen auf die Mittelgebirgstäler beschränkt und dringt nur an wenigen Sonderstandorten in die collinen Bereiche vor. Eine weitere floristische Besonderheit, der Winter-Schachtelhalm *(Equisetum hyemale)*, ist im Mündungsbereich des Teufelstalbaches kaum zu übersehen. Mit seinen wintergrünen, unverzweigten Stengeln bildet er in bachbegleitenden Waldgesellschaften auf grund- bis sickerfeuchten, sandigen und lehmigen Böden oft ausge-

dehnte Bestände. Im tief eingeschnittenen, engen Teufelstal dominieren Fichtenforste, die mit dichten Teppichen des Wolligen Reitgrases *(Calamagrostis villosa)* und mit ihrem Farnreichtum an Bergfichtenwälder erinnern. Bei dem reichlich vorkommenden Kreuzkraut handelt es sich in der Regel um die spätblühende Sippe des Hain-Kreuzkrautes *(Senecio germanicus)*, die östlich der Saale das ansonsten häufigere Fuchssche Kreuzkraut *(S. ovatus)* ablöst. Eine weitere östliche Laubwaldpflanze, der Wald-Geißbart *(Aruncus sylvestris)*, steht zusammen mit dem Purpur-Hasenlattich am Talausgang. Das nur zerstreut auftretende und nicht leicht zu findende Alpen-Hexenkraut *(Circaea alpina)* unterstreicht den montanen Charakter der tiefen Schluchten. Wo einzelne Sonnenstrahlen das dichte Nadeldach durchdringen, lassen sie die Bestände des feinästigen attraktiven Wald-Schachtelhalms *(Equisetum sylvaticum)* aufleuchten. Zwei andere häufige, aber nicht so leicht zu unterscheidende Schachtelhalme, der Acker- und der Sumpf-Schachtelhalm *(E. arvense, E. palustre)* säumen die quelligen Stellen des Wegrandes. Im Sommer sind diese durchlichteten feuchten bis nassen Saumbereiche mit Sumpf-Blutweiderich (*Lythrum salicaria)*, Gemeinem Helmkraut *(Scutellaria galericulata)*, Sumpf-Hornklee *(Lotus corniculatus)*, Gemeinem Gilbweiderich *(Lysimachia vulgaris)* und vielen anderen Blütenpflanzen auffallend bunt und abwechslungsreich besetzt. Wechselfeuchtere, nährstoffarme Stellen werden oft vom Pfeifengras *(Molinia caerulea)* eingenommen. Dieses Gras ist an seiner schieferblauen Färbung leicht zu erkennen. Seine knotenlosen Halme, die als Pfeifenreiniger genutzt wurden, gaben ihm seinen Namen.

In einem weiten beeindruckenden Bogen überspannt eine Autobahnbrücke das Teufelstal. In der Umgebung befinden sich an den ostexponierten Hängen Reste naturnahen Buchenwaldes. Dicht umranken die kräftigen Triebe einer Brombeerart die Gehölze am Wegsaum. Brombeeren werden aufgrund ihrer schweren Bestimmbarkeit von den Floristen in der Regel sehr stiefmütterlich behandelt. Doch gibt es einige häufige Arten, die gut umgrenzbare Merkmalskombinationen aufweisen und leicht erkannt werden können. Dazu gehört die im Holzland häufige Drüsige Brombeere *(Rubus pedemontanus)*. Sie ist sowohl durch die Bestachelung als auch durch das Endblättchen des meist fünfteiligen Fiederblattes, das eine deutlich abgesetzte, oft gebogene und regelmäßig fein gesägte Spitze aufweist, gut von anderen Arten differenziert.

Die Heide-Nelke (*Dianthus deltoides*) wächst besonders an nährstoffarmen Wegkanten und Wiesenrainen.

Ca. 500 m südlich der Autobahnbrücke verlassen wir das Teufelstal auf einem unmarkierten Waldweg nach links, in östlicher Richtung. Am Wegabzweig steht etwas erhöht eine Schutzhütte, so daß er nicht zu verfehlen ist. Bald werden die Fichtenforste von trockneren und lichteren Kieferbeständen abgelöst. Im Unterwuchs dominiert der Adlerfarn *(Pteridium aquilinum)* und läßt kaum andere Arten hochkommen. Lückigere Stellen sind von Heidekrautgewächsen besetzt, vor allem von der allgegenwärtigen Blaubeere *(Vaccinium myrtillus)*, seltener auch von der Preiselbeere *(Vaccinium vitis-idaea)* und der Besenheide *(Calluna vulgaris)*. Mit seinen purpurnen, innen rot gefleckten Blüten und den runzligen, unterseits graufilzigen Blättern stellt der Rote Fingerhut *(Digitalis purpurea)* einen auffallenden Schmuck im Grün der Kiefernforste dar. Die Inhaltsstoffe dieses zwar hübschen, aber giftigen Braunwurzgewächses dienen zur Behandlung von Herzkrankheiten. Auch als Zierpflanze erfreut sich der Rote Fingerhut großer Beliebtheit. Er gehört ähnlich wie der an den Waldsäumen in großen Mengen wachsende, gelb blühende Salbei-Gamander *(Teucrium scorodonia)* zu den ozeanisch verbreiteten Pflanzen.

Auf der Hochfläche verläuft unser Weg ca. 500 m parallel zur Autobahn, bevor wir diese durch einen Tunnel queren können. Wir sind jetzt an den höchsten Stellen der Buntsandsteinplatte. Vor Jahren kamen hier vereinzelt an feuchten, anmoorigen Stellen immer wieder das Scheidige Wollgras *(Vaccinium vaginatum)* und die Glocken-Heide *(Erica tetralix)* vor. Heute sind beide Arten ausgesprochen selten geworden und durch den weiteren Ausbau der Autobahn wahrscheinlich endgültig zum Aussterben im Holzland verurteilt. Etwa 1 km nördlich der Autobahn erreichen wir den Ort Schleifreisen. Hoch thront das Dorf auf einem steilen Bergsporn über dem Zeitzgrund, in den wir zur Bockmühle dann wieder hinabsteigen. Wir bleiben aber nur kurz im Tal des Zeitzbaches und verlassen ihn durch den Läusegrund auf dem blau/grün markierten und mit »Pechofen« ausgeschilderten Wanderweg. Vorher lohnt noch ein Blick zu den kleinen Teichen nordöstlich der Bockmühle. Sie fallen vor allem durch dichte Verlandungsgürtel auf. Floristisch bedeutsam sind die Vorkommen des Sumpf-Reitgrases *(Calamagrostis canescens)* und Sumpf-Haarstranges *(Peucedanum palustre)*. Am »Pechofen« erinnert ein Denkmal an eine einstige Nutzung des Holzreichtums. Am Ausgang des Läusegrundes erreicht man schließlich die Straße zwischen Jena und Bad Klosterlausnitz, überquert diese und folgt der Ausschilderung »Bobeck/Thalbürgel«.

Blick in das Totalreservat des Naturschutzgebietes Waldecker Schloßgrund; die flacher geneigten Hangpartien werden vor allem von Buchenwald beherrscht.

Der Wiesen-Schachtelhalm *(Equisetum pratense)* gehört zu den floristischen Besonderheiten des Waldecker Schloßgrundes.

14

In Bobeck ist eine Mittagsrast zu empfehlen, bevor man zu den nächsten Exkursionszielen aufbricht. Der markierte und ausgeschilderte Weg führt entlang der Straße in einem weiten Bogen um die Rodungsinsel nach Waldeck. An dessen nordöstlichem Ortsrand, dort, wo die Straße nach Bürgel scharf nach Norden abbiegt, betreten wir das Naturschutzgebiet »Waldecker Schloßgrund« auf dem durch ein Totalreservats-Hinweisschild gekennzeichneten Weg. Dieser führt nun immer leicht bergab, zunächst durch forstlich stärker beeinträchtigte Laubwälder, bald aber durch hohe, naturnahe Buchen-Altbestände. Im Naturschutzgebiet sind zwei Flächen als Totalreservate ausgeschieden worden, um die ungestörte Entwicklung und Dynamik naturnaher Laubholzbestände untersuchen zu können. Der erste Teil des Weges im Naturschutzgebiet ist dadurch zwar etwas beschwerlicher, aber zugleich auch um so beeindruckender.

Nach ca. 600 m trifft man auf den ausgeschilderten und erschlossenen Wanderweg »Um die Buchen«, dem wir weiter talabwärts folgen. Wechsellagerungen des Sandsteines mit tonigen Schichten führen zu Wasserstauungen und Quellaustritten links des Weges. In den gut entwikkelten, schattigen Quellfluren fallen vor allem die großen, bis 1m Durchmesser erreichenden Horste der Hänge-Segge *(Carex pendula)* sowie die elfenbeinweißen Stengel des Riesen-Schachtelhalmes *(Equisetum telmateia)* auf. Ständig überrieselte Bodenflächen werden von dichten Teppichen des Gegenblättrigen Milzkrautes *(Chrysosplenium oppositifolium)* überzogen. Vielerorts wachsen Echtes Springkraut *(Impatiens noli-tangere)* und Hain-Gilbweiderich *(Lysimachia nemorum)*; selten ist das zierliche Alpen-Hexenkraut *(Circaea alpina)* anzutreffen.

Die frischen bis feuchten Laubwälder fallen vor allem durch ihren Farnreichtum auf. Häufigste Arten sind Gemeiner Frauenfarn *(Athyrium filix-femina)*, Dornige Wurmfarne *(Dryopteris carthusiana, D. dilatata)* sowie Gemeiner Wurmfarn *(D. filix-mas)*. Zerstreut kommen Buchenfarn *(Phegopteris connectilis)*, Eichenfarn *(Gymnocarpium dryopteris)* und Bergfarn *(Lastrea limbosperma)* vor. Zu den Seltenheiten zählt der Spreuschuppige Wurmfarn *(D. affinis)*. Früher kamen auch der Dornige Schildfarn *(Polystichum aculeatum)* und die Hirschzunge *(Phyllitis scolopendrium)* vor. Nährstoffreichtum zeigen die reichen Bestände des Großen Hexenkrautes *(Circaea lutetiana)* und des Kleinblütigen Springkrautes *(Impatiens parviflora)* an. Dort, wo der Seitenbach, den wir bislang verfolgten, in das Haupttal des Schloßgrundes mündet, kann man noch schöne Vorkommen des Wiesen-Schachtelhalmes *(Equisetum pratense)* und des Berg-Ehrenpreises *(Veronica montana)* beobachten.

Durch das Haupttal abwärts ist für diejenigen, die nicht zu ihrem Fahrzeug zurück müssen, ein Abstecher nach Thalbürgel mit seiner romanischen Klosterkirche empfehlenswert. Von hier bestehen relativ regelmäßige Busverbindungen nach Jena. Unser Rundwanderweg führt aber an der rechten Talseite des Schloßgrundes bergan nach Waldeck. Man sollte am Ausgang des Grundes aber nicht gleich in den Ort abbiegen, sondern noch ein wenig den beschilderten Rundweg am Oberhang eines weiteren kleinen Seitengrundes nutzen, um die prächtigen Buchen-Altbestände zu genießen. Reiche Vorkommen des Wald-Schwingels *(Festuca altissima)* geben diesen einmaligen Waldbildern ein besonderes Gepräge.

Kurz bevor der Wanderweg den kleinen Seitengrund durchquert, biegt man rechterhand über ein paar Stufen nach Waldeck ab. An einem Forsthaus wird an einen Aufenthalt von J. W. Goethe erinnert, der nach Waldeck gekommen ist, um die berühmten Buchen zu bewundern und der sehr beeindruckt gewesen sein soll. Man verläßt Waldeck am südlichen Ortsrand und nutzt den Wanderweg, der, links von der Straße nach Albersdorf abzweigend, vorbei an dem weithin sichtbaren Wasserturm nach Bobeck zurückführt. Wiesenraine mit Nordischem Labkraut *(Galium boreale)* und Ackerränder mit Sommer-Adonisröschen *(Adonis aestivalis)*, Feld-Rittersporn *(Consolida regalis)* und Acker-Hahnenfuß *(Ranunculus arvensis)* lassen ein Botanikerherz schneller schlagen. Vom Wasserturm hat man bei günstigen Wetterlagen einen großartigen Fernblick über die sanft gewellte Hochfläche des Holzlandes. Von den tiefen Schluchten ist nichts zu erahnen. Den Horizont nach Norden und Westen begrenzen die schroffen Geländeformen der Muschelkalklandschaft des mittleren Saaletales.

Von Bobeck geht man am günstigsten auf der Straße bis zur Kreuzung am Weißen Berg. Bis zum Parkplatz sind es dann noch ca. 500 m auf der Straße in Richtung Bad Klosterlausnitz. Zur Papiermühle führt genau gegenüber der Straßeneinmündung von Bobeck ein zunächst rot markierter Fußpfad, später ein grün gekennzeichneter Waldweg zurück. Kurz vor der Papiermühle sollte man am westexponierten Talhang auf ein Vorkommen des Kanadischen Hartriegels *(Cornus canadensis)* und im Bächlein gegenüber auf die zarten Pflanzen des Zymbel-Steinbrechs *(Saxifraga cymbalaria)* achten. Beide Arten sind hier zwar ausgepflanzt, aber schon seit Jahrzehnten beständig.

Länge der Wanderung: etwa 20 km
Einkehrmöglichkeiten: Janismühle und Ziegenmühle im Zeitzgrund; in Bobeck und in Waldeck
Verkehrsverbindungen: mit der Bahn bis Bahnhof Papiermühle (Holzlandbahn, Strecke Erfurt-Gera); mit dem PKW über die A 9 bis zur Abfahrt Bad Klosterlausnitz nördlich des Hermsdorfer Kreuzes (hier Anschluß an die A 4) und dann Richtung Jena bis zum Parkplatz oberhalb der Papiermühle oder über die B 7 (Jena-Eisenberg), Abzweige in Rodigast oder Thalbürgel

TOUR 15

Alte, knorrige Eiben und andere Kostbarkeiten in der Rhön

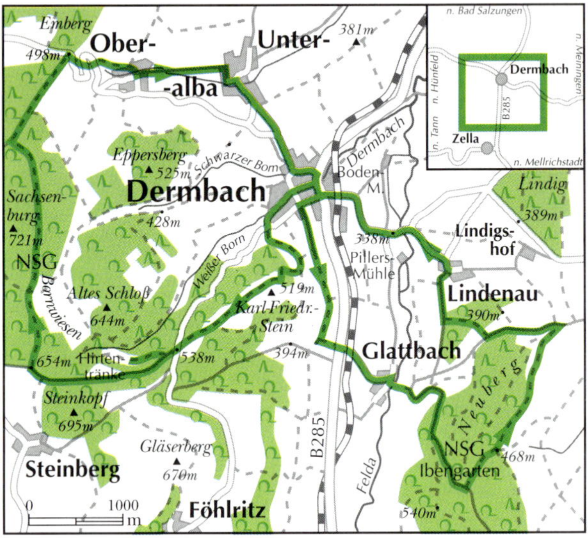

Die Rhön: »... zum Teil wild, rauh und unfruchtbar, auf den Gipfeln kalt, flach und beinahe während eines Halbjahres mit Schnee, aber an den Abhängen mit Gras, aromatischen Kräutern und Wald bedeckt.« Diese nicht gerade einladenden Worte aus Ritters »Geographisch-Statistischem Lexikon« von 1906 stehen für eine jahrhundertelange und fast alle Bereiche der kulturhistorischen Entwicklung betreffende Isolierung einer Landschaft und ihrer Bewohner. Nur langsam vollzog sich in den letzten Jahrzehnten ein Wandel. Heute steckt, vor allem für Naturliebhaber, schon allein in dem Wort »Rhön« eine vielfältige Verlockung. Der Name »Rhön« läßt sich von dem mittelhochdeutschen Wort »rone« (Baumstamm, Holzklotz) ableiten und bezieht sich wohl auf die dichte Waldbedeckung des im Grenzdreieck zwischen Bayern, Hessen und Thüringen gelegenen Gebirges. Heute ist die Rhön eine der abwechslungsreichsten Landschaften Mit-

teleuropas. Hier haben sich, großflächig und üppig ausgestattet, Biotope und Biotopkomplexe als Kulturrelikte erhalten, die anderenorts oft unnötig und unbedacht vernichtet wurden. So wurde 1992 ein die drei Bundesländer übergreifendes Biosphärenreservat »Rhön« eingerichtet.
Am Ende des Tertiär, vor ca. 10 Millionen Jahren, setzte südlich des Thüringer Gebirges, das als Scholle im wesentlichen schon herausgehoben war, eine stärkere vulkanische Tätigkeit ein. Große Mengen magmatischen Materials wurden durch die Deckschichten der Trias nach oben befördert und haben einen eigenen Landschaftscharakter entstehen lassen. Im Gebiet der heutigen Rhön lag ein Häufungszentrum des jungtertiären Vulkanismus und hat einen mehrere Kilometer breiten basaltischen Deckenrest hinterlassen (Hohe Rhön), um den sich halbkreisförmig einzelne, mehr oder minder isolierte Vulkanreste gruppieren (Kuppige oder Vorder-Rhön). Durch die Verwitterung der Basaltauflagen entstanden zum Teil ausgedehnte Blockmeere, die die meist vom Muschelkalk gebildeten Sockel überdecken. Die Basaltkuppen und Steilhanglagen im Muschelkalk tragen gegenwärtig überwiegend naturnahe Wälder, in denen die Rot-Buche *(Fagus sylvatica)* vorherrscht. Die Basaltblockfelder sind zum Teil von Natur aus waldfrei und bieten, vor allem für Kryptogamengesellschaften, ein interessantes Mosaik von Sonderstandorten. An der Grenze vom Muschelkalk zum Oberen Buntsandstein (Röt) wird die Hangneigung auffallend geringer. Diese Geländestufe wird heute fast ausschließlich von Schaftriften eingenommen, deren Ausdehnung in der Vorderrhön gegenwärtig wohl einmalig ist. Austretendes Quellwasser führte an zahlreichen Stellen zur Bildung von Kalk-Quellmooren – ein Lebensraum, der in anderen Gebieten stark zurückgegangen ist und in der Rhön ein bedeutendes Refugium gefunden hat.
Klimatisch zeichnet sich die Rhön gegenüber den umliegenden Hügellandschaften durch höhere Niederschlagswerte und eine geringere Jahresdurchschnittstemperatur aus, was sich pflanzengeographisch durch ein verstärktes Auftreten atlantischer Elemente auswirkt. In Thüringen fast gänzlich auf die Rhön beschränkte oder hier konzentrierte Arten sind u.a. Glanz-Kerbel *(Anthriscus nitidus)*, Breitblättrige Glockenblume *(Campanula latifolia)* oder Deutsche Hundszunge *(Cynoglossum germanicum)*, alles Laubwaldelemente europäischer, subozeanisch geprägter Gesamtverbreitung.
Unser Wandervorschlag führt in die Kuppige oder Vorder-

Blick von den Schaftriften am Neuberg über den Ort Wiesenthal auf den Basaltkegel der Stoffelskuppe

Rhön. Ausgangspunkt ist das Städtchen Dermbach im Feldatal, ca. 13 km südöstlich Bad Salzungen. In der Nähe des Straßenabzweiges von der B 285 nach Schmalkalden, genau gegenüber der Gaststätte »Zum Rhönpaulus«, folgt man der kleinen bergan führenden Straße, bis diese auf einen Weg »Obere Siedlung« trifft. Hier biegt man links ein und verläßt die Stadt in südlicher Richtung. Der mit »Ibengarten« ausgeschilderte Wanderweg führt durch das Feldatal am östlichen Unterhang des Karl-Friedrich-Steines zunächst bis Glattbach. Dort trifft man auf den mit rotem Querbalken markierten »Rhönwanderweg« und überquert auf diesem die Felda.

Am Fuße des sich östlich anschließenden Neuberges findet man unmittelbar rechterhand des Weges eine kleine Kalk-Quellstelle mit Tuffbildungen. Solche offenen Kalk-Quellmoore gehören gegenwärtig mit zu den gefährdetsten Biotopen in Mitteleuropa. Sie entstehen in den Kalkgebieten oft kleinflächig im Bereich von Quellen, sofern diese nicht zur Trinkwassergewinnung gefaßt oder anderweitig verändert wurden. Das austretende Wasser muß reich an Kalziumkarbonat sein. Dieses liegt in Lösung überwiegend als Bikarbonat vor; beim Austritt des Wassers aus dem umgebenden Gestein verringert sich der Lösungsdruck, und es wird unter Freisetzung von Kohlendioxid schwer lösliches Kalziumkarbonat als Tuff abgelagert. Die auf den ständig nassen und überrieselten Tuffbänken siedelnden Pflanzengesellschaften sind in der Offenlandschaft anthropogenen Ursprungs. Die aufwachsende, als Futter unbrauchbare Pflanzenmasse wurde früher als Einstreu genutzt, das heißt, die Kalk-Quellmoore wurden wenigstens einmal im Jahr, in der Regel im Herbst, gemäht. Unterbleibt die Mahd, erfolgt mehr oder minder schnell eine Sukzession über Hochstauden- und Gebüschstadien zu entsprechenden Waldgesellschaften. Typische Pflanzen der Kalk-Quellmoore sind u.a. Gelb- und Torf-Segge *(Carex lepidocarpa, C. davalliana),* Sumpf-Herzblatt *(Parnassia palustris)* und Kleiner Baldrian *(Valeriana dioica).* Darüber hinaus gedeiht hier eine ganze Reihe von Sumpf- und Feuchtwiesenarten, wie Herbst-Zeitlose *(Colchicum autumnale),* Blaugrüne Binse *(Juncus inflexus),* Sumpf-Dotterblume *(Caltha palustris)* und Bach-Nelkenwurz *(Geum rivale).*

Man erreicht dann oberhalb der kleinen Quellstelle den westexponierten Sockel des Neuberges mit einer kleinen Wacholder-Trift. Auf die Artenzusammensetzung dieser Rasengesellschaften wird genauer am Osthang des Neuberges eingegangen. Hier sei nur auf besonders reiche Vorkommen von Stattlichem Knabenkraut *(Orchis mascula),* Fliegen-Ragwurz *(Ophrys insectifera),* Abbiß-Pippau *(Crepis praemorsa)* und Katzenpfötchen *(Antennaria dioica)* aufmerksam gemacht. Der Gemeine Wacholder *(Juniperus communis)* schmückt die Trift mit auffallend schönen Exemplaren. Licht stehende, großkronige Rot-Buchen im Saumbereich zum dichter schließenden Wald deuten auf ehemalige Waldweide-Nutzung hin.

Unser Rhönwanderweg umrundet die Trift in einem großen Bogen und führt schon wenige Meter nach Abbiegen in südliche Richtung in einen schattigen Buchen-Hochwald. Schilder weisen darauf hin, daß man sich in dem 1938 eingerichteten Naturschutzgebiet »Ibengarten« befindet. Das Relief am Westhang des Neuberges ist durch abgestürzte Muschelkalkpartien relativ unruhig und weist sowohl sanft geneigte Hanglagen als auch steile Felsdurchragungen auf. An den Steilhängen mit nachrutschendem Kalkschotter konnten sich drei lichte Buchenwaldgesellschaften entwickeln, die eine wichtige Schutzfunktion an solchen erosionsgefährdeten Stellen besitzen: Orchideen-Buchenwald (Carici-Fagetum), Blaugras-Buchenwald (Seslerio-Fagetum) und Eiben-Buchenwald (Taxo-Fagetum). An flach- bis mittelgründigen Hangstandorten trockener, warmer Lagen siedelt der submediterran getönte Orchideen-Buchenwald. In der Baumschicht herrscht fast ausschließlich die Rot-Buche *(Fagus sylvatica)* vor, eine Strauchschicht ist in den hallenartigen Beständen kaum entwickelt. Auch die Feldschicht weist in der Regel nur einen geringen Deckungsgrad auf, zeichnet sich aber durch das Vorkommen einer ganzen Reihe wärmeliebender Elemente aus, wie zum Beispiel der Berg- und Finger-Segge *(Carex montana, C. digitata)* und zahlreicher Orchideen: Nestwurz *(Neottia nidus-avis)*, Breit- und Kleinblättrige sowie Braunrote Sitter *(Epipactis helleborine, E. microphylla, E. atrorubens)* sowie Bleiches und Rotes Waldvöglein *(Cephalanthera damasonium, C. rubra)*. In extremen Steilhanglagen und an Oberhangkanten von Felsbereichen geht der Orchideen-Buchenwald in den noch lichteren, ebenfalls submediterran getönten Blaugras-Buchenwald über. Die Rotbuche ist hier niedrigwüchsiger, oft verkrüppelt, in der Feldschicht fallen große Bestände des Kalk-Blaugrases *(Sesleria varia)* neben zahlreichen anderen Vertretern offener Gesellschaften auf.

Die Beweidung mit Schafen führte in der Rhön zu einem nahezu einmaligen Reichtum an ausgedehnten Halbtrockenrasen.

Eine besondere Bedeutung hat am Westhang des Neuberges das Vorkommen des Eiben-Buchenwaldes, was auch ausschlaggebend für die Unterschutzstellung des Gebietes war. Die Eibe *(Taxus baccata)* baut in den dicht schließenden Buchenbeständen eine charakteristische zweite Baumschicht auf. Obwohl die Individuenzahl mit rund 350 Exemplaren relativ gering ist, gilt das Eibenvorkommen im »Ibengarten« als eines der bedeutendsten und interessantesten in Thüringen. Diese Berühmtheit hängt mit dem bizarren Aussehen einzelner Eiben und dem hohen Alter der Bäume zusammen. Untersuchungen ergaben, daß das Durchschnittsalter aller Eiben am Westhang des Neuberges zwischen 250 und 350 Jahren liegt, einzelne erreichen die stattliche Zahl von über 500 Lebensjahren. Die Verjüngung der Eiben ist allerdings stark gestört – zum einen durch die Hochwald-Bewirtschaftung und die damit verbundene Ausdunklung, zum anderen und viel entscheidender durch die zu starke Wilddichte und den aufwuchsverhindernden Verbiß. Die gegenwärtigen Gatterungen im Schutzgebiet, die mancher vielleicht als störend empfindet, dienen Verjüngungsversuchen der Eibe.

Nach etwa 1 km hinter den letzten Eiben biegen wir nach links vom rot markierten Rhönwanderweg ab (Ausschilderung mit »Rundweg«) und überqueren die südlichen Ausläufer des Neuberg-Plateaus. Schließlich gelangt man in ein sich weit nach Nordosten öffnendes Wiesental und wird am Waldrand von einem faszinierenden Blick in den Bann gezogen. Vor uns liegt eine reich gegliederte Landschaft mit ihren klassischen Nutzungsformen. Die den Horizont begrenzenden Vulkankegel von Horn und Stoffelskuppe mit ihren Steilhanglagen sind bewaldet. Darunter befinden sich ausgedehnte Schaftriften mit reichen Wacholderbeständen, die talabwärts schließlich von Grünland oder Äckern abgelöst werden. Im Zentrum dieses Panoramas liegt der Ort Wiesenthal. Unser Wanderweg führt am Osthang des Neuberges in nördliche Richtung. Rechterhand begeistern die artenreichen Halbtrokkenrasen der Neubergshut und linkerhand die bunten, staudenreichen Säume zum anschließenden Laubwald.

Zwei Pflanzengesellschaften spielen auf den Triften eine dominante Rolle und stehen im unmittelbaren Kontakt zueinander. Auf den offeneren Bereichen stellt sich bei regelmäßiger Beweidung durch Schafe der Enzian-Schillergras-Rasen (Gentiano-Koelerietum) ein; dort, wo Wacholder und andere Gehölze zusammen mit Saumarten etwas

Der seltene Abbiß-Pippau *(Crepis praemorsa)* hat auf den Halbtrockenrasen in der Rhön ausgedehnte Vorkommen.

dichter schließen, hat sich ein Schillergras-Wacholder-Gebüsch (Koelerio-Juniperetum) entwickelt. Beide Gesellschaften zeigen eine ähnliche Artengarnitur – eine große Rolle spielen verschiedene Gräser: Großes Schillergras *(Koeleria pyramidata)*, Furchen-Schwingel *(Festuca rupicola)*, Aufrechte Trespe *(Bromus erectus)*, Fieder-Zwenke *(Brachypodium pinnatum)*, Flaumhafer *(Avenula pubescens)* sowie Berg-, Frühlings-, Vogelfuß-und Blaugrüne Segge *(Carex montana, C. caryophyllea, C. ornithopoda, C. flacca)*. Je nach Jahreszeit dominieren unterschiedliche Blühaspekte. Im zeitigen Frühjahr fallen die reichen Bestände der Gemeinen Kuhschelle *(Pulsatilla vulgaris)*, der Wiesen-Schlüsselblume *(Primula veris)* und des Großen Windröschens *(Anemone sylvestris)* auf. Später überraschen die Orchideenvorkommen, vor allem Stattliches Knabenkraut *(Orchis mascula)*, Große Händelwurz *(Gymnadenia conopsea)*, Braunrote Sitter *(Epipactis atrorubens)* und Fliegen-Ragwurz *(Ophrys insectifera)*, sowie die großen Teppiche von Katzenpfötchen *(Antennaria dioica)* oder der Individuenreichtum von Abbiß-Pippau *(Crepis praemorsa)*. Dieser wohl schönste Aspekt der

Triften wird im Sommer von der Grasblüte abgelöst, sofern nicht vorher die Schafe für einen kurzrasigen Anblick sorgen. Im Saumbereich der Gebüsche, vor allem am Unterhang, stehen dann vereinzelt prächtige Exemplare der Wollkopf-Kratzdistel *(Cirsium eriophorum)*. Im Herbst entfalten die Halbtrockenrasen mit Gold- und Silber-(Rhön)distel *(Carlina vulgaris, C. acaulis),* Fransen- und Deutschem Enzian *(Gentianella ciliata, G. germanica)* sowie Berg-Aster *(Aster amellus)* erneut einen beachtlichen Blütenreichtum.
Nach rund 1 km Wanderung über die beeindruckenden Triften gelangt man an den Nordostausläufer des Neuberges und stößt dort auf einen breiten, von Glattbach kommenden Fahrweg. Man kann von hier nach Wiesenthal zur Mittagsrast absteigen oder aber über Lindenau nach Dermbach zurückkehren. Um nach Lindenau zu gelangen, muß man den breiten, grün markierten Weg ca. 800 m Richtung Glattbach verfolgen. Links tritt dann der Wald etwas zurück, und eine kleine Quelle sprudelt hervor. An dieser Stelle überquert man die rechterhand liegende Koppel und trifft am Waldrand auf einen Waldweg, der später auf einen Fahrweg mündet und bis Lindenau führt. Ist die Koppel allerdings bespannt, muß man einen kleinen Umweg in Kauf nehmen und den Hauptweg am Nordosthang des Neuberges so lange verfolgen, bis dieser den Fahrweg nach Lindenau kreuzt.

Das Stattliche Knabenkraut *(Orchis mascula)*, eine der häufigsten Orchideen in den Halbtrockenrasen und lichten Wäldern der Rhön

In Dermbach kann man eine Pause einlegen, bevor man den zweiten Teil der Tour in Angriff nimmt. Er beginnt in der Karl-Friedrich-Straße im Zentrum Dermbachs. Man folgt der Straße bergan bis zu einer Gabelung, hier wendet man sich nach links und sieht bald eine Allee von Roßkastanien, an der unser Wanderweg (ausgeschildert mit »Hirtentränke 3,5 km«) die Stadt verläßt.
Er verläuft zunächst in südöstlicher Richtung auf den Karl-Friedrich-Stein zu und führt erneut durch artenreiche Magerrasen. Über eine Kirschplantage und durch Kiefern- und Fichtenforste erreichen wir schließlich die Oberhangkante des Steilabfalls zur Felda. Ein kleiner Pavillon verlockt zu einem kurzen Halt und Ausblick über die Muschelkalk- und Basalthöhen nach Süden. Wir verfolgen anschließend den relativ breiten Weg über die sich nach Südwesten erstreckende Hochfläche. Den nächsten Kilometer spürt man fast gar nicht, so zieht einen eine mit Buchenwäldern, einzelnen Baumgruppen, Gebüschriegeln, Forsten und Mahdrasen beeindruckend gegliederte Landschaft in den Bann. Nach allen Seiten eröffnen sich zum Neuberg, zum Alten Schloß oder zur Sachsenburg wunderschöne Fernblicke. Die Hirtentränke liegt rechterhand etwas abseits von unserem Wanderweg. Hier laden ein Rastplatz und frisches Trinkwasser zu einem kurzen Verweilen ein.
Von der Kreuzung zur Hirtentränke ist der weitere Weg mit »Oechsen« ausgeschildert. Diesem breiten, mit Kalkschotter befestigten Weg folgt man nun durch zunächst artenreiche Buchenwälder und ein anschließendes, größeres Fichtenrevier. Nach ca. 2 km öffnet sich links das Gelände mit ausgedehnten Wiesen. Man gelangt an eine Kreuzung und schlägt hier, rechtsabbiegend, den als Rundweg gekennzeichneten, nordwärts führenden Weg Richtung Emberg ein.
Am Osthang des Zellerkopfes taucht unser Weg dann wieder in das beschattende Dach breitkroniger, alter Buchenbestände ein. Das Bestandsklima wird deutlich feuchter als bislang, was sich u.a. durch ein verstärktes Vorkommen von zahlreichen Hochstauden bemerkbar macht. Einzelne, durch die Baumkronen dringende Lichtstrahlen werden von der Blattoberfläche des Glanz-Kerbels *(Anthriscus nitidus)* auffallend reflektiert. Dieser durch sein Fehlen der Behaarung -dadurch der Glanz-, durch seinen Blattschnitt und die wenigeren Früchte pro Döldchen vom häufigen Wiesen-Kerbel *(A. sylvestris)* gut unterscheidbare Doldenblütler kommt in Thüringen nur in der Rhön vor.

Es ist eine Art artenreicher Berglaubwälder des subatlantischen Europa, die erst 1869 hier entdeckt wurde. Carl Haussknecht besuchte damals den in Geisa geborenen und lange Jahre dort als Apotheker tätigen Adelbert Geheeb, den bis heute wohl besten Kenner der Pflanzenwelt der Rhön und einen durch seine Moosforschungen international bekannten Botaniker. Der auf einer gemeinsamen Exkursion entdeckte Glanz-Kerbel gab zunächst einige Rätsel auf, da er wohl nur steril gefunden wurde. Spätere Beobachtungen ließen aber schon Geheeb zu der richtigen Bestimmung kommen. Zur Sicherheit bat er den in Halle tätigen August Garcke, der die Art schon aus dem Harz kannte, um Bestätigung, die dann 1870 auch erfolgte. Heute findet man den Glanz-Kerbel in feuchten, blockhaldenreichen Laubmischwäldern oder an sickernassen Wald- und Wegsäumen an zahlreichen Stellen in der Rhön. Er scheint sich, wie andere Hochstauden auch, durch die zunehmende Nährstoffanreicherung in der Landschaft weiterhin auszubreiten. Oft findet man den Glanz-Kerbel zusammen mit einer anderen bemerkenswerten Hochstaude, der Breitblättrigen Glockenblume *(Campanula latifolia).* So auch hier am Osthang des Zellerkopfes, wo die durch ihre Blütengröße kaum zu verwechselnde Glockenblume vereinzelt am Wegsaum steht. Sie unterscheidet sich von der nah verwandten und häufigen Nesselblättrigen Glockenblume *(C. trachelium)* durch einen stumpfkantigen und kurzhaarigen, oft kahlen Stengel und durch die hellvioletten Blüten. Auch sie ist subozeanisch verbreitet und konzentriert sich mit ihren thüringischen Vorkommen auf die Rhön.

Rechterhand öffnet sich hinter einem schmalen Laubwaldgürtel schon 500 m nach Abbiegen in nördliche Richtung ein weites Wiesenareal. Die Bornwiesen in einer sanft geneigten Quellsenke zwischen Altem Schloß und Zellerkopf begeistern vor allem im Frühsommer, vor der ersten Mahd, mit einem heute nur noch sehr selten anzutreffenden Blütenreichtum in verschiedenen Frisch- und Feuchtwiesengesellschaften. Ein riesiger, leicht gewellter Teppich mit den, je nach Feuchte- und Nährstoffangebot, verschiedensten Farbmustern breitet sich vor der Kulisse des über 700 m hohen Baier, einem Basaltkegel nördlich Oberalba, aus. Violette Aspekte des Wald-Storchschnabels *(Geranium sylvaticum)* wechseln mit weißen des Wiesen-Kerbels *(Anthriscus sylvestris)*; an frischeren Stellen steht in großen Kolonien der Wiesen-Knöterich *(Polygonum bistorta).* Alles ist gelb durchtupft von den

Blüten der Trollblume *(Trollius europaeus)*, des Scharfen Hahnenfuß *(Ranunculus acris)* sowie des Weichen und Sumpf-Pippau *(Crepis mollis, C. paludosa)*. An quelligen Orten stehen oft zu Hunderten die purpurnen Blütenstände des Breitblättrigen Knabenkrautes *(Dactylorhiza majalis)* zwischen den weißen, kopfigen Fruchtständen des Breitblättrigen Wollgrases *(Eriophorum latifolium)*. Alle auf den Bornwiesen ausgebildeten Frisch- und Feuchtwiesengesellschaften sind in Thüringen gefährdet oder sogar stark gefährdet. Ihre Entstehung verdanken sie der menschlichen Tätigkeit (Heugewinnung) – damit kann ihre zukünftige Erhaltung, zumindest in der hier anzutreffenden Ausdehnung, nur mit einer tragbaren Nutzungskonzeption verbunden sein.
Unser Wanderweg führt von den Bornwiesen weiter in nördliche Richtung. Am Osthang der Sachsenburg trifft man über ausgedehnten Basaltblockhalden auf beeindruckende Bestände von Eschen-Ahorn-Linden-Wäldern (Fraxino-Aceretum pseudoplatani). Berg-Ahorn *(Acer pseudoplatanus)*, Berg-Ulme *(Ulmus glabra)*, Gemeine Esche *(Fraxinus excelsior)* und Winter-Linde *(Tilia cordata)* beherrschen die Baumschicht. In der Feldschicht dominieren neben Feuchte- und Nährstoffreichtum anzeigenden Arten, wie Wolliger Hahnenfuß *(Ranunculus lanuginosus)*, Echtes Springkraut *(Impatiens noli-tangere)*, Bären-Lauch *(Allium ursinum)* und Hain-Klette *(Arctium nemorosum)*, Pflanzen montaner Prägung, wie Zwiebel-Zahnwurz *(Dentaria bulbifera)*, Quirl-Weißwurz *(Polygonatum verticillatum)*, Berg-Goldnessel *(Galeobdolon montanum)* und Berg-Ehrenpreis *(Veronica montana)*. Erneut begegnet man ausgedehnten Beständen des Glanz-Kerbels. An bemerkenswerten, bislang nicht zu beobachtenden Arten kommt das Ausdauernde Silberblatt *(Lunaria rediviva)* hinzu, ein Kreuzblütengewächs, das sowohl im Frühjahr mit seinen violetten Blüten als auch im Spätsommer und Herbst mit seinen silberglänzenden Fruchtscheidewänden die Blockhaldenwälder schmückt. An den vielen sickernassen Stellen finden sich dichte Teppiche des Gegenblättrigen und Wechselblättrigen Milzkrautes *(Chrysosplenium oppositifolium, C. alternifolium)* und zahlreiche Exemplare des zierlichen Spring-Schaumkrautes *(Cardamine impatiens)*.
Ohne im wesentlichen die Richtung zu ändern, gelangt man schließlich an den Emberg und an die von Dermbach kommende Fahrstraße nach Oechsen. Hier kann man bei guter Fernsicht ein typisches Panorama der Kuppigen

Rhön überblicken und große Teile der bislang zurückgelegten Tour verfolgen. Vom Emberg führt ein markierter Fußpfad nach Oberalba und läßt uns noch einmal die ganze Pracht der Magerrasen erleben. Das letzte Stück der Wanderung bringt uns durch ausgedehnte Feldfluren nach Unteralba und schließlich nach Dermbach zurück.

Länge der Wanderung: etwa 21 km
Einkehrmöglichkeiten: in Wiesenthal, Dermbach und Unteralba
Verkehrsverbindungen: mit der Bahn bis Dermbach (Anschluß in Bad Salzungen) bzw. mit der Bahn bis Bad Salzungen oder Meiningen und von hier Busverbindungen; mit dem PKW über die B 285 nach Dermbach (Anbindungen im Norden über die B 84 und B 19 an die A 4 in Eisenach, im Süden über die B 19 an die A 7 und A 70)

TOUR 16

Kalkriffe des Zechsteinmeeres bei Bad Liebenstein

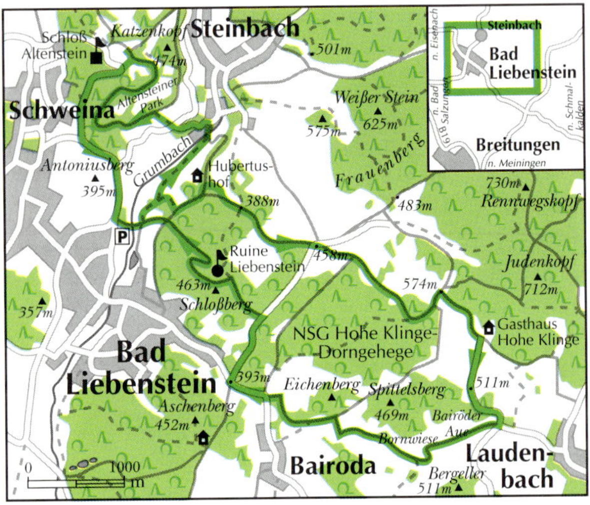

Vor ca. 180 Millionen Jahren, am Ende des Erdaltertums, war von den heutigen Landschaftsformen noch nichts zu erahnen. Ein riesiges Meer unterschiedlicher Gestalt und Tiefe bedeckte die Oberfläche, die wir gegenwärtig trokkenen Fußes überqueren. Klimatische und orographische Verhältnisse führten zur Austrocknung der Meeresbecken und hinterließen bedeutende Kalk- und Salzlagerstätten. An entsprechend begünstigten Stellen bauten Bryozoen und andere Lebewesen große Kalkriffe auf. Während der anschließenden Periode der Trias wurden die Zechsteinschichten von anderen mächtigen Ablagerungen überdeckt. Erst die Heraushebung des Thüringer Waldes am Ende der Kreidezeit und zu Beginn des Tertiär und die damit verbundenen Erosions- und Störungserscheinungen brachten die Zeugen des Zechsteinmeeres erneut an die Erdoberfläche. Besonders beeindruckend sind die herauserodierten Riffe, die neben der Orlasenke in Ostthüringen vor allem im Gebiet um Bad Liebenstein der Landschaft eine ganz eigene und reizvolle Prägung geben.

Der Südrand des Thüringer Waldes ist bei Bad Liebenstein durch zwei tektonische Störungen gekennzeichnet und deshalb geologisch sehr vielgestaltig. Flächenmäßig haben die Ablagerungen des Perm, der letzten Formation des Erdaltertums (Paläozoikum), den größten Anteil an der Landschaftsgestaltung. Das sind zum einen Sedimente des Rotliegenden, der ersten Abteilung, und zum anderen Kalkriffe und -ablagerungen des Zechsteins, der zweiten Abteilung des Perm. An den tektonischen Störungsstellen erreichen Gneise und Granite des Grundgebirges die Erdoberfläche. Von den Ablagerungen der Trias, der ersten Formation des Erdmittelalters (Mesozoikum) kommt im Gebiet nur der Buntsandstein vor. Die geologische Vielfalt machte das Gebiet für den Bergbau interessant. Man gewann vor allem Eisenerz (Hohe Klinge), aber auch Kupfer-, Kobalt-, Nickel- und Arsenerze (nördlich Schweina). Der Bergbau ist in den sechziger Jahren unseres Jahrhunderts gänzlich zum Erliegen gekommen. Seine Zeugen (Abraumhalden, künstliche Geländestufen) spielen für die Biotopausstattung keine unbedeutende Rolle. Der Austritt reicher mineralischer Quellen an den Störungszonen machte das Gebiet seit dem 18. Jahrhundert für einen Bade- und Kurbetrieb interessant. Noch heute genießt Bad Liebenstein für die Behandlung der Erkrankungen der Herzkranzgefäße und des Bluthochdruckes einen vorzüglichen Ruf.

Geomorphologisch ist der Zechsteinrand der Thüringer Gebirge überall durch große Steilstufen an den Talrändern und Verebnungen auf den Hochflächen gekennzeichnet. Von besonderer Bedeutung sind im Zechstein Karsterscheinungen und damit verbundene Höhlenbildungen, von denen in unserem Wandergebiet die Altensteiner Höhle auch touristisch erschlossen ist und einen Besuch lohnt

Die Jahresdurchschnittstemperaturen liegen im Raum um Bad Liebenstein etwa bei 7°C, einem für das südthüringische Hügelland üblichen Wert. Die Niederschläge erreichen allerdings mit durchschnittlich etwa 700 mm pro Jahr relativ hohe Werte, was mit der luvseitigen Lage (Staulage) am Rand des Gebirges zusammenhängt. Kleinklimatisch ist das Bild aufgrund der Reliefunterschiede und Landnutzung ausgesprochen differenziert.

Pflanzengeographisch zählt das Gebiet zum südthüringischen Werra-Hügelland und zeichnet sich vor allem durch das Vorkommen zahlreicher atlantischer Arten, wie Grüne Nieswurz *(Helleborus viridis)* oder Finger-Lerchen-

Zu den auffallendsten Landschaftsstrukturen gehören bei Bad Liebenstein die als Felsen herauserodierten ehemaligen Bryozoenriffe des Zechsteinmeeres.

sporn *(Corydalis solida)*, aus. Die xerothermen Elemente erreichen nicht die Vielfalt wie im Werratal, ausgesprochen montane Arten fehlen.

Ein günstiger Ausgangspunkt der Wanderung ist der Sportplatz am nordöstlichen Ortsrand von Bad Liebenstein. Hier befinden sich gute Parkmöglichkeiten, und der mit »Hohe Klinge« ausgeschilderte Wanderweg ist unproblematisch zu finden. Man kann die Wanderung aber an je-

dem beliebigen Punkt in Bad Liebenstein beginnen. Die Wanderwege des Gebietes sind bestens gekennzeichnet, und man wird schnell einen Hinweis auf die »Hohe Klinge« entdecken, dem man folgen kann. Nördlich des Sportplatzes quert man dann das Grumbachtal, biegt an der nächsten Kreuzung nach links auf den Hauptweg ein (Ausschilderung mit »Hubertushof«) und gelangt durch einen kleinen Buchenwald auf die Hahnstraße (Wanderweg um den Burgberg), die uns nun, indem man wiederum nach links einbiegt, in nordöstliche Richtung führt.
Am Haderkopf mit der Waldgaststätte »Hubertushof« lohnt ein Abstecher an die nordwärts gerichteten Hänge ins Grumbachtal. Man kann hier zunächst sehr artenreiche Waldgesellschaften finden, in denen vor allem mächtige und alte Exemplare der Hainbuche *(Carpinus betulus)* und des Feld-Ahorns *(Acer campestre)* auffallen. An Auflichtungen und in Saumbereichen kommt vereinzelt die Hecken-Wicke *(Vicia dumetorum)* vor. Es ist eine ziemlich große Wicke, die die als Stütze benutzten Gehölze oft in dichten Schleiern überzieht. Ihre Krone ist während der Vollblüte violett und nach dem Verblühen schmutziggelb.
Überrascht ist man dann aber, vor allem im Frühsommer zur Hochblüte der Stauden, von den artenreichen Halbtrockenrasen. Von den Gräsern überwiegt die Aufrechte Trespe *(Bromus erectus)*, daneben sind Fieder-Zwenke *(Brachypodium pinnatum)*, Großes Schillergras *(Koeleria pyramidata)*, Furchen-Schwingel *(Festuca rupicola)*, Flaumiger Wiesenhafer *(Avenula pubescens)* und Zittergras *(Briza media)* von Bedeutung. Unter den Stauden fallen vor allem die gelbblühenden auf: Gemeines Sonnenröschen *(Helianthemum nummularium)*, Wundklee *(Anthyllis vulneraria)*, Begrannter Klappertopf *(Rhinanthus glacialis)*, Gemeiner Hornklee *(Lotus corniculatus)*, Weidenblättriger Alant *(Inula salicina)* und Tüpfel-Johanniskraut *(Hypericum perforatum)*. Rot- und Violetttöne steuern Wiesen- und Skabiosen-Flockenblume *(Centaurea jacea, C. scabiosa)*, Kriechende Hauhechel *(Ononis repens)* und Gemeiner Thymian *(Thymus pulegioides)* bei. Blaue Farbtupfen liefern Tauben-Skabiose *(Scabiosa columbaria)*, Acker-Witwenblume *(Knautia arvensis)* sowie Rund- und Pfirsichblättrige Glockenblume *(Campanula rotundifolia, C. persicifolia)*. Die weißen, alles überragenden Blütenstände des Hügel-Baldrians *(Valeriana wallrothii)* geben dem Ganzen eine besondere Note. Neben dem Sommer bietet der Herbst-Aspekt erneut einen bemerkenswerten Blütenreichtum. Man findet Gold- und Silberdistel

(Carlina vulgaris, C. acaulis), Fransen- und Deutschen Enzian *(Gentianella ciliata, G. germanica)* und an frischeren, wechselfeuchten Stellen überraschenderweise auch Herbst-Zeitlose *(Colchicum autumnale)*. Unsere Kalk-Halbtrockenrasen sind Produkte landwirtschaftlicher Nutzung. Fällt Weide oder Mahd aus, kommen bald Gehölze auf. Über ein gebüsch- und staudenreiches Stadium entwickelt sich die Vegetation zu einem Vorwald und schließlich zu einem standortsentsprechenden Laubwald. Der Arten- und Staudenreichtum auf den Flächen am Haderkopf weist darauf hin, daß eine Sukzession bereits eingesetzt hat.

Der über den Haderkopf führende Fußpfad bringt uns schließlich in ein kleines Seitentälchen. Ein wunderschöner Blick auf den tief ins Grumbachtal geduckten Ort Steinbach mit dem dahinter steil aufragenden Thüringer Wald lädt zu einem kurzen Verweilen ein, bevor man über den gegenüberliegenden Westhang wieder auf den Wanderweg Richtung Hohe Klinge trifft. Die begleitenden Wälder und Wirtschaftswiesen sind insgesamt recht monoton. Bemerkenswert ist das rechts am Weg liegende Getränksloch, eine ovale Pinge mit einer Karstquelle. Erst am Linsenkopf bereichern wieder artenreichere Xerothermfluren das Bild, und man kann u.a. mit dem Zottigen Klappertopf *(Rhinanthus alectorolophus)* einen zweiten Vertreter dieser Halbparasitengattung finden. Bemerkenswert ist auch ein schönes Vorkommen der Knollen- oder Erdnuß-Platterbse *(Lathyrus tuberosus)*, ein Archäophyt, der mit seinen karminroten Blüten gestörte Xerothermrasen oder Ackerränder auffallend schmückt.

Die Kreuzung am Linsenkopf wird geradeaus überquert. Nach ca. 50 m verläßt unsere Route den Hauptweg nach rechts und führt in ein kleines Wiesental. Das plötzliche und reiche Auftreten von Wald-Storchschnabel *(Geranium sylvaticum)* und Rotem Straußgras *(Agrostis capillaris)* zeigt einen Wechsel des Untergrundes von basischem zu saurem Ausgangsgestein an. Man erreicht nach ca. 1,5 km über ein abwechslungsreiches, von Weiden, Wäldern, Einzelbäumen und Baumgruppen gegliedertes Gelände eine paßartige Höhe und trifft hier auf einen rot markierten Wanderweg, der links zur Hohen Klinge und rechts ins Waldgebiet des Dorngeheges führt.

Artenreiche Laubmischwälder des Naturschutzgebietes »Hohe Klinge-Dorngehege« im Frühjahrsaspekt mit Finger-Lerchensporn *(Corydalis solida)*

Schilder weisen darauf hin, daß man sich in einem Naturschutzgebiet befindet. Dorngehege und Hohe Klinge stehen seit 1961 unter Schutz und repräsentieren einen typischen Ausschnitt des wiesen- und waldreichen südwestlichen Vorlandes des Thüringer Waldes. Die Wälder wurden bis ins 18. Jahrhundert mittel- und niederwaldartig bewirtschaftet. Bergbau, Waldweide und Waldstreugewinnung führten zu einer völligen Übernutzung der Gehölze. Man kann sich beim Anblick der heutigen Laubwälder einen solchen ausgehagerten mittelalterlichen Gehölzbestand kaum noch vorstellen. In der Baumartenkombination überwogen stockausschlagfähige Gehölze, wie Eichen, Hainbuchen und Haseln. Die Bestände waren relativ niedrig und arm an stärken Stämmen. Dadurch kam mehr Licht auf den Waldboden, so daß auch die Zusammensetzung der Krautschicht gänzlich anders war, es überwogen licht- und wärmeanspruchsvollere Arten. Mit Einführung einer geregelten Forstwirtschaft, verstärkt vor allem ab Beginn des 19. Jahrhunderts, wurden diese nutzholzarmen Bestände schrittweise in Hochwälder überführt. Die Rot-Buche verdrängte nach und nach die oben genannten Gehölze und setzte sich schließlich als vorherrschende Baumart durch. So dominieren heute auf den basenfreien Granitstandorten grasreiche, hallenartige Rotbuchen-Traubeneichen-Wälder mit einer zwar geschlossenen, doch relativ artenarmen Bodenflora. Über Zechsteinkalk wachsende Orchideen-Buchenwälder sind dagegen reicher geschichtet und nicht so auffallend hallenartig. Die Feldschicht ist lückiger, jedoch wesentlich artenreicher. Floristisch bemerkenswert für die Wälder des Exkursionsgebietes sind u.a. Grüne Nieswurz *(Helleborus viridis)*, Rotes und Bleiches Waldvöglein *(Cephalanthera rubra, C. damasonium)*, Nestwurz *(Neottia nidus-avis)*, Violette Sitter *(Epipactis purpurata)*, Österreichischer Rippensame *(Pleurospermum austriacum)* und Finger-Lerchensporn *(Corydalis solida)*.
Im Osten und Süden des Naturschutzgebietes zieht sich um den nahezu geschlossenen Waldbestand ein schmaler Wiesenstreifen, der die Vegetationsausstattung wesentlich bereichert. Es handelt sich um feuchtere oder trockenere Ausbildungen submontaner Glatthaferwiesen, die trotz fehlender oder zu intensiver Nutzung mit ihrer relativ reichen Flora das eintönige Grün der ansonsten das Schutzgebiet umgebenden Weiden angenehm unterbrechen. Ende April, Anfang Mai sind diese Wiesenflächen ein sehr beliebtes Ausflugsziel vieler naturverbundener Wanderer.

Die trockneren Hangbereiche sind dann gelb von blühenden Wiesen-Schlüsselblumen *(Primula veris)*; an den quelligen Stellen und den Bachrändern blüht reichlich die Hohe Schlüsselblume *(Primula elatior)*. Im Frühsommer ist der Blütenreichtum auf den Wiesen optimal entfaltet. Man kann Trollblume *(Trollius europaeus)*, Weichen Pippau *(Crepis mollis)*, Scharfen Hahnenfuß *(Ranunculus acris)*, Wald-Storchschnabel *(Geranium sylvaticum)*, Wiesen-Knöterich *(Polygonum bistorta)* und eine ganze Reihe anderer interessanter Arten finden.
Die waldfreien Zechsteinkalk-Standorte an der Hohen Klinge werden von wärmegetönteren Halbtrockenrasen, Gebüschen und Saumgesellschaften eingenommen. In solchen Vegetationskomplexen gedeiht hier die in Thüringen nur noch an sehr wenigen Fundorten existente und stark gefährdete Einfache Wiesenraute *(Thalictrum simplex)*. Die Halbtrockenrasen sind im Sommer vom Gelbton der Blüten des Begrannten Klappertopfes *(Rhinanthus glacialis)* überzogen. Augentrost *(Euphrasia officinalis)*, Nordisches Labkraut *(Galium boreale)* oder Kleines Mädesüß *(Filipendula vulgaris)* begeistern durch ihren Individuenreichtum. An manchen Stellen leuchten die Gebüschsäume schon von weitem durch das intensive Rot des Heilziestes *(Betonica officinalis)*. Etwas suchen muß man dagegen die Pracht-Nelke *(Dianthus superbus)*, die durch ihre tief fiedrig zerschnittenen, hell- bis dunkel purpurnen Blütenblätter beeindruckt.

Die seltene Grüne Nieswurz *(Helleborus viridis)* im Naturschutzgebiet »Hohe Klinge-Dorngehege«

Von der Hohen Klinge bieten sich bei günstigen Wetterlagen phantastische Fernblicke über das südliche Vorland des Thüringer Waldes. Eine Gaststätte lädt zum Rasten ein. Unser weiterer Weg führt uns zunächst auf der von Laudenbach kommenden Fahrstraße in südliche Richtung. Nach ca. 1 km zweigt nach rechts ein mit blauem Querbalken markierter Wanderweg Richtung Bairoda ab. Ein weites, reich gegliedertes und von kleinen Bächen durchflossenes Wiesengelände bringt uns langsam bergab. Ein etwas kürzerer Weg, der sogenannte »Breitunger Rennsteig«, führt vom Paß am Dorngehege am Ostrand des Naturschutzgebietes entlang ebenfalls nach Bairoda. Er ist mit einem großen, weißen »B« markiert und etwas schwer zu verfolgen. Am Südhang des Eichenberges vereinigen sich die beiden genannten Abstiegsmöglichkeiten von der Hohen Klinge. Zusammen mit anderen Frühjahrsblühern überraschen hier große und individuenreiche Bestände der Grünen Nieswurz *(Helleborus viridis)*.
Am Nordrand von Bairoda muß man ein kleines Stück auf der Straße in Richtung Bad Liebenstein gehen, ehe man am Korällchen wieder auf einen fußfreundlicheren Wanderweg nach rechts abbiegen kann. Dieser ist mit einem gelben Balken markiert und überquert durch wald- und forstreiches Gelände den Schloß-Berg, an dessen Nordwesthang er wieder auf die Hahnstraße trifft. Vorher lohnt ein Abstecher zur Burgruine Liebenstein, die zwischen 1360 und 1374 erbaut und bis 1676 bewohnt wurde und von der große Teile des gotischen Pallas erhalten geblieben sind. Unterhalb der Ruine erinnert der aus der Mitte des 19. Jahrhunderts stammende Herzogin-Ida-Stein an eine Förderin des Bade- und Kurbetriebes aus dem Hause Sachsen-Meiningen.
An der Wegkreuzung mit der Hahnstraße ist man dem Ausgangspunkt der Exkursion wieder sehr nahe. Doch sollte man die Tour noch nicht abbrechen, sondern unbedingt dem Altensteiner Landschaftspark, dessen vor uns liegender Südrand schon mit interessanten Felsen lockt, einen Besuch abstatten. Dazu überquert man die Hahnstraße und wandert auf dem bereits zu Anfang der Tour benutzten breiten Fahrweg im Grumbachtal nach Norden. In einem kleinen Buchenwäldchen kurz vor dem Hubertushof, in dem es sich bei Bedarf auch gut rasten läßt, biegt ein entsprechend ausgeschilderter Weg in den hübschen Ort Steinbach ab. Dort folgt man den Hinweisen zum Altensteiner Park und gelangt über den Kirchberg an die Straße Ruhla – Bad Liebenstein. Nach Überquerung

der Straße führt ein grasiger Weg, später ein schmaler Fußpfad bis zum Waldsaum, dem Südrand des Parkgeländes. Die Wege im Park sind sehr gut ausgeschildert, so daß im folgenden keine Routenführung favorisiert werden soll, sondern eine individuelle Weggestaltung, ausgehend von dem mit »Rundweg« beschilderten Hauptwanderweg, empfohlen wird.

Besonders sehenswerte Ziele sind die Zechsteinriffe an der Südseite des Parkes mit ihrer Xerotherm- und Felsflora, Schloß Altenstein mit dem dazugehörigen Park, Schloß und Park Glücksbrunn sowie die Altensteiner Höhle. Die felsigen und steilen Partien an den Riffen tragen einen von Kalk-Blaugras *(Sesleria varia)* beherrschten Trockenrasen mit zahlreichen interessanten Arten, wie Sand-Fingerkraut *(Potentilla arenaria)* oder Berg-Heilwurz *(Libanotis pyrenaica)*. Unterhalb der Felsen dehnen sich großflächig Grasfluren mit dominierender Aufrechter Trespe *(Bromus erectus)* aus. Die von Wald beschatteten Riffe begeistern vor allem durch den Reichtum an Moosen und Farnen. Besonders beeindruckend sind die zahlreichen Exemplare des Braunstieligen Streifenfarnes *(Asplenium trichomanes)*, die sich in die rundlich ausgeschliffenen Hohlräume des Riffkalkes einnischen; sehr selten kommt der Grünstielige Streifenfarn *(A. viride)* vor. An den Waldsäumen, besonders oberhalb des Hohlen Steines, fällt die Echte Mehlbeere *(Sorbus aria)* auf, verwilderte Exemplare der Pimpernuß *(Staphylea pinnata)* bilden zum Teil ganze Hecken. In Anlehnung an Weimar und Görlitz wurde zwischen 1798 und 1803 ein Großteil des Geländes als Landschaftspark im englischen Stil gestaltet.

Den Ausgangspunkt der Tour erreicht man vom Altensteiner Landschaftspark entweder über Schweina oder über die Straße östlich des Antoniusberges.

Länge der Wanderung: etwa 15 km
Einkehrmöglichkeiten: in Bad Liebenstein, Bairoda, Steinbach und Schweina sowie unmittelbar am Weg im Hubertushof, an der Hohen Klinge und am Schloß Altenstein
Verkehrsverbindungen: mit der Bahn bis Bad Salzungen oder Eisenach und von hier Busverbindungen; mit dem PKW über die B 19 aus Richtung Eisenach oder Meiningen, Anbindung an die A 4 in Eisenach-Ost

TOUR 17

Die Gleichberge – Zwillinge aus Basalt

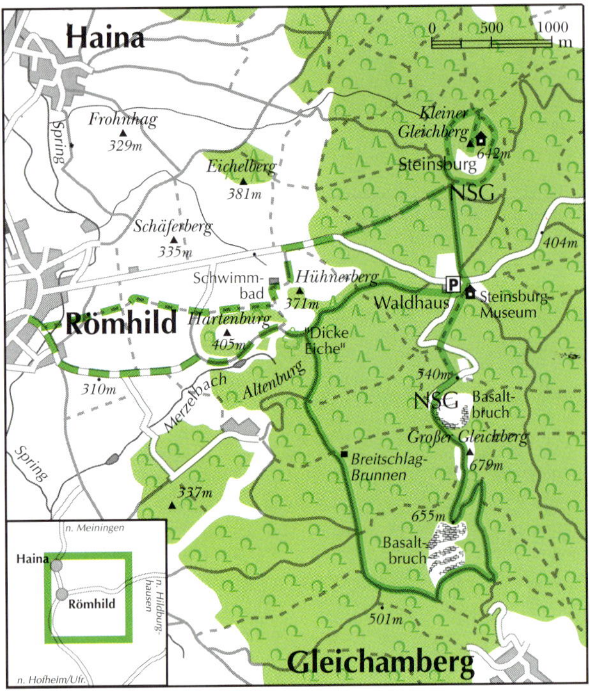

Weithin sichtbar überragen zwei benachbarte, kegelförmige Berge die hügelige, reich gegliederte Triaslandschaft Südwestthüringens. Die markanten Zwillinge aus Basalt, Vulkanruinen eines tertiären Vulkanismus, sieht man sowohl von den Höhen des Thüringer Waldes und Schiefergebirges als auch von den Basaltkuppen der Rhön, von den Haßbergen und vom Staffelstein im nördlichen Franken. Umgekehrt bietet das Panorama von den Gipfeln der beiden Berge einen einmaligen landschaftlichen Eindruck. Bei guter Fernsicht liegt nach Süden das herrliche Hügelland des Grabfeldes bilderbuchartig vor dem Be-

trachter, und man kann über den Strauffhain, die Veste Heldburg bis zur Veste Coburg und den Staffelstein schauen. Nach Norden begrenzt der Kamm des Thüringer Waldes die Fernsicht, und man blickt über die Steilhänge der Muschelkalkablagerungen und die sanft gerundeten Höhen des Buntsandsteinvorlandes bis zum Adlersberg bei Suhl oder Bleßberg bei Neuhaus.
Ihren Namen »Gleichberge« verdanken sie ihrer Ähnlichkeit; der größere, südlich gelegen, erreicht eine Höhe von 679 m ü. NN, der kleinere bleibt mit 642 m ü. NN nur wenig darunter. Sie überragen damit ihre unmittelbare Umgebung um rund 300 m. Beide Berge sind überwiegend bewaldet. In den Gipfelbereichen sorgen entweder natürliche Basalt-Blockmeere (Kleiner Gleichberg) oder durch Steinbruchbetrieb verursachte Basalt-Schotter- und -Blockfluren (Großer Gleichberg) für ein reiches Mosaik von interessanten Sonderstandorten. Unter den schützenden Basaltauflagen blieb die geologische Abfolge des Keuper, besonders am Fuß des Großen Gleichberges, nahezu vollständig erhalten, so daß die vortertiäre Landoberfläche rekonstruierbar wurde; zahlreiche Fossilien und Lebensspuren konnten geborgen werden. Nördlich des Kleinen Gleichberges gelangt in der Trias-Schichtenfolge der Obere Muschelkalk an die Oberfläche.
Klimatisch zeichnen sich die Gleichberge gegenüber ihrer unmittelbaren Umgebung durch höhere Niederschläge (bis 700 mm pro Jahr) und ein geringeres Jahresmittel der Temperatur (ca. 7 °C) aus. Pflanzengeographisch kann das Exkursionsgebiet als fränkisch /thüringisches Grabfeld durch die Vorkommen einiger südlicher Florenelemente, wie z. B. der Warzen-Wolfsmilch *(Euphorbia brittingeri)* und der Essig-Rose *(Rosa gallica)* vom südthüringischen Trias-Hügelland abgetrennt werden. Der gesamte obere Teil des Bergkegels und das Plateau des Kleinen Gleichberges sind seit 1967 Naturschutzgebiet (ca. 240 ha). Gegenwärtig laufen Bestrebungen, den Großen Gleichberg in das Schutzgebiet einzubeziehen, um einer drohenden Wiederaufnahme des Steinbruchbetriebes vorzubeugen und die markanten Landmarken in ihrer Gesamtheit als Kultur- und Naturdenkmal zu erhalten.
Das Gleichberggebiet ist aber nicht nur naturkundlich von Interesse. Reiche vor- und frühgeschichtliche Funde zeugen von einer frühzeitig erkannten günstigen Siedlungslage. Von der späten Bronzezeit (etwa 1000 v.Chr.) bis in die ersten Jahrzehnte nach Beginn unserer Zeitrechnung wurde der Kleine Gleichberg von einer stadt-

Weithin sichtbar überragen die beiden Kegel der Gleichberge die Landschaft des nördlichen Grabfeldes.

ähnlichen, von Steinwällen befestigten Siedlung der Kelten beherrscht und zu einem kulturellen Zentrum Südthüringens ausgebaut. Der Berg war zu dieser Zeit sicher nahezu waldfrei. Im Sattel zwischen den beiden ehemaligen Vulkanen liegt die kleine Siedlung »Waldhaus« mit Übernachtungs- und Einkehrmöglichkeiten, vor allem aber mit dem empfehlenswerten, 1929 eröffneten Steinsburgmuseum, dessen Expositionen einen hervorragenden Überblick über die Besiedlung und damit Landschaftsgeschichte Südthüringens bieten. Die Ortschaften am Fuß der Berge überraschen mit zahlreichen Bau- und Kulturdenkmälern und begeistern jeden Bauernhaus- und Fachwerkliebhaber.
Mit dem Auto Anreisende beginnen die Wanderung am Waldhaus zwischen Römhild und Zeilfeld. Sie benutzen den von der Auffahrt zum Steinsburgmuseum abzweigenden, mit grünem Querbalken markierten und mit »Römhild, Schwimmbad, Eselsteich und Hartenburg« ausgeschilderten Wanderweg. Dieser verläuft durch Buchen-Hochwald und endet auf einem breiten, befestigten Forstweg, dem, nach links einbiegend, in südwestlicher Richtung zu folgen ist. Nach ca. 1 km Entfernung vom Wald-

haus erreicht man schließlich eine markante, große Stiel-Eiche, die sogenannte »Dicke Eiche« am Nordwestfuß des Großen Gleichberges.
Wer mit öffentlichen Verkehrsmitteln anreist, kann die Wanderung auch in Römhild beginnen. Man verläßt die Stadt am nördlichen Rand des Altstadtkernes in östlicher Richtung und sucht den mit grünem Querbalken markierten und mit »Hartenburg« ausgeschilderten Wanderweg. Dieser verläuft zunächst auf der Zufahrtsstraße zur ehemaligen Lungenheilstätte, die er aber in der ersten scharfen Rechtskurve nach ca. 1 km verläßt. Er führt nun genau nach Osten auf zwei kleine, dem Großen Gleichberg vorgelagerte Hügel zu. In dem sich zwischen diesen ehemals befestigten Erhebungen (Harten- und Altenburg) verengende Tal begleiten uns dann ausgedehntere Feuchtwiesen mit Herbst-Zeitlosen *(Colchicum autumnale)*, Echtem Mädesüß *(Filipendula ulmaria)*, Großem Wiesenknopf *(Sanguisorba officinalis)* u. v .a. Mit etwas Glück findet man an wechselnassen und lückigen Stellen die seltene Natternzunge *(Ophioglossum vulgatum)*, ein kleiner, nur bis 30 cm hoher Farn, dessen Wedel in einen sporentragenden und einen nährstoffproduzierenden Abschnitt geteilt ist und der in Thüringen zu den gefährdeten Pflanzen zählt. Auch lohnt ein Abstecher zu den süd-südostexponierten, mit artenreichen Halbtrockenrasen bestandenen Hängen östlich der Hartenburg. Hier sind vor allem die Vorkommen der Warzen-Wolfsmilch *(Euphorbia brittingeri)* bemerkenswert. Zusammen mit Akelei *(Aquilegia vulgaris)*, Kicher-Tragant *(Astragalus cicer)*, Berg-, Wald- und Zickzack-Klee *(Trifolium montanum, T. alpinum, T. medium)*, Breitblättrigem Laserkraut *(Laserpitium latifolium)*, Weißer Schwalbenwurz *(Vincetoxicum hirundinaria)*, Ästiger Graslilie *(Anthericum ramosum)* sowie anderen xerothermen Elementen siedelt sie hier bevorzugt im Saumbereich wärmegetönter Laubwaldgesellschaften und Gebüsche. Die an den relativ breiten Blättern und warzigen Früchten leicht kenntliche, oft auffallend große und mit Dutzenden Stengeln versehene Wolfsmilch ist in Süddeutschland recht verbreitet und erreicht im fränkisch-thüringischen Grabfeld die Nordgrenze ihres Gesamtareals. Unser Weg führt östlich der Hartenburg auf eine paßähnliche Anhöhe und läßt uns in einem Rechtsbogen an die bereits sichtbare »Dicke Eiche« gelangen. Dort stößt er auf den vom Waldhaus kommenden Forstweg und damit auf die andere Ausgangsroute unserer Wanderung.

Vor allem in schattigen Lagen werden die Basaltblöcke von artenreichen Kryptogamengesellschaften besiedelt; im Bild das seltene Federmoos (*Ptilium crista-castrensis*).

Nach der »Dicken Eiche« muß man sich kurzzeitig besonders auf die Wegführung konzentrieren. Denn nur wenige Meter westlich der Eiche verläßt unsere Route den breiten Forstweg, um auf einem kleinen grasigen Waldweg in südlicher Richtung, also nach links, abzubiegen. Diesen Pfad kann man leicht verfehlen, denn er ist weder durch ein Hinweisschild noch durch ein besonders auffallendes Merkmal gekennzeichnet. Lediglich eine Reihe arg zerzauster und ziemlich verkahlter Rot-Buchen markiert die linke Seite der Wegfortsetzung. Hat man aber den richtigen Pfad gefunden, wird man bald, besonders in der ersten Julihälfte, von einem besonders reichen Blütenflor belohnt. Am lichten Wegsaum wetteifern die hell purpurroten Blüten der Färber-Scharte *(Serratula tinctoria)* mit dem Gelb des Färber-Ginsters *(Genista tinctoria)*. Beide sind, wie ihr Name verrät, alte Färber-(man gewann jeweils einen gelben Farbstoff), aber auch Heilpflanzen. Dazwischen sieht man die verschiedenen Rot- und Purpurtöne gleich dreier Platterbsen-Arten – der bis zwei Meter langen, niederliegenden Wald-Platterbse *(Lathyrus sylvestris)* mit einpaarig gefiederten Blättern und breit geflügelten Stengeln, der wesentlich kleineren und aufrech-

Die in Thüringen nur im Grabfeld vorkommende Warzen-Wolfsmilch (*Euphorbia brittingeri*) in den Halbtrockenrasen an der Hartenburg

ten Berg-Platterbse *(L. linifolius)* mit zwei- bis dreipaarig gefiederten Blättern und schmal geflügeltem Stengel und der Schwarzen Platterbse *(L. niger)* mit in der Regel sechspaarigen Blättern und ungeflügeltem Stengel. Die blauvioletten Deckblätter des Hain-Wachtelweizens *(Melampyrum nemorosum)* tragen besonders zum Farbenspiel an diesen xerothermen Säumen bei. Dazwischen stehen vereinzelt die dekorativen Blattrosetten mit den gerade austreibenden Blütenständen der Hirschwurz *(Peucedanum cervaria)*. Etwas genauer suchen muß man in diesem wärmegetönten Laubwald-Saum-Komplex zwei weißblühende Fingerkraut-Arten: das kontinental verbreitete Weiße Fingerkraut *(Potentilla alba)* mit fünfzählig gefingerten, seidenhaarigen, unterseits silberweißen Blättern und das atlantische Erdbeer-Fingerkraut *(P. sterilis)* mit beiderseits grünen, dreiteiligen und erdbeerähnlichen Blättern. Das dritte weißblühende Fingerkraut Thüringens, das Felsen-Fingerkraut *(P. rupestris)*, ist im Gleichberggebiet verschollen, kam aber früher im Xerothermkomplex der Hartenburg und des Breitschlag-Forstes vor. Hat man schließlich noch etwas Glück, findet man die auch steril an der Bestachelung gut kenntliche Essig-Rose *(Rosa*

gallica) blühend. Die Blüten sind auffallend groß und tiefrot – Merkmale, die die Essig-Rose zur Stammpflanze vieler Zuchtformen unserer Gartenrosen werden ließ. Das Vorkommen von *Rosa gallica* gehört zweifelsohne zu den floristischen Besonderheiten des Gleichberggebietes. Die Art ist durch die Aufgabe historischer Waldnutzungsformen überall stark im Rückgang. Auch in Thüringen mußte sie als stark gefährdet eingestuft werden.
Unser schmaler Waldweg führt in einem sanften Rechtsbogen immer weiter bergauf. Bald sieht man ein kleines Vorkommen der Weiß-Tanne *(Abies alba)* vor sich. Durch licht stehende Rot-Buchen leuchten die hellen, mächtigen Stämme der Tannen. Zwar sehen die Altbäume, wie auch an vielen anderen Stellen in Thüringen, stark geschädigt aus, doch findet man bei genauerem Hinschauen überall Jungwuchs in verschiedenen Altersstadien.
Unser kleiner Pfad mündet oberhalb der Tannen auf einen breiten Forstweg, auf den wir nach rechts einbiegen. Dieser gelb markierte Wanderweg führt uns zunächst durch stark durchforsteten und wenig gegliederten Buchen-Hochwald nach Süden. Nach ca. 800 m gelangt man an den Breitschlag- oder Schnuller-Brunnen, der zu einer kurzen Rast einlädt. Etwa 1 km nach dem Brunnen ändert der gelb markierte, hangparallele Weg seine Richtung und wendet sich nach Osten. Der Buchen-Hochwald ist jetzt abwechslungsreicher. Ausgedehnte Bestände von Bären-Lauch *(Allium ursinum)*, Wald-Bingelkraut *(Mercurialis perennis)* und Waldmeister *(Galium odoratum)* zeigen einen höheren Feuchtehaushalt an, so daß auch Arten mit montanem Verbreitungsschwerpunkt, wie Quirl-Weißwurz *(Polygonatum verticillatum)* und Zwiebeltragende Zahnwurz *(Dentaria bulbifera)*, gedeihen können. Linkerhand sind die Ausläufer ausgedehnter bewaldeter Blockhalden zu erkennen. Der Weg wird jetzt leicht abschüssig und ist hohlwegartig eingetieft. Deutlich ändert sich in Südexposition die Waldstruktur. Die Bestände werden lichter und von Hainbuche *(Carpinus betulus)* und Stiel-Eiche *(Quercus robur)* beherrscht. Zudem fallen die Stämme von Elsbeere *(Sorbus torminalis)* mit ihrer kleinschuppigen Borke und vereinzelt Exemplare des Feld-Ahorns *(Acer campestre)* auf. In der Feldschicht dieses Eichen-Hainbuchenwaldes (Galio-Carpinetum) dominieren thermophile Arten, wie Ebensträußige Margerite *(Tanacetum corymbosum)*, Berg-Segge *(Carex montana)*, Schwarze Platterbse *(Lathyrus niger)* oder Langblättriges Hasenohr *(Bupleurum longifolium)*.

Dort, wo unser markierter Wanderweg rechterhand in einer Schleife scharf nach unten in Richtung der Ortschaft Gleichamberg weiter verläuft, wenden wir uns nach links, verlassen den markierten Weg und steigen erneut bergan. Bald wird durch den Buchenwald der riesige Steinbruch an der Südflanke des Großen Gleichberges sichtbar. Nach ca. 200 m gelangt man auf einen größeren Forstweg, auf den nach links einzubiegen ist. Schließlich erreicht man die Zufahrtsstraße zum Steinbruch, der man in nördlicher Richtung, also weiter bergan, folgt. Diese Straße führt durch abwechslungsreichen Buchenwald bis zum Gipfel des Berges. In der zweiten Kehre der Straße, einer scharfen Rechtskurve, führt ein breiter Weg in das Gelände des Gleichamberger Basaltbruches, in den ein Abstecher zu empfehlen ist. Zum einen wegen des prächtigen Blickes nach Süden über die reich gegliederte Landschaft des nördlichen Grabfeldes, zum anderen wegen der artenreichen xerothermen Pionierfluren über Steingrus auf den Terrassen und über Basaltblöcken und erdigen Böschungen an den Rändern des Steinbruches. Man findet hier große Bestände des seltenen Thüringischen Fingerkrautes *(Potentilla thuringiaca)*, das gegenüber dem häufigen und hier ebenfalls reich vorkommenden Silber-Fingerkraut *(P. argentea)* durch seine größeren und kräftiger gelben Blüten auffällt. Andere zu beobachtende Artenpaare sind Feld- und Gold- *(Trifolium campestre, T. aureum)* oder Wald- und Zickzack-Klee *(T. alpestre, T. medium)*. Weitere bemerkenswertere Arten sind Felsen-Fetthenne *(Sedum reflexum)*, Hügel-Baldrian *(Valeriana wallrothii)*, Färber-Hundskamille *(Anthemis tinctoria)*, Scharfes Berufkraut *(Erigeron acris)*, Rauhe Nelke *(Dianthus armeria)*, Hekken-Wicke *(Vicia dumetorum)* und Filz-Rose *(Rosa tomentosa)*.

Vom Gipfel des Großen Gleichberges, den wir entweder über einen Saumpfad am rechten (östlichen) Rand des Basaltbruches oder über die vorhin benutzte Straße erreichen, führt ein mit grünem Querbalken markierter Wanderweg zum Waldhaus zurück. Dieser durchquert erneut abwechslungsreiche Buchenwälder, führt am Westrand des riesigen Römhilder Steinbruches an der Nordabdachung des Berges vorbei und streift bemerkenswerte Ausbildungen des Ahorn-Linden-Blockhaldenwaldes, auf den am Kleinen Gleichberg noch eingegangen werden soll. Am Waldhaus im Sattel zwischen den beiden Zwillingsbergen kann gerastet oder das bereits oben erwähnte Steinsburgmuseum besucht werden.

Der Aufstieg zum Kleinen Gleichberg erfolgt über den breiten und geraden Hauptweg in nördlicher Richtung. Der Beginn dieses mit gelben Querbalken markierten Weges ist gegenüber dem Parkplatz nicht zu verfehlen. Hinweisschilder informieren über die wesentlichen kulturhistorischen Besonderheiten, die markierten Wanderwege und die Naturausstattung. Nach ca. 800 m hat man den Keupersockel des Berges erstiegen und eine Schutzhütte erreicht. Der nun vor uns liegende Basaltkegel macht sich durch eine deutlich steilere Geländestufe bemerkbar. Ab hier folgt man der Ausschilderung »Aufstieg«, erklimmt über den nach ca. 200 m abzweigenden »Torweg« die Basaltblockhalden und gelangt schließlich auf das Plateau des Berges. Dort führt ein breiter Weg an die Oberhangkante der Südflanke des Kleinen Gleichberges. Riesige Halden kopfgroßer Basaltblöcke bedecken den gesamten oberen Teil des Bergkegels. Bei guter Fernsicht belohnt hier ein einmaliger Blick über das nördliche Grabfeld die Mühen des Aufstiegs. Der Rückweg zur Schutzhütte am Südfuß des Basaltkegels erfolgt über die Ostflanke des Berges und ist am Abzweig vom Plateauweg mit »Abstieg« ausgeschildert und weiterhin gelb markiert.
Der Kleine Gleichberg bietet beste Möglichkeiten des Studiums der Abfolge von den nahezu vegetationsfreien Blockhalden am Gipfel bis zu den naturnahen Laubwäldern an den Flanken. Zwischen den groben, nur wenig verwitterten Basaltblöcken kann sich kaum Feinerdesubstrat ansammeln; Niederschlagswasser versickert sofort. Diesen extremen Standortsbedingungen sind, besonders in Süd- und Ostexposition, nur wenige Moose und Flechten gewachsen, die auf den Steinen und in den vorhandenen Spalten siedeln. Mit besonderen Schutzorganen (hyaline Haare, Blattspitzen und -ränder) und Schutzmechanismen (eingerollte Blattränder, gedrehte Blätter) ausgerüstet, können u. a. die Laubmoose *Grimmia affinis, Racomitrium heterostichum, Hedwigia ciliata* und *Andreaea rupestris* die hohen Temperaturen bei Sonneneinstrahlung und die geringe Wasserversorgung überstehen. In der schattigeren Nordexposition wird die Moosdecke mit *Racomitrium lanuginosum, Dicranum scoparium* und *Polytrichum formosum* schon dichter und höher. An geschützteren Stellen kommen dann auch pleurocarpe Laubmoose dazu, wie das seltene, federartige *Ptilium crista-castrensis.* Hier können auch Pioniergehölze, wie Sal-Weide *(Salix caprea),* Hänge-Birke *(Betula pendula),*

Eberesche *(Sorbus aucuparia)*, Himbeere *(Rubus idaeus)* oder Hirsch-Holunder *(Sambucus racemosa)* die Blockhalden schon wesentlich dichter erobern, als dies in Südexposition möglich ist. Dort haben diese Gehölze nur in den durch kurzzeitigen Steinabbau entstandenen, abwärtsführenden Gräben eine Chance.
Neigungsrichtung, Neigungswinkel, Sonneneinstrahlung, Wasserhaushalt und Stärke der Basaltauflage sowie Verwitterung und Feinerdeansammlung bestimmen den Übergang von der offenen zur bewaldeten Blockhalde. Dieser ist in der Regel mehr oder minder abrupt. Die Saumgehölze sind weit hinab beastet, und die peitschenartig auf das offene Blockfeld hinausragenden Äste bieten ein Schutzdach für eine reicher entwickelte Saumvegetation. In solcher halbschattigen Lage ist am Südhang des Kleinen Gleichberges ein reiches Vorkommen des in Thüringen nur noch von einer zweiten Stelle bekannten Laubmooses *Antitrichia curtipendula* von besonderer Bedeutung. An die offenen Blockhalden schließt sich auf basaltüberrollten Standorten ein Ahorn-Linden-Blockhaldenwald an. Hauptbestandsbildner sind Berg-Ahorn *(Acer pseudoplatanus)*, Sommer- und Winter-Linde *(Tilia platyphyllos* und *T. cordata)* sowie Berg-Ulme *(Ulmus glabra)*. Die Strauchschicht ist relativ gut entwickelt und wird von Stachelbeere *(Ribes uva-crispa)*, Hirsch-Holunder *(Sambucus racemosa)* und Roter Heckenkirsche *(Lonicera xylosteum)* beherrscht. In der Feldschicht dominieren nährstoff- und bodenfeuchteanzeigende Arten, wie Echtes Springkraut *(Impatiens noli-tangere)*, Ruprechts-Storchschnabel *(Geranium robertianum)* und Große Brennessel *(Urtica dioica)*.
Der Großteil des flacheren Keupersockels ist, vor allem in den höheren Bereichen und in Nord- und Ostexposition, von artenreichen Buchenwäldern bestanden. In den strukturarmen, hallenartigen Beständen herrscht fast ausschließlich die Rot-Buche *(Fagus sylvatica)* vor, vereinzelt können sich in feuchteren, nährstoffreicheren Lagen Esche *(Fraxinus excelsior)* und Berg-Ahorn *(Acer pseudoplatanus)* sowie an trockneren Standorten Trauben-Eiche *(Quercus petraea)* hinzugesellen. Kleinflächig und lokal wird in nährstoffreicheren, meist von Basaltblöcken angefüllten Runsen und Vertiefungen der Buchenwald von einem geophytenreichen Ahorn-Eschen-Wald abgelöst. Besonders östlich des Hauptweges, der vom Waldhaus zum Gipfel führt, finden sich in solchen Beständen im Frühjahr reiche Vorkommen vom Hohlen Lerchensporn *(Corydalis*

cava), Märzbecher *(Leucojum vernum),* und Gelben Windröschen *(Anemone ranunculoides),* vereinzelt tritt auch der Wald-Geißbart *(Aruncus sylvestris)* auf.
In den unteren, wärmeren Lagen werden die Buchenwaldgesellschaften dann von einem Eichen-Hainbuchenwald abgelöst: In der Baumschicht dominieren Hainbuche *(Carpinus betulus)* und Trauben-Eiche *(Quercus petraea),* daneben sind regelmäßig Elsbeere *(Sorbus torminalis)* und Feld-Ahorn *(Acer campestre)* zu finden. Die Bestände sind lichter als die Buchenwälder, so daß in der Regel eine Strauchschicht gut entwickelt ist. In der Feldschicht spielen xerotherme Laubwaldarten eine größere Rolle, wie Ebensträußige Margerite *(Tanacetum corymbosum),* Berg-Segge *(Carex montana),* Kassuben- und Hecken-Wicke *(Vicia cassubica, V. dumetorum),* Langblättriges Hasenohr *(Bupleurum longifolium)* und Färber-Scharte *(Serratula tinctoria),* um nur einige zu nennen.
Von der Schutzhütte am Fuß des Basaltkegels des Kleinen Gleichberges kommt man über den geraden Hauptweg nach Süden wieder zum Parkplatz am Waldhaus oder über den mit einem grünen Querbalken markierten, südwestlich verlaufenden und ca. 4 km langen Wanderweg nach Römhild zurück.

Länge der Wanderung: etwa 12 km vom Waldhaus, etwa 20 km von Römhild
Einkehrmöglichkeiten: am Waldhaus, in Gleichamberg und in Römhild
Verkehrsverbindungen: mit dem Zug bis Meiningen oder Hildburghausen, von hier Busverbindungen nach Römhild; mit dem PKW nach Römhild von Süden über die B 19 aus Richtung Schweinfurt oder die B 4 aus Richtung Coburg; von Norden über die B 19 und B 89 aus Richtung Eisenach und Meiningen oder die B 280 aus Richtung Suhl

Literatur

a) Allgemeine Literatur

Ernst, W. & Weigel, H.: Naturkundliche Wanderungen in Thüringen. Hitzeroth, Marburg 1992, 241 S.

Görner, M., Haupt, R., Hiekel, W., Niemann, E. & Westhus, W.: Die Naturschutzgebiete der Bezirke Erfurt, Suhl und Gera. – Handbuch der Naturschutzgebiete der Deutschen Demokratischen Republik, Bd. 4, 2. Aufl., Urania-Verlag Leipzig, Jena, Berlin 1984, 344 S.

Hentschel, P., Reichhoff, L., Reuter, B. & Rossel, B.: Die Naturschutzgebiete der Bezirke Magdeburg und Halle. – Handbuch der Naturschutzgebiete der Deutschen Demokratischen Republik, Bd. 3, 2. Aufl., Urania-Verlag Leipzig, Jena, Berlin 1983, 312 S.

Hiekel, W. und andere: Wissenschaftliche Beiträge zum Landschaftsprogramm Thüringen. – Schriftenreihe Thüringer Landesanstalt für Umwelt Nr. 2/94, Jena 1994

Kaiser, E.: Landeskunde von Thüringen. – Verlag Kurt Stenger, Erfurt 1933, 478 S.

Kaiser, E.: Thüringer Wald und Schiefergebirge. – 2. Aufl., Geographische-Kartographische Anstalt Gotha 1955, 122 S.

Koch, H. G.: Wetterheimatkunde von Thüringen. – Gustav-Fischer-Verlag, Jena 1953, 190 S.

Meinunger, L.: Florenatlas der Moose und Gefäßpflanzen des Thüringer Waldes, der Rhön und angrenzender Gebiete. – Haussknechtia, Beiheft 3, Jena 1992

Meusel, H.: Entwurf zu einer Gliederung Mitteldeutschlands und seiner Umgebung in pflanzengeographische Bezirke. – Wissenschaftliche Zeitschrift der Martin-Luther-Universität Halle-Wittenberg, Mathematisch-Naturwissenschaftliche Reihe 4 (1955), 5 S.

Müller, G. (Herausgeber): Bodenkunde. – Deutscher Landwirtschaftsverlag, Berlin 1989, 380 S.

Schwarz, O.: Thüringen, Kreuzweg der Blumen. – 2. Aufl., Urania-Verlag, Jena 1952, 254 S.

Weber, H.: Einführung in die Geologie Thüringens. – Deutscher Verlag der Wissenschaften, Berlin 1955, 244 S.
Weinert, E.: Florengebietsgliederung des südlichen Teiles der DDR und der benachbarten Gebiete. – Mitteilungen zur floristischen Kartierung Halle 8 (1982), 10 S.
Westhus, W., Heinrich, W., Klotz, S., Korsch, H., Marstaller, R., Pfützenreuter S. & Samietz, R.: Die Pflanzengesellschaften Thüringens – Gefährdung und Schutz. – Naturschutzreport Heft 6 (1), Jena 1993, 257 S.
Westhus, W. & Zündorf, H.-J.: Rote Liste der Farn- und Blütenpflanzen (Pteridophyta et Spermatophyta) Thüringens. 3. Fassung. Naturschutzreport Heft 5, Jena 1993, 19 S.

b) Literatur zu den einzelnen Wanderrouten

TOUR 1 (Wartburg)

Haupt, R., Hiekel, W., Westhus, W. & Görner, M.: Das Naturschutzgebiet »Wartburg-Hohe Sonne« im nordwestlichen Thüringer Wald. – Landschaftspflege und Naturschutz in Thüringen 27 (1990), Sonderheft, 16 S.

TOUR 2 (Oberhof)

Succow, M. & Jeschke, L.: Moore in der Landschaft. – Urania-Verlag Leipzig, Jena, Berlin 1986, 268 S.

TOUR 3 (Vessertal)

Lange, H.: Besiedlungs- und Wirtschaftsgeschichte des Biosphärenreservates (BR) Vessertal, Teil 1: Südwestlicher Teil. – Mskr., Breitenbach 1990, 20 S.
Niemann, E., Hiekel, W. & Görner, M.: Das Naturschutzgebiet »Vessertal« – eine Perle des Thüringer Waldes. – Landschaftspflege und Naturschutz in Thüringen 16 (1990), Sonderheft, 16 S.

Hiekel, W., Haupt, R., Westhus, W., Görner, M. & Schlosser, S.: Das Biosphärenreservat »Vessertal« im Thüringer Wald. – Nationalkomitee für das Programm der UNESCO »Mensch und Biosphäre« beim Ministerium für Umweltschutz und Wasserwirtschaft der DDR, Berlin o.J., 59 S.

TOUR 4 (Schwarzatal)
Müller, H.: Naturlehrpfad »Heinrich Cotta«. Wanderungen im Naturschutzgebiet »Unteres Schwarzatal«. – 2. überarb. Aufl., Schwarzburg 1985
Spengler, R.: Schwarzatal. – Tourist Verlag Berlin, Leipzig 1979, 64 S.

TOUR 5 (Obere Saale)
Paul, H.: Saaletalsperren. – 4. erw. Aufl., Tourist Verlag Berlin, Leipzig 1990, 64 S.

TOUR 6 (Plothen-Drebaer Teichgebiet)
Franke, T. und andere: Pflege- und Entwicklungsplan »Plothen-Drebaer-Teichgebiet«. – Hemhofen-Zeckern 1993, 86 S.
Reisinger, E. und andere: Das Plothen-Drebaer Teichgebiet – ein landschaftliches Kleinod in Thüringen. – Landschaftspflege und Naturschutz in Thüringen 30 (1993), Sonderheft, 28 S.

TOUR 7 (Eichsfeld)
Köhler, H. & Reck, V.: Beiträge zur Pflanzenwelt des Eichsfeldes. Eichsfelder Heimathefte 21 (1981), Sonderausgabe, 88 S.

TOUR 8 (Alter Stolberg)
Knapp, H.-D.: Das Naturschutzgebiet »Alter Stolberg« am Südharz. Geobotanische Studie. – Mskr. Waren/Müritz 1988, 27 S. u. 12 Tab.
Rohde, T. unter Mitarbeit von Kracke, E. & Peckmann, J.: Schutzwürdigkeitsgutachten für das durch Verfügung vom 28. Juni 1990 einstweilig sichergestellte Naturschutzgebiet des Nördlichen Alten Stolberg bei Nordhausen. – Mskr., 1993

TOUR 9 (Kyffhäuser)
Barthel, K.-J. unter Mitarbeit von Pusch, J., Sauerbier, W. & Schlothauer, T.: Schutzwürdigkeitsgutachten

Landkreis Artern »Süd-West-Kyffhäuser«. – Mskr., Nordhausen 1993, 92 S.
Helmecke, K. unter Mitarb. von Pusch, J. & Dörfelt, H.: Der Naturpark »Kyffhäuser« – ein Gebiet von einmaliger Naturausstattung. – Landschaftspflege und Naturschutz in Thüringen 29 (1992), Sonderheft, 24 S.

Kugler, H.: Kyffhäuser, Hainleite und Goldene Aue. – Heimat und Wanderbuch Nr. 6, Bibliographisches Institut Leipzig 1957, 160 S.

TOUR 10 (Hain- und Windleite)
Rauschert, S.: Über das Vorkommen von Dorycnium herbaceum VILL. im nördlichen Thüringen. – Mitteilungen zur floristischen Kartierung Halle 6 (1980), 9 S.

TOUR 11 (Drei Gleichen)
Anonym: Die Drei Gleichen. – Kulturbund der DDR, Kreisleitung Erfurt, Arbeitskreis Burg Gleichen o.J., 10 S.

TOUR 12 (Veronikaberg und Reinsberge)
Haupt, R.: Zur Situation der Tanne und Eibe in Thüringen und ihr Schutz. – Veröffentlichungen des Naturhistorischen Museums Schleusingen 1986, Sonderheft (Botanischer Artenschutz in Thüringen), 12 S.

TOUR 13 (Orchideenregion Jena)
Autorenteam: Jena's Orchideen – heute. – Bibliographische Mitteilungen der Universitätsbibliothek Jena 51 (1990), 132 S.
Autorenteam: Jena und Umgebung. – Tourist Verlag Berlin, Leipzig 1981, 176 S.
Krautwurst, L.: Orchideenwanderungen um Jena. – Fremdenverkehrsamt der Stadt Jena 1991, 72 S.

TOUR 14 (Holzland)
Marstaller, R.: Die Waldgesellschaften des Ostthüringer Buntsandsteingebietes. Teil I bis VII. – Wissenschaftliche Zeitschrift der Friedrich-Schiller-Universität Jena, Mathematisch-Naturwissenschaftliche Reihe 27 (1978), 29 (1980), 30 (1981), 33 (1984), 34 (1985), 36 (1987), 38 (1989), 256 S.

TOUR 15 (Rhön)
Haupt, R.: Die Eibe in Thüringen – Verbreitung, Ökologie und Schutz. – Landschaftspflege und Naturschutz in Thüringen 21 (1984), Sonderheft, 16 S.
Heinz, J.: Die Rhön. Vergangenheit und Gegenwart. – Kreisheimatmuseum Dermbach 1985, 28 S.

Korsch, H.: Die Kalkflachmoore in Thüringen. Flora, Vegetation und Dynamik. – Haussknechtia, Beiheft 4 (1994), 123 S.

TOUR 16 (Bad Liebenstein)
Salzmann, M. und andere: Zwischen Ruhla, Bad Liebenstein und Schmalkalden. – Werte unserer Heimat 48, Akademie-Verlag Berlin 1989, 212 S.

TOUR 17 (Gleichberge)
Autorenteam: Das Gleichberggebiet. – Werte der Deutschen Heimat 6, Akademie-Verlag Berlin 1963, 262 S.
Bahn, B. W.: Der Kleine Gleichberg bei Römhild als Naturschutzgebiet und Geschütztes Bodendenkmal. – Landschaftspflege und Naturschutz in Thüringen 18 (1981), 9 S.
Marstaller, R.: Die Moosgesellschaften des Naturschutzgebietes Kleiner Gleichberg bei Römhild, Grabfeld. – Berichte der Bayerischen Botanischen Gesellschaft 64 (1994), 27 S.

Bildquellen

E. Biedermann: S. 172, 175, 182, 184, 187
H. Lange: Umschlagfoto (Rennsteiggarten bei Oberhof)
A. Nöllert: S. 72, 106, 111, 170
H. Wenzel: S. 62, 74
Alle übrigen Fotos stammen von den Autoren.

In der Reihe »Botanische Wanderungen« ist bereits erschienen:

Hans-Georg Küster

Baden-Württemberg

Der Autor führt den Pflanzenfreund ins Schwabenland. Klima und Pflanzengeographie, die Prägung der Vegetation durch den Menschen oder der Naturschutz sind Themen, die den Leser zu wunderbaren Landschaften begleiten – zu den Dünen in der Oberrheinebene, zu den Flaumeichenwäldern am Limberg, zur Moorlandschaft am Wildsee, zum Scillawald bei Stuttgart oder zum Orchideenparadies am Ramberg ...

245 Seiten, 71 Farbfotos, 20 Karten, 14 Zeichnungen
ISBN 3-332-00539-1

Urania-Verlagsgesellschaft mbH
Ein Verlag der Dornier Verlagsgruppe

In der Reihe »Botanische Wanderungen« ist bereits erschienen:

Joachim Pötsch/Wolfgang Fischer
Berlin und Brandenburg

Die beiden Autoren begleiten uns zu den schönsten Exkursionsgebieten in der Berliner Umgebung und im Land Brandenburg. Ziele dieser Reisen durch die Natur sind u. a. Ravensberge und Springbruch bei Potsdam, der Park von Sanssouci, die Krumme Laake in Berlin, der Bredower Forst, das Schlaubetal, der Spreewald, die Landschaft zwischen Rheinsberg und dem Großen Stechlin oder die Ruppiner Schweiz.

200 Seiten, 58 Farbfotos, 17 Karten, 5 Zeichnungen
ISBN 3-332-00540-5

Urania-Verlagsgesellschaft mbH
Ein Verlag der Dornier Verlagsgruppe

29

In der Reihe »Botanische Wanderungen« ist bereits erschienen:

Ingrid Dunger / Peter Gutte / Susanne Kosmale / Holm Riebe / Rolf Weber

Sachsen

Fünf Autoren, Kenner der botanischen Kostbarkeiten, führen uns in die schönsten Exkursionsgebiete. Wir folgen den Autoren auf Wanderungen durch Gebirge (Vogtland, Elbsandsteingebirge, Erzgebirge), an Flußniederungen entlang (Muldetal, Elbtal, Polenztal) oder in Moorgebiete, wie zum Hochmoor »Kleiner Kranichsee« oder zum Georgenfelder Hochmoor.

216 Seiten, 59 Farbfotos, 26 Karten, 1 Zeichnung

ISBN 3-332-00551-0

Urania-Verlagsgesellschaft mbH
Ein Verlag der Dornier Verlagsgruppe